HISTOIRE

DE LA

Paroisse Saint-Denis

à SAINT=OMER (Pas-de-Calais)

=== depuis ses origines jusqu'au XXme siècle ===

NOMBREUSES

GRAVURES

Eglise Paroissiale de Saint-Denis

Histoire de la Paroisse Saint-Denis

8 L.

VUE INTÉRIEURE DE L'ÉGLISE DE SAINT-DENIS

HISTOIRE

DE LA

Paroisse Saint-Denis

A SAINT-OMER

Pas-de-Calais

DEPUIS SES ORIGINES JUSQU'AU XXᵉ SIÈCLE

par l'Abbé Augustin DUSAUTOIR

A LA BASILIQUE NOTRE-DAME

Membre titulaire de la Société des Antiquaires de la Morinie.

Nombreuses Gravures.

Société anonyme
de l'Indépendant du Pas-de-Calais
H. D'HOMONT, imprimeur.

SAINT-OMER
14, rue des Clouteries.

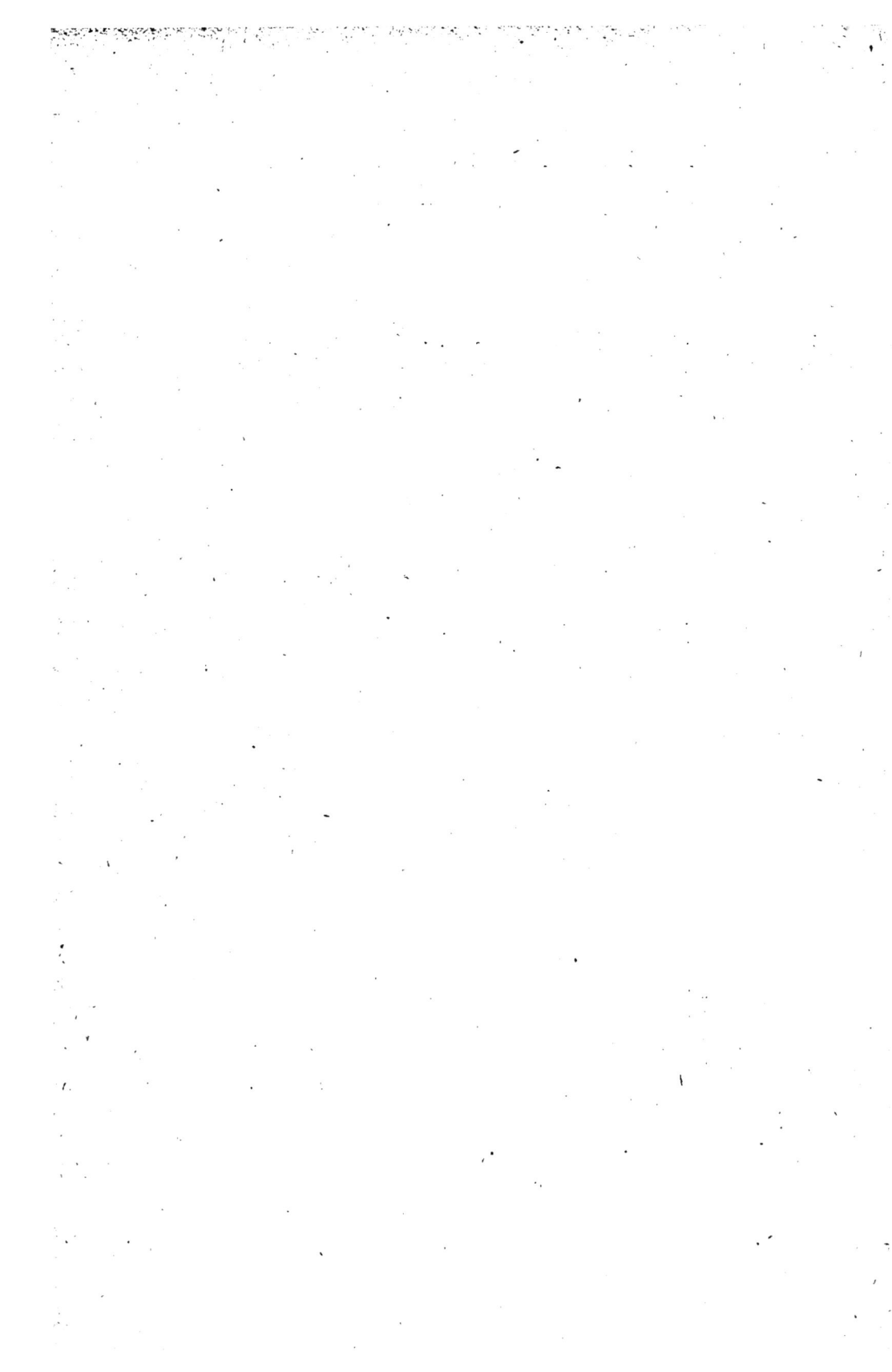

DÉDICACE

A Sa Grandeur Monseigneur LOBBEDEY,

ÉVÊQUE D'ARRAS, BOULOGNE ET SAINT-OMER.

Monseigneur,

Au moment où Votre Grandeur se propose de publier, comme Elle l'a fait, l'an dernier, dans le diocèse de Moulins, une « Lettre Pastorale », pour attirer l'attention du Clergé Artésien sur l'importance des « Monographies paroissiales », j'ai la confiance qu'Elle voudra bien agréer le filial hommage du présent volume.

L' « Histoire de la Paroisse de Saint-Denis, à Saint-Omer, depuis ses origines jusqu'au xxᵉ siècle », *est en effet un* « ouvrage de vulgarisation », *destiné à mettre en relief l'histoire locale religieuse audomaroise, et en reliant les traditions du passé au présent, à préparer les longs avenirs. Cet ouvrage venant s'ajouter aux nombreux travaux historiques, du même genre, que la Divine Providence m'a permis de publier, dans ces dernières années, sur les gloires religieuses de ma ville natale, Vous fera, je l'espère, Monseigneur, mieux connaître et mieux aimer encore l'antique cité épiscopale de Saint-Omer.* Aux pages réservées exclusivement à l'histoire et à l'archéologie, je n'ai pas hésité à joindre, *d'après un plan béni par Votre vénéré prédécesseur,* l'enseignement catéchistique et liturgique *qui, approprié aux traditions locales, rattachera plus intimement les fidèles à leur paroisse, tour à tour présentée,* comme la maison de Dieu, le temple sacré de la Prière, la source vivifiante de la vie surnaturelle dans les âmes, la maison de famille et enfin, le centre d'une merveilleuse expansion d'œuvres charitables et sociales.

Le prêtre, qu'il parle ou qu'il écrive, a pour première mission, ici-bas, d'instruire et de sauver les âmes, l'Historien de la Paroisse de Saint-Denis ne pouvait l'oublier et ce sont ses intentions apostoliques avec les âmes de ses lecteurs, qu'il prie Votre Grandeur de bénir paternellement.

L'ABBÉ AUGUSTIN DUSAUTOIR,
à la Basilique Notre-Dame,
Membre titulaire de la Société des Antiquaires de la Morinie.

GRAVURES CONTENUES DANS CE VOLUME

PRÉFACE

———◆◆◆———

Pendant que, Dieu aidant, nos précédentes « *publications audomaroises* » arrivent à leur seconde, troisième et même quatrième édition, en quelques années, grâce au sympathique accueil que leur réservent nos concitoyens ou les touristes qui visitent notre ville hospitalière, nous sommes heureux de pouvoir offrir, aujourd'hui, au public, un *nouveau volume d'histoire locale*. Comme nous le disions, dans la préface de l'Histoire paroissiale du Saint-Sépulcre : la première préoccupation de *l'Eglise Catholique*, notre Mère, c'est d'aimer les âmes et de les convertir et, c'est aux grandes familles paroissiales qu'elle confie, au seuil du XXe siècle, la sublime mission de la régénération de la Société moderne par la divine Charité. L' « *Histoire de la Paroisse de Saint-Denis depuis ses origines jusqu'au XXe siècle* » nous permettra de prouver, une fois de plus, toutes les espérances renfermées dans la réorganisation surnaturelle des paroisses de France, à l'heure actuelle.

   Dans une première partie, nous rappellerons *les origines* et *les développements*, jusqu'à la Révolution, non seulement *de la Paroisse Saint-Denis* déjà existante au VIIIe siècle, mais encore les destinées presqu'inconnues jusqu'ici des Audomarois, des trois *Paroisses de Sainte-Marguerite, de Saint-Jean-Baptiste et de Saint-Martin-en-l'Ile*, aujourd'hui complètement disparues et dont le territoire a été englobé par celui de la Paroisse moderne de Saint-Denis. L'histoire de chacune de ces églises nous conduira à l'étude tout à fait intéressante de leur Clergé, de leurs coutumes, de leurs richesses archéologiques, de leurs confréries et corporations et, de leurs rapports avec la Municipalité. — Les souvenirs de l'église de Saint-Denis, ancienne *paroisse échevinale et aristocratique* de la ville, retiendront particulièrement notre attention. Puis nous exposerons la large place prise dans ces divers milieux paroissiaux par l'*illustre Abbaye de Saint-Bertin* et les *Communautés des Cordeliers* et *Récollets*, des *Dominicains*, des *Jésuites Anglais*, par l'ancien *Collège de Saint-Bertin, la Maison de « Notre-Dame du Jardin »* et la *Communauté des Frères de Sainte-Marguerite*. Ces établissements, ayant tous, leur physionomie particulière, forment un ensemble très curieux à étudier.

Au sortir de la Révolution, nous assisterons à la réorganisation du culte en 1802 et, à la reconstitution du mobilier de l'église Saint-Denis, sous M. *le Curé Ferdinand Ducrocq*. Enfin, nous constaterons les heureux progrès du renouvellement, au XIXᵉ siècle, de *la vraie vie paroissiale*, sous le pastorat successif et grâce au zèle de *MM. les chanoines Annocque, Chevalier, Villy, Roger et Hermant*.

Dans une seconde partie, nous donnerons *la liste des noms anciens et modernes des rues de la Paroisse* et les souvenirs historiques qui s'y rattachent.

Nous décrirons alors l'Eglise paroissiale comme la *« Maison de Dieu »,* grâce au don ineffable de la présence réelle de Notre-Seigneur Jésus-Christ, au Saint Tabernacle, et comme le *« Temple sacré de la Prière »* en général, et plus spécialement de la prière par excellence, le Saint Sacrifice de la Messe. Nous montrerons ensuite, comment cette église paroissiale reste la *source vivifiante* de la vie surnaturelle dans les âmes, par les sacrements reçus dans son béni sanctuaire. *La Paroisse « Maison de la famille »* nous permettra encore d'évoquer le souvenir aimé du Souverain-Pontife, premier père et chef de cette famille, de Nos Seigneurs les Evêques d'Arras, depuis 1802, et des dévoués Pasteurs qui l'ont dirigée dans les voies de Dieu. Enfin, *la Paroisse, merveilleuse source d'expansion des œuvres de piété et des œuvres sociales* les plus variées et, multipliées par la récente persécution elle-même, nous fera passer en revue toutes les œuvres paroissiales de Saint-Denis au xxᵉ siècle.

Nos dernières pages seront consacrées *au mot d'ordre de ralliement* autour de l'invincible citadelle de la Paroisse, pour tous ceux qui veulent goûter un peu de vrai bonheur, ici-bas. Nous y préciserons le rôle néfaste du respect humain, le méprisable tyran des consciences et *notre salut d'adieu* sera pour les âmes vaillantes des Paroissiens de Saint-Denis, convaincus de l'union indissoluble des immortelles destinées de l'Eglise et de la France sur le terrain paroissial.

L'Abbé Augustin DUSAUTOIR,
à la Basilique Notre-Dame,
Membre titulaire de la Société des Antiquaires de la Morinie.

Les gravures très réussies qui ornent le texte de cet ouvrage, reproduisent un certain nombre de monuments anciens, aujourd'hui disparus et, lui donnent ce *cachet bien audomarois* qui a rendu, jusqu'ici, si populaires auprès de nos concitoyens, toutes nos précédentes publications d'histoire locale.

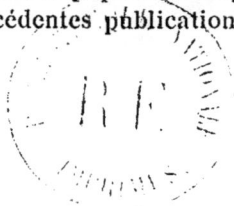

CHAPITRE I

La paroisse Saint-Denis a été placée par l'Histoire, avec celles de Sainte-Aldegonde et du Saint-Sépulcre au nombre des trois « *hautes paroisses* » de l'antique cité audomaroise. Elle tenait le second rang d'ancienneté parmi les six églises qui, avant la Révolution, formaient la « *Chrétienté intrà-muros* » de la ville de Saint-Omer. Deux bulles du Pape Alexandre III adressées en 1159 et en 1179 à l'illustre Collégiale de Saint-Omer qui possédait le patronat de cette église, citent Saint-Denis comme une paroisse déjà établie depuis longtemps.

Faut-il en faire remonter l'origine à *saint Antimond*, premier évêque de Thérouanne, au VIᵉ siècle, élevant un sanctuaire à saint Denis sur les ruines d'un temple païen, ou d'après une autre tradition, cette église n'aurait-elle été fondée qu'en 779, sous le règne de *Charlemagne?* Cette dernière opinion paraît plus vraisemblable, car à la suite de la dédicace très solennelle de la nouvelle *Abbaye de Saint-Denis*, près Paris, en 775, le puissant monarque ordonna qu'il y eut une paroisse dédiée au saint apôtre des Gaules dans toutes les villes importantes de son empire. Il faut, de plus, remarquer qu'étant donnés la topographie et le nombre des habitants du bourg primitif de *Sithiu*, la nécessité d'ajouter une nouvelle paroisse à celles de Sainte-Aldegonde et Saint-Martin *extrà-muros*, dans l'espace compris entre les monastères Bertiniens « d'en haut » et « d'en bas », ne dût pas se faire sentir avant la fin du VIIIe siècle.

Notes historiques
sur
l'évêque saint Denis
son patron
et protecteur.

Avant d'entreprendre le récit historique des étapes successives parcourues par cette paroisse depuis ses origines jusqu'au XXe siècle, nous aimons à rappeler, ici, le souvenir de l'illustre personnage que fût le *saint évêque Denis* son patron et son protecteur à travers les âges.

Nous n'avons pas à examiner la valeur de l'opinion, d'ailleurs très controversée encore de nos jours au tribunal de la Critique moderne, prétendant qu'au milieu du troisième siècle un autre évêque du nom de Denys et différent de saint Denis l'Aréopagite aurait été envoyé de Rome à Paris et y aurait subi le martyre. Nous nous conformerons au bréviaire romain, à la savante dissertation de Mgr Maret, archevêque de Lépante et ancien doyen de la Faculté de Paris, au XIXe siècle, ainsi qu'aux vraies traditions nationales françaises, pour reconnaître dans la même personne de saint Denis, à la fois l'évêque d'Athènes, le membre distingué de l'Aréopage et le premier évêque envoyé de Rome par le Pape saint Clément et décapité en haine de la Foi, à Paris, vers l'an 117 de l'ère chrétienne.

Denis était, en effet, né à Athènes ; après avoir perfectionné ses études de rhétorique et de philosophie, il se rendit *en Egypte*, à Héliopolis, pour y apprendre les mathématiques et l'astrologie à l'école célèbre d'*Apollophane*. C'est sur la terre d'Afrique, qu'il fût témoin de l'éclipse de soleil tout à fait contraire aux lois ordinaires de l'astronomie, et du tremblement de terre, arrivés à la mort de Notre Seigneur Jésus-Christ, Sauveur des hommes, le vendredi saint, à Jérusalem. A l'occasion de ce phénomène, Denis, encore païen, ne put s'empêcher de s'écrier « ou le Dieu de la nature souffre, ou toute la machine du monde va se briser et retourner dans son ancien chaos ». Le Christ immolé sur le Calvaire jetait déjà ainsi dans son âme, le germe de sa conversion et de sa vocation à la vie apostolique.

Séjour de Denis, encore païen, en Égypte.

De retour dans sa patrie, Denis devint l'un des membres les plus érudits du Sénat de l'*Aréopage*, et c'est au sein de cette docte assemblée qu'il se convertit au christianisme en entendant le mémorable discours prononcé par l'apôtre *saint Paul* et que le livre des « *Actes des Apôtres* », livre dont tout catholique ne devrait jamais séparer la lecture de celle du Saint Evangile, nous a fidèlement résumé. Bientôt créé *évêque d'Athènes* par saint Paul lui-même, le nouvel élu se fit remarquer par sa mortification, son zèle et sa charité, et mena à bonne fin de nombreuses missions apostoliques en Grèce et jusqu'en Asie.

Membre de l' « Aréopage athénien » il est converti par saint Paul.

Plusieurs ouvrages remarquables qui ont pour titres des « *Noms divins,* » de la « *Hiérarchie céleste,* » de la « *Hiérarchie ecclésiastique,* » de la « *Théologie mystique,* » le tout complété par « *dix lettres* » aux chefs des premières églises apostoliques, lui ont été attribués. Qu'ils soient de lui ou qu'ils aient été composés ou transformés par un auteur du Ve siècle, au moment des discussions monophysites, tranchées par le Concile de Chal-

Ouvrages remarquables qui lui sont attribués.

cédoine en 451, il faut reconnaître que tous ces ouvrages ont exercé une grande influence pendant de longs siècles. C'est ainsi qu'ils servirent de guide aux spéculations des *Philosophes Scolastiques*, et de lumière aux contemplations et aux réflexions des *Mystiques*. Ils indiquèrent aux ascètes comment on peut s'unir à Dieu par la purification et l'illumination et fournirent enfin aux interprètes de la Sainte Écriture, un modèle d'explications ingénieuses et profondes, et aux artistes, une foule de symboles pleins d'expressions. En un mot, on peut dire qu'ils ont considérablement influé sur la symbolique artistique appliquée à la Religion.

Apôtre des Gaules, Denis subit le martyre à Paris.

C'est à un âge déjà avancé que saint Denis fut envoyé par le Pape *saint Clément* pour évangéliser les Gaules avec un certain nombre de zélés missionnaires. Laissant ces derniers se partager l'apostolat des principales villes qui se trouvaient entre les Pyrénées et la Loire, il choisit lui-même la ville de *Paris* comme centre d'action avec le prêtre *Rustique* et le diacre *Eleuthère*, et ses prédications y obtinrent, de suite, grand succès. Les nombreuses conversions opérées par les trois apôtres ne tardèrent pas malheureusement à porter ombrage au gouverneur romain et idolâtre *Fescenninus* qui les fit arrêter et jeter en prison. Cruellement fustigés jusqu'au sang, Denis et ses compagnons restèrent inébranlables dans leur fidélité à professer leur foi en Jésus-Christ, et le Sauveur, lui-même, récompensa le saint Évêque en lui apparaissant, au moment de la fraction de l'hostie, au cours de la dernière messe qu'il célébra avec ferveur dans sa prison et en le communiant de ses propres mains. Le jour suivant, les trois martyrs étaient décapités et consommaient leur sacrifice sur une colline voisine de Paris, appelée, depuis, (*Montmartre-mont des martyrs)* pour perpétuer leur impérissable souvenir.

C'est sur cette même colline de *Montmartre* qui domine majestueusement la capitale de la France, qu'a été édifiée dans le style roman, la basilique monumentale du Sacré-Cœur dite du « *vœu national* », dont l'érection fut décidée par l'*Assemblée nationale* le 25 juillet 1873. Dans le sanctuaire de ce vaste monument en voie de complet achèvement et dont la construction a coûté plus de trente millions, dans l'espace de quarante ans, le Très-Saint-Sacrement se trouve exposé, nuit et jour, aux adorations réparatrices de l'élite, on peut dire, non seulement de toute la France mais encore de toutes les nations catholiques, qui s'y donne un consolant rendez-vous. L'impressionnante devise « *Gallia pœnitens et devota* » « La France repentante reste toujours fidèle à son Dieu » y surmonte l'autel principal et laisse aux vrais Français l'invincible espoir, malgré les tristesses de l'heure présente, de voir la « *Fille ainée de l'Eglise* » reprendre, un jour, en mains, son étendard triomphant sur le modèle de la célèbre et antique « *Oriflamme* » de l'Abbaye de Saint-Denis, gage d'heureuse victoire pour tous ceux qui la suivaient jadis aux cris entraînants de « *Montjoie et saint Denis* ». Notre chère Patrie vérifiera alors, à nouveau, une autre fière et bien française devise « *Gesta Dei per Francos* » et les Français resteront toujours les nobles exécuteurs des desseins providentiels de Dieu dans l'avenir comme dans leur glorieux passé.

Comme *saint Martin* le vaillant apôtre des Gaules, *saint Denis* est l'un des principaux patrons de la France qui lui a consacré de nombreuses églises sur toute l'étendue de son territoire. Au début du xxᵉ siècle, le diocèse d'Arras possède encore, outre la paroisse Saint-Denis à Saint-Omer, sept paroisses placées sous sa

Montmartre, nos invincibles espérances nationales et la célèbre « Oriflamme » de Saint-Denis.

Le culte de saint Denis en France et dans le diocèse d'Arras.

spéciale protection, ce sont celles d'*Avion, Douvrin, Hesdigneul, Puisieux, Alincthun, Ecquemicourt* et *Wambercourt.*

Les reliques de saint Denis et de ses compagnons d'abord pieusement recueillies par une patricienne nommée *Catulle,* furent ensuite honorées par *sainte Geneviève* qui agrandit l'humble chapelle qui les abritait au ve siècle, chapelle transformée bientôt en un monastère bénédictin. En 638, à la mort de *Dagobert*, l'église abbatiale devint la nécropole royale, et, jusqu'à la Révolution, les rois et les reines de France y trouvèrent leur sépulture sous des monuments qui font encore, de nos jours, l'admiration des visiteurs. Les cendres royales furent indignement profanées en 1793, mais le 19 janvier 1817 elles furent réintégrées solennellement dans leurs tombeaux primitifs.

Les glorieuses destinées de l'Abbaye royale de Saint-Denis à travers les âges.

En 775, *Charlemagne* fit célébrer, le 24 février, la dédicace de l'église de Dagobert restaurée, mais c'est surtout à l'*Abbé Suger* dont nous parlerons bientôt et à saint Louis que nous devons la construction et l'achèvement de la Basilique actuelle élevée à la gloire du saint évêque Denis, restaurée par Viollet-le-Duc, au xixe siècle, et qui reste toujours l'une des curiosités les plus précieuses de France comme spécimen parfait de l'architecture gothique.

Du xiiie au xviiie siècle, l'*Abbaye de Saint-Denis* se trouva mêlée à tous les grands événements de l'histoire de France, et, au xixe siècle, au moins pendant sa majeure partie, un vénérable « *Chapitre* » qui a eu ses gloires et sa célébrité succéda aux moines Bénédictins pour le service de la Basilique. Signalons *un dernier et intéressant souvenir :* Afin d'honorer la mémoire de saint Denis l'Aréopagite qui avait quitté Athènes, sa patrie, pour venir évangéliser les Gaules, le Pape Paul Ier envoya au roi *Pépin* plusieurs ouvrages en grec attribués au Saint et l'empereur de Constantinople, Michel Balbas, renouvela le même présent au roi *Louis le Débonnaire* en 827. Enfin, chaque année, pendant l'octave de saint Denis, en octobre, on chantait la messe, en langue grecque, à l'Abbaye Dionysienne.

CHAPITRE II

L'église paroissiale de Saint-Denis à l'époque des invasions normandes. Les Bénédictins Bertiniens furent ses premiers desservants. — Débuts du monastère de Sithiu. — Origines bertiniennes de la paroisse de Saint-Martin-en-l'Ile. — L'Abbaye de Saint-Bertin au xi° siècle. — Les faits les plus mémorables de ses annales jusqu'au xiii° siècle. — Fondation de la paroisse de Sainte-Marguerite ; son vaste territoire s'étend jusque dans le faubourg du Haut-Pont. — Le célèbre abbé Suger, ministre des rois de France Louis VI et Louis VII, est-il né à Saint-Omer sur la paroisse Saint-Denis ? — Le « verger » bertinien et la paroisse Saint-Jean-Baptiste. — Le gentilhomme Vinrard fonde la « Maladrerie » au lieu dit les « Madeleines ».

L'église paroissiale de Saint-Denis à l'époque des invasions normandes.

En nous conformant au plan adopté dans nos autres ouvrages sur les différentes paroisses de la ville de Saint-Omer, nous aurons l'avantage de décrire, dans ce volume, l'histoire des trois paroisses de *Sainte-Marguerite*, de *Saint-Jean* et de *Saint-Martin*, ainsi que celle des nombreuses Communautés religieuses qui se trouvaient, jadis, ou se trouvent encore, au xx° siècle, sur le territoire actuel de la paroisse Saint-Denis.

La première église paroissiale que nous avons vue placée sous le vocable de l'évêque saint Denis, à l'époque de Charlemagne, était en bois, comme toutes les constructions d'alors. Elle eut à subir bien des vicissitudes au ix° siècle, et fût brûlée, à plusieurs reprises, par les Normands qui envahirent jusqu'à trois fois le bourg de Sithiu et y signalèrent leur passage par le pillage et l'incendie. Les fortifications construites entre

878 et 917 par les Abbés de Saint-Bertin saint Foulques et Baudouin le Chauve, n'existant pas encore, les Barbares établirent leur camp dans la partie centrale du bourg d'où ils firent le siège des deux « *monastères d'en haut et d'en bas* » situés à ses extrémités.

Saint Foulques, successivement Abbé de Saint-Bertin de 878 à 883, archevêque de Reims de 883 à 892 et une seconde fois Abbé de Saint-Bertin de 892 à 900, en élevant ces fortifications, réédifia l'église Saint-Denis sur un nouvel et meilleur emplacement en 893. Défenseur intrépide des droits de son Abbaye de Sithiu, et de son Eglise de Reims, l'illustre Prélat présida, en 892, le concile qui précéda le sacre du roi de France Charles le Simple et fut légat du Pape en Allemagne. Il mourut martyr de son zèle dans un guet-apens où l'attira Winemar, seigneur de Lillers, à l'instigation du comte de Flandre, Baudouin le Chauve, qui convoitait sa succession comme Abbé laïque de Saint-Bertin. La municipalité audomaroise a réservé, au xxe siècle, le nom de saint Foulques à l'une de nos rues, située entre la rue de Thérouanne et celle des Madeleines.

Les religieux Bénédictins furent les premiers desservants de l'église paroissiale de Saint-Denis, et nous devons rappeler ici les circonstances de leur venue providentielle parmi nous. — Mandés par le saint évêque Omer, de concert avec *Adroald*, seigneur de la région, converti du paganisme au catholicisme, trois religieux éminents en sainteté, *Bertin*, *Mommelin* et *Ebertram*, quittèrent le monastère de Luxeuil (Haute-Saône) et vinrent d'abord s'établir à une lieue de Sithiu, sur la butte dite aujourd'hui de « *Saint-Momelin* », située entre Watten et le faubourg actuel du Haut-Pont. La prospérité de leur Communauté comblée des bénédictions

Les Bénédictins Bertiniens furent ses premiers desservants.

divines les obligea bientôt à essaimer, et c'est en remontant en barque le cours de l'Aa, qu'ils fixèrent leur
nouveau séjour en face de l'emplacement où s'élève
maintenant la nouvelle gare monumentale qui fait honneur à la ville de Saint-Omer, depuis 1903. (Ayant été
appelé par la divine Providence à fonder nous-même,
en 1907, un groupe audomarois de l' « *Union catholique
du personnel des chemins de fer* », nous avons été heureux de lui donner le saint Abbé Bertin comme patron,
à l'endroit même où l'humble barque bertinienne suivit,
pour atterrir, le même tracé que nos puissantes loco-
motives modernes.)

Débuts du monastère de Sithiu.
Le monastère fut d'abord placé sous la protection des
saints apôtres *Pierre et Paul* et confié à la direction de
Bertin, pendant que *Mommelin* devenait évêque de
Noyon et *Ebertram*, abbé du monastère de la ville de
Saint-Quentin. C'est sous le gouvernement de Bertin,
Rigobert et Erlefride, les trois premiers Abbés (648-712),
que fut construite la première église de l'Abbaye, dédiée
à *saint Martin*, et dans laquelle Bertin placé par l'Eglise
au nombre des saints, reçut la sépulture.

Le culte de saint Martin, apôtre des Gaules, et resté
l'un des principaux patrons de la France contemporaine, qui l'honore tout spécialement dans la Basilique
de Tours, était très suivi aux premiers siècles du christianisme. De nos jours, dans le diocèse d'Arras, saint
Martin est encore titulaire d'environ cent cinquante
autels.

Origines bertiniennes de la Paroisse de St-Martin-en-l'Ile.
L'église consacrée à saint Martin dans l'intérieur de
l'abbaye par Rigobert pour accomplir un vœu de saint
Bertin, fondateur du monastère, qui avait grande dévotion à ce saint patron, eut à subir jusqu'à quatre des-
tructions pendant la période des invasions normandes

et des incendies. Nous savons qu'elle servait déjà de
paroisse pour les habitants des faubourgs, au xie siècle,
sous le vocable de « *Saint-Martin-en-l'Ile* », car la fondation, en 1070, de la paroisse de *Sainte-Marguerite*,
dont nous parlerons plus loin, eut lieu en raison de
l'insuffisance de l'église Saint-Martin pour le service
religieux des deux faubourgs du Haut-Pont et de Lysel.
La rue « *Saint-Martin* » dans le faubourg actuel de
Lysel rappelle le souvenir de cette antique paroisse qui
subsista jusqu'à la Révolution Française.

C'est au milieu du xie siècle que, pour remplacer le
premier sanctuaire Bertinien dédié à saint Pierre,
Bovon, 37e abbé de Saint-Bertin (1043-1045) construisit
une nouvelle église qui dura jusqu'au xive siècle et
à laquelle succéda la célèbre église abbatiale dont
les ruines monumentales font encore aujourd'hui
notre admiration mêlée d'une profonde tristesse. Nous
avons réservé à son impérissable souvenir une brochure
spéciale, artistiquement illustrée et qui a pour titre sug-
gestif « *La Tour Saint-Bertin, glorieux souvenir d'un
illustre passé, trésor inestimable pour le présent, superbe
pierre d'attente pour l'avenir* ». C'est le même abbé Bovon
qui exhuma le corps de saint Bertin, enseveli, au
ixe siècle, par saint Folquin, évêque de Thérouanne,
sous l'autel dédié à saint Martin et en fit faire, en 1052,
la translation dans une châsse nouvelle par Guy, archevêque de Reims et Drogon, évêque de Thérouanne. En
1057, Bovon, revenant de Rome, s'arrêta à l'Abbaye de
Saint-Denis, près Paris, et en rapporta, souvenir intéressant pour nous, une relique du saint évêque de Paris
et une parcelle d'un des clous du crucifiement du Sauveur, le tout fut placé dans la châsse de saint Bertin.

Signalons seulement comme événements les plus re-

L'Abbaye
de Saint-Bertin
au xie siècle.

marquables des annales bertiniennes depuis l'origine
de l'Abbaye jusqu'au xiiie siècle. — *Le gouvernement
plein de sagesse de saint Erkembode*, 4e abbé de Saint-
Bertin et ensuite évêque de Thérouanne (712-742), le
thaumaturge audomarois, dont le culte, célèbre à travers
les âges, est encore très vivant de nos jours autour de
son tombeau miraculeux sans cesse efficacement visité,
à la Basilique Notre-Dame, par les victimes innombra-
bles de l'implacable arthritisme dans nos pays plutôt
brumeux. — *La mort de Childéric III*, le dernier des
Mérovingiens, dans le cloître de l'Abbaye. — La visite
de l'empereur Charlemagne à « l'Ecole de Sithiu », qui
fournit *au roi Alfred le Grand* une légion de savants
missionnaires pour la conversion de l'Angleterre. — La
sécularisation, en 820, par l'Abbé Fridogise, de trente
religieux devenant *chanoines*, chargés de la prière
publique, au « *monastère d'en haut* », près du tombeau
de saint Omer, pendant que soixante religieux continuent la vie claustrale au « monastère d'en bas ». —
Enfin, la visite de saint Dunstan, l'oracle de l'Angleterre, de saint Thomas de Cantorbéry, de saint Anselme,
de saint Bernard venu, au xiie siècle, établir le monastère cistercien de Clairmarais, d'Alfred le Grand, roi
d'Angleterre, et de Guillaume Cliton, comte de Normandie.

C'est en 1070 que nous voyons apparaître dans l'Histoire, la *Paroisse Sainte-Marguerite*, qui s'étendait au
centre et au nord de la ville sur un territoire, aujour-
d'hui partagé par les paroisses du Saint-Sépulcre et de
Saint-Denis. L'église paroissiale s'élevait sur la place
actuelle Sainte-Marguerite et fut construite, à frais communs, par l'Abbaye de Saint-Bertin et un groupe de
marchands audomarois faisant le trafic avec l'Angle-

terre. *Héribert,* Abbé de Saint-Bertin, et l'Abbé de Saint-Riquier, ayant été arrêtés à *Wissant* par une violente tempête, dans leur ambassade en Grande-Bretagne, où ils allaient défendre les intérêts bertiniens auprès de Guillaume, comte de Normandie, firent un vœu à *sainte Marguerite* très honorée alors pour la protection spéciale qu'elle accordait aux navigateurs traversant le détroit. C'est à leur heureux retour que fut créée la Paroisse Sainte-Marguerite à laquelle on affecta toutes les habitations à gauche de l'Aa, soit dans l'intérieur de la cité, soit dans le faubourg du Haut-Pont jusqu'au *Bac de Saint-Momelin.* D'autre part, on laissa à la juridiction de la Paroisse Saint-Martin, fondée, nous l'avons vu, au VIIIe siècle, tout ce qui était sur la rive droite de la rivière, en ville et dans le faubourg de Lysel. Saint Martin et sainte Marguerite et plus tard saint Georges, saint Jacques et sainte Cécile furent, de tout temps, très honorés par les habitants de nos faubourgs.

La *Paroisse Sainte-Marguerite* dépendait du Patronat de l'Abbaye de Saint-Bertin comme Saint-Martin et Saint-Jean, tandis que la paroisse de Saint-Denis se trouvait comme Sainte-Aldegonde et Saint-Sépulcre sous le Patronat du Chapitre de la Collégiale de Saint-Omer.

L'ordre chronologique nous oblige à dire, ici, un mot de la tradition audomaroise affirmant que l'*Abbé Suger,* le célèbre homme d'Etat, auteur distingué, et ministre des rois Louis VI et Louis VII, est né en 1082 *sur la paroisse Saint-Denis* à Saint-Omer. Notre vieille cité pourrait certainement s'enorgueillir si elle avait donné le jour à celui que l'Histoire reconnaissante a proclamé avec raison le « *Père de la Patrie française* », mais nous sommes obligé d'avouer, qu'historiquement parlant, aucun texte ne nous a permis, jusqu'ici, d'assurer que

Le célèbre abbé Suger ministre des rois de France Louis VI et Louis VII est-il né à Saint-Omer sur la paroisse Saint-Denis ?

Suger soit né à Saint-Omer et qu'il ait été, comme on l'a appelé, « *la Gloire de l'Artois* ».

Les plus grandes probabilités existent pour sa naissance dans la ville de Saint-Denis, près Paris, où, élevé dès son enfance dans la célèbre Abbaye dont nous avons parlé plus haut, il devint Abbé de Saint-Denis et ministre royal. — La ville de *Toury en Beauce* où il fut Prévôt, le réclame également comme son enfant. — Disons seulement qu'il est prouvé que l'*Abbé Suger* était en relations intimes avec *Alvise, évêque d'Arras,* ancien religieux de Saint-Bertin, et *Milon, évêque de Thérouanne,* qu'il invita le 11 juin 1144 à la dédicace de la splendide église abbatiale gothique de Saint-Denis, commencée par lui et achevée sous le règne et par les soins de saint Louis.

Certains connaisseurs prétendent que *le merveilleux pied de croix* en cuivre doré et émaillé, orné des statuettes des quatre évangélistes et de quatre personnages symbolisant les quatre éléments, aujourd'hui exposé au musée de la rue Carnot et provenant de l'Abbaye de Saint-Bertin, reproduit le modèle du pied inestimable du crucifix d'or que l'Abbé Suger avait fait confectionner pour son église.

En 1820, le *Gouvernement de Louis XVIII* fit frapper une médaille à la mémoire de Suger, « né à Saint-Omer en 1082 et mort en 1152 », et son buste se trouve à l'honneur dans les salons de notre hôtel de ville. — Malgré tout, *la question historique n'est pas encore tranchée* et la superbe statue de l'Abbé Suger, moulée par l'artiste audomarois Louis Noël, attend toujours son piédestal sur la place « Suger ».

C'est également à cette époque, que nous voyons apparaître la *Paroisse Saint-Jean-Baptiste* qui fut érigée, en 1118, par Jean I, évêque de Thérouanne, et Lambert, 40ᵉ Abbé de Saint-Bertin. Cette église qui subsista jusqu'à la Révolution française était située *sur la place Saint-Jean actuelle*, sur le terrain occupé, de nos jours, par la « *Salle des concerts* ».

Le « Verger » bertinien et la Paroisse Saint-Jean-Baptiste.

La tradition rapporte qu'une colline s'élevait, à l'origine, sur son emplacement avec un verger très bien cultivé par les Religieux Bertiniens qui y conservaient, avec soin, un poirier planté jadis par saint Bertin lui-même. En 891, *les Normands* utilisèrent cette colline pour faire le siège de l'Abbaye et la dévastèrent. Quelques années plus tard, *Baudouin le Chauve*, comte de Flandre, fit raser, en 902, le terrain, en établissant les fortifications uniques englobant à la fois le bourg de Sithiu et le monastère.

C'est au xᵉ siècle que remonte un sanctuaire devenu en 1118 l'église paroissiale de Saint-Jean-Baptiste, patron que le saint Fondateur Bertin avait aussi en grande vénération. Les moines bénédictins, lorsque le verger primitif existait encore, s'y rendaient processionnellement le lundi de Pâques et les jours de Rogations.

Citons aussi, au début du xiiᵉ siècle, la fondation par Vinrard, gentilhomme de Saint-Omer, très pieux, et, par suite, très charitable, d'un hôpital pour le soin des lépreux, dit *Maladrerie*, et placé sous la protection de sainte Marie-Madeleine. Le nom de « *Madeleines* » est resté aux prairies actuelles en dehors de la ville, derrière le moderne marché aux bestiaux, à l'endroit où Vinrard fit construire une église desservie par un prêtre particulier. Aux rentes laissées par le généreux donateur pour l'entretien de cet hôpital vinrent bientôt s'ajouter celles offertes par le Chapitre de Saint-Omer et l'Abbaye qui en dressèrent un acte solennel en 1106 et en 1166.

Le gentilhomme Vinrard fonde la « Maladrerie » au lieu dit « les Madeleines ».

CHAPITRE III

Le grand désastre audomarois de 1152.

Les Paroisses de *Saint-Denis*, de *Saint-Jean-Baptiste* et de *Saint-Martin-en-l'Ile,* dont nous avons précisé les origines aux chapitres précédents, se développaient heureusement, au douzième siècle, sous la haute direction de leurs Patronats respectifs, quand un véritable désastre vint arrêter, un instant, leur essor.

La nuit du 5 septembre 1152, *un immense incendie,* qui prit naissance à l'Abbaye Saint-Bertin, se propagea rapidement dans une grande partie de la ville alors construite en bois, et réduisit en cendres le monastère et les deux églises paroissiales ses plus proches voisines. *L'Abbé Léon de Furnes,* 43ᵉ Abbé de Saint-Bertin, ne se laissa pas abattre par cette calamité, et, deux ans plus tard, grâce aux largesses de plusieurs princes et tout spécialement de celles de Guillaume d'Ypres, fils de

Robert le Frison et ancien prétendant au comté de Flandre, il avait reconstitué dans son premier éclat sa Communauté, qui, déjà, depuis 1139, portait le titre glorieux de « *monastère des monastères* ». La générosité de Léon et celle de Guillaume d'Ypres s'étendirent également aux églises éprouvées, et les paroisses ne tardèrent pas à se relever de leurs ruines, grâce aussi aux offrandes des paroissiens. A Saint-Denis, en particulier, *les vitraux* du nouveau sanctuaire construit définitivement, en pierre, reproduisirent pendant de longs siècles, comme nous le décrirons plus loin, les noms et les portraits des membres les plus illustres des généreuses familles donatrices.

C'est ici le moment de faire *la description de cette nouvelle église* dont la construction se poursuivit au cours des XIII et XIVmes siècles et dont le chœur et les deux transepts ainsi que la superbe tour subsistent seuls au XXe siècle. Une reconstruction presque totale s'imposa, nous verrons en quelles circonstances, au début du XVIIIe siècle.

La perte des archives de l'église Saint-Denis, nous prive de renseignements exacts sur les différentes modifications subies par cet édifice à travers les siècles, mais les parties anciennes qui existent encore de nos jours, nous permettent d'affirmer que, commencé sous l'inspiration du XIIe siècle, il fut complété de la manière la plus remarquable par les architectes du XIIIe siècle.

La tour que nous admirons encore au XXe siècle, sobre d'ornements, sévère de lignes, mais d'un aspect très agréable, présente un triple étage de quatre arcs en tiers-point avec leurs élégantes colonnettes, et son sommet se termine par une galerie pleine, à arcs trilobés, flanquée de quatre massives tourelles octogonales. Elle

Description
de
l'église Saint-Denis
aux
XIII et XIVmes siècles.

L'architecture
remarquable
de la
tour du XIIIe siècle
et du clocher
qui la
surmontait alors.

2

nous offre un très beau spécimen de l'architecture gothique du xiiiᵉ siècle dont les derniers vestiges deviennent plutôt rares, de nos jours, sur le sol de France. Elle est soutenue par huit contreforts en retrait et couronnés par un pinacle crénelé à quatre pans et un gracieux motif quatrefeuilles sépare le premier étage du second sur les quatre faces. Un cadran d'horloge occupe enfin le centre des deux côtés nord et sud de la tour. En 1389, cette tour servit de base à *une superbe flèche en pierre* et de forme octogonale, digne couronnement d'un piédestal vraiment imposant et de haut style et complétant le cadre merveilleux formé, autrefois, par les multiples tours et clochers de la ville de Saint-Omer.

Une tour si remarquable devait servir de point d'appui à une nef digne d'elle : cette nef fût-elle unique au début? Certains archéologues l'ont pensé, en se basant sur la série des remaniements que subit l'ensemble de l'église et dont quelques-uns ont laissé des traces encore visibles aujourd'hui. D'après Messieurs de Linas et Louis Deschamps de Pas, dans l'église primitive du xiiiᵉ siècle *le chœur* s'étendait moins en profondeur vers l'est et il fut remanié et agrandi à la fin du xivᵉ siècle, dont les fenêtres, leurs meneaux et leur remplage de pierre portent la marque.

Les nefs et les transepts à cette époque.

C'est à la même époque que *la Famille Neveline d'Avroult* fit édifier la chapelle dite actuellement de Notre-Dame du Rosaire, jadis de *saint Jacques*, travail bientôt suivi par la construction de la chapelle de gauche aujourd'hui consacrée au Sacré Cœur et primitivement dédiée à la Sainte Vierge. C'est alors que pour faire communiquer les nouvelles chapelles avec la nef de l'église, on ouvrit deux arcades dans les anciens murs goutereaux qui se trouvèrent ainsi renfermés dans l'édifice. On voit

encore, de nos jours, ces *deux arcades* soutenues par
une gracieuse colonne au chapiteau très fouillé, dans le
haut, à gauche de l'église, et donnant ouverture sur la
chapelle du Sacré Cœur. On y remarque également *de
très curieux modillons* sculptés et soutenant la corniche
du mur, semblables à ceux qui garnissent extérieurement la corniche du XIIIᵉ siècle du chœur de la Basilique
Notre-Dame. *Les nefs latérales* de l'église du XIVᵉ siècle
correspondant à la largeur de ces deux chapelles étaient
donc plus spacieuses que celles de l'église actuelle dont
le plan fut profondément modifié, nous le dirons, au
XVIIIᵉ siècle.

Grâce au « *Grand cartulaire de Saint-Bertin* », œuvre
monumentale de *Dom Charles Dewitte*, un des derniers
religieux de l'Abbaye Bertinienne, et qui ne comprend
pas moins de onze volumes in-folio ; grâce aussi aux
patientes recherches de Messieurs *les Chanoines Hai-
gneré et Bled*, dignes émules des anciens Bénédictins,
recherches consignées dans les « *Chartes de Saint-
Bertin* » comprenant plus de 5.000 actes et les « *Regestes
de Thérouanne* » qui en contiennent plus de 3.000, nous
allons essayer de faire revivre quelques-uns des principaux incidents de la vie paroissiale de l'église Saint-
Denis et aussi de celles de Sainte-Marguerite, de Saint-
Jean et de Saint-Martin qui dépendaient directement du
patronat de Saint-Bertin.

En 1207, nous voyons *les religieux bénédictins de
Cantorbéry*, chassés de leur monastère par Jean, roi
d'Angleterre, reçus processionnellement au nombre de
soixante-dix dans l'église de Saint-Denis, avant d'être
conduits à l'Abbaye de Saint-Bertin où après avoir été
hébergés pendant quelque temps, ils furent partagés,
sur le conseil de Jean II, évêque de Thérouanne, entre

*Souvenirs
se rattachant
à
l'église Saint-Denis
au « Moyen âge ».*

plusieurs autres monastères de la région, jusqu'à la fin de la persécution et le rappel des exilés dans leur patrie.

Le 29 février 1300, *Lambert et Jean de Stembecque*, les plus anciens curés de Saint-Denis, dont les noms nous soient parvenus, signent de concert avec *Gilles d'Oignies*, abbé de Saint-Bertin, le Chapitre et leurs autres confrères, l'acte qui permet aux Chartreux de s'établir à Longuenesse à l'endroit dit le « *Val de Sainte-Aldegonde* ». En 1315, *Ingerran*, évêque de Thérouanne, ayant chargé le doyen de chrétienté de Saint-Omer de faire une information canonique sur les inconvénients ou les avantages que présentait la fondation d'une chapellenie dans la maison des Béguines de Malevaut, *Maître Bricourt*, chapelain perpétuel de Saint-Denis, fut consulté dans la circonstance et donna un avis favorable avec ses collègues *Gilles Lonchals*, chapelain de Sainte-Marguerite, et *Nicolas du Barizel*, chapelain de Saint-Martin-en-l'Ile.

Les Béguines
audomaroises.

Les Béguines instituées, en 1175, à Liège, par Lambert le Bègue, ne tardèrent pas à se répandre à travers toute la Flandre. Elles constituaient une association de filles ou de veuves qui, sans prononcer de vœux, vivaient pieusement en communauté ; leur temps se partageait entre la prière et le travail. La Belgique possède encore, au xxᵉ siècle, de nombreux Béguinages. *Les Béguines audomaroises* qui habitèrent primitivement le quartier de Malevaut, près la Porte du Haut-Pont, se fixèrent ensuite dans une maison située sur la paroisse Saint-Denis au bord de la rivière Sainte-Claire et près du cimetière Saint-Adrien à l'extrémité de la rue dite encore actuellement « *des Béguines* » et qui, nous le dirons, devint l'hôpital Saint-Adrien au xvıᵉ siècle.

C'est également sur le territoire de la paroisse Saint-

Denis que la Tradition place, au xiiᵉ siècle, la maison des « *Templiers* » sur l'emplacement des numéros 6 et 7 de la rue du Poirier actuelle et le numéro 20 de la rue Saint-Bertin. On remarquait autrefois dans le pignon du numéro 6, deux arcades géminées séparées par une colonnette, le tout couronné d'une archivolte en plein cintre, et une autre arcade reliant les numéros 6 et 7 entre eux. L'ordre des « *Chevaliers du Temple* » fut fondé, en 1118, par *Geoffroy, châtelain de Saint-Omer, Hugues de Paganis* et sept autres chevaliers français. *Hoston*, fils de Guillaume Iᵉʳ, châtelain de Saint-Omer, fut l'un des premiers « Grands maîtres du Temple ». *Les « Templiers » à la fois religieux et guerriers* se liaient par les vœux de chasteté et de pauvreté, et avaient pour obligation spéciale de porter les armes contre les infidèles et de garantir la sûreté des chemins aux pèlerins de Terre-Sainte. Leur nom vient d'une maison que l'empereur de Constantinople leur donna près du Temple de Salomon, à Jérusalem, pour les récompenser de leur zèle à défendre le Saint-Sépulcre. Cet ordre fameux fut supprimé, en 1312, à la suite des grandes fautes dans lesquelles étaient tombés ses membres, revenus en Europe avec d'immenses richesses et oublieux de leurs premiers engagements. Les Templiers furent pour la plupart soumis à de cruelles tortures, sur les ordres de *Philippe le Bel* autant avide de leurs trésors qu'ennemi de leurs crimes. Malgré cette fin humiliante, il faut rendre hommage aux nombreux exemples de générosité et de vaillance chrétienne et chevaleresque, que donna cette milice pendant près de deux siècles, alors qu'elle était appliquée aux devoirs de son héroïque vocation et non pas à l'exploitation lucrative de châteaux et de manoirs acquis en Europe.

L'ordre célèbre des « *Templiers* » et sa résidence sur la paroisse Saint-Denis

L'église Saint-Denis
renfermait
les sépultures
des grandes familles
audomaroises.

Les Templiers possédaient une commanderie importante au village de *Merck-Saint-Liévin*, dans le canton de Fauquembergues.

Nous possédons encore, actuellement, *quelques épaves intéressantes* des précieux souvenirs archéologiques de l'église Saint-Denis, au xiv⁰ et au xv⁰ siècles, que le savant héraldiste *Dom Le Pez*, bénédictin de l'Abbaye de Saint-Vaast d'Arras, a soigneusement enregistré dans ses recherches d'épitaphes et de blasons au début du xviii⁰ siècle. Nous signalerons ici, rapidement, à la fois les monuments disparus et ceux qui existent encore aujourd'hui. La paroisse Saint-Denis était, jadis, *la paroisse aristocratique* par excellence, et malgré l'usage qui faisait rechercher par les familles nobles et bourgeoises leur sépulture dans les nombreuses chapelles des Religieux et des Religieuses de la ville, son église reçut dans son sous-sol, à travers les âges, les dépouilles mortelles des membres de beaucoup de grandes familles audomaroises. En 1446, nous voyons, par exemple, le curé de Saint-Denis délivrer un certificat de catholicité permettant à l'Abbé de Saint-Bertin d'enterrer dans le cimetière de l'Abbaye, Robert Terry, son paroissien ; ce certificat avait pour but de sauvegarder les droits paroissiaux.

Nous donnerons, siècle par siècle, le détail du magnifique ensemble de sépultures à représentation, de tableaux funèbres et de verrières armoriées qui constituaient, autrefois, comme le livre généalogique des plus illustres familles de la ville de Saint-Omer, dans l'église Saint-Denis.

Dans la chapelle actuelle du Rosaire, autrefois dite de la Sainte-Famille et plus anciennement Saint-Jacques, se trouvait *une grande pierre bleue* dont l'inscription, en

minuscule gothique, était d'or. Cette pierre, placée de
nos jours dans la muraille, au pilier gauche des orgues,
rappelait qu'en 1357 *Jean Néveline* avait fait construire
la chapelle de Saint-Jacques à la condition que sa
famille y recevrait la sépulture à perpétuité. Le texte
précise également la fondation d'une messe quotidienne
et de différents anniversaires. — La dalle en marbre
devant l'autel était celle de Nicolas d'Avroult et de son
épouse décédés en 1363 et 1366. — *Sous le porche actuel*
de l'église, on a transporté dans le dallage une grande
pierre bleue de la fin du XIVᵉ siècle qui recouvrait dans
la même chapelle de Saint-Jacques les corps de David
d'Avroult, écuyer du roi, et de Marie de Neveline, son
épouse. Des colonnettes annelées de marbre blanc divi-
saient la pierre en trois parties égales, dans toute sa
longueur. Ces colonnettes servaient de support aux
arcatures simplement gravées qui abritaient trois personnages dont la représentation était également gravée.
Aux incrustations de marbre blanc qui conservent
encore la forme du visage des trois défunts, on reconnaît
que la place centrale était occupée par un chevalier
ayant à son côté gauche une femme et à son côté droit
un autre chevalier. — Au XVᵉ siècle, nous trouvons
également dans la chapelle Saint-Jacques, *un triptyque*
représentant une « descente de croix », timbré aux
armes du chevalier Jean d'Avroult, échanson du duc de
Bourgogne, et de son épouse Jeanne de Cercus, ses
donateurs, décédés en 1409 et 1412. — En 1522, on y
plaça aussi le *tableau funèbre* de Jean d'Avroult, prêtre
chapelain de l'église Notre-Dame, avec son blason. On
y voit encore devant l'autel, *la pierre bleue* de Guillaume
d'Avroult tué à la bataille d'Azincourt, et dans le coin,
sous la deuxième fenêtre, *la pierre tumulaire* à double

Les intéressantes
pierres tombales
de la
Famille d'Avroult
aux
XIV et XVᵐᵉˢ siècles.

représentation de Jean de Longvillers en costume de chevalier, également tué à Azincourt, et d'Isabelle d'Avroult, dame d'Helfaut, son épouse, décédée en 1444. — Citons aussi les épitaphes d'Aléaume de Rebecque Lens, de Foulques de Rebecque, de Jacques de Coubronne, de Jean de Houchin, de Jacques de Lens, de Jacquemine de Longvillers, tous bienfaiteurs de la paroisse, et accompagnées d'armoiries, de quartiers et de blasons d'un grand intérèt pour les héraldistes.

La fondation charitable de Julien d'Audenfort.

Deux inscriptions, encore existantes, se rattachent au xve siècle, ce sont celles de *Julien d'Audenfort,* en 1404, et de la fondation du « *Chariot à feu* » pour le chauffage de l'église en 1454. — *La première* jadis placée *dans la chapelle de Saint-Julien,* a été insérée, au xixe siècle, par le Conseil de Fabrique, dans le pilier droit de la tour. Elle est en minuscule gothique et rappelle la fondation de la chapelle Saint-Julien où une messe quotidienne, une messe solennelle anniversaire, le 28 août, jour de saint Julien, et différents obits devaient être célébrés pour Aléaume d'Audenfort et Marie de le Steenstraet, père et mère de *Julien d'Audenfort,* le fondateur. En ces circonstances les pauvres n'étaient pas non plus oubliés, et outre les secours personnels qu'ils recevaient, on leur remettait une pièce de monnaie pour qu'ils pussent se présenter à l' « *offrande* » de la messe dite pour leurs bienfaiteurs.

Le « chariot à feu » du xve siècle et les calorifères modernes.

La seconde inscription n'est pas moins intéressante, elle a été encastrée *dans le mur latéral gauche du porche.* En minuscule gothique, elle a une sérieuse importance documentaire, et a trait à une fondation de chauffage public en faveur des pauvres. Il y est stipulé qu'en février 1454, *Agnès d'Eclimeux* laissa une rente pour que les marguilliers de Saint-Denis puissent

L'Eglise paroissiale Sainte-Marguerite
anciennement
sur la place actuelle du même nom

entretenir un bon feu, dans l'église, en utilisant le chariot de fer qu'elle avait fait confectionner, de son vivant,
à cet usage. On devait allumer ce feu tous les jours,
depuis les premiers froids jusqu'au printemps. En
retour, on devait célébrer, chaque année, un anniversaire solennel pour la bienfaitrice, avec offrande à
laquelle les pauvres prenaient part. Le tout fut contre-
signé par le Mayeur de Saint-Omer, Jacques de Beutin
du Boud, dont l'épitaphe avec écusson armorié existait
à l'église du Saint-Sépulcre depuis 1465 jusqu'à la
Révolution.

Le réchaud roulant, dont il est ici question, était fort
en usage chez nos pères, sous le nom de « *chariot à feu* ».
C'est par ce procédé qu'on rendait habitables, en hiver,
les cloîtres, les dortoirs et le chauffoir des abbayes, les
églises et les châteaux. Les deux calorifères, pourtant
perfectionnés du xx⁰ siècle, presque toujours sans vie,
faute de ressources pour se procurer le combustible,
nous font parfois regretter le vieux « *brasero* » d'antan,
source d'une réconfortante et surtout permanente cha-
leur. Les paroissiens de Saint-Denis sauront, nous
l'espérons, grâce à leur générosité, mettre à profit, sur
ce point, le progrès moderne qui doit être utilisé, dans
l'église, la « *maison de tous* » avant de l'être dans les
demeures particulières.

A la verrière maîtresse de la chapelle Saint-Jacques, **Les verrières.**
on voyait représentés sous leur écusson de famille,
Antoine Iᵉʳ d'Avroult avec sa cotte d'armes, agenouillé,
ainsi que Françoise de Winnezelle, son épouse, drapée
dans un manteau armorié. — La deuxième verrière reproduisait dans la même attitude Antoine II d'Avroult
et sa femme Jeanne du Bièze ; enfin à la troisième se
trouvaient Anthoine III d'Avroult et Jeanne de Renty.

CHAPITRE IV

Chartes paroissiales du XVᵉ siècle.

En 1412, l'Echevinage rendit une sentence en faveur
de l'hôpital de l'Ecoterie au Brûle, alors établi dans la
maison du cheval d'or (rue d'Arras actuelle), contre les
Marguilliers de Saint-Denis au sujet d'un droit « de
paille » (drap de corps) en usage dans les enterrements.
— Un *manuscrit in-folio,* sur velin, relié en parchemin
et conservé à la Bibliothèque communale sous le nᵒ 893,
renferme un certain nombre de chartes concernant les
anciennes fondations faites à l'église Saint-Denis. *Le
texte* en fut révisé en 1415 sous le contrôle de sire
Aléaume de Sainte-Aldegonde, alors mayeur de Saint-
Omer, sire Vincent Florens, échevin, et Clet Florens,
bourgeois, tous manégliers de la dite église. *Plusieurs
chartes* se rattachant à la paroisse du Saint-Sépulcre ont
été jointes à celles de Saint-Denis, et les deux dernières
lignes du manuscrit sont rédigées comme il suit : « Priez
pour ceux qui le firent faire et pour celui qui l'a écrit ».
— Dès l'année 1420, il est fait mention dans les archives
civiles, de l'horloge de la tour de Saint-Denis dont

l'entretien était confié à un horloger payé par la Ville.

En 1450, l'église Saint-Denis fut choisie pour *l'assemblée plénière présidée par Guillaume Fillastre*, évêque de Toul et Abbé de Saint-Bertin et le Prévôt du Chapitre de la Collégiale afin d'entendre contradictoirement les députés du Clergé de Saint-Omer et ceux du Magistrat au sujet de certains abus qui régnaient dans le service paroissial. Les Évêques de Thérouanne ainsi que le Chapitre et l'Abbé de Saint-Bertin prétendaient à titre de curés primitifs, tenant leurs pouvoirs d'*Adroald* et du saint évêque Omer lui-même, premiers seigneurs temporels dès l'origine, avoir tout droit sur la direction des paroisses qu'ils avaient sous leur patronat. De leur côté, les députés du Magistrat disaient que ce dernier avait été créé gouverneur de la Ville, de la justice et de la police d'icelle par Monseigneur le Duc de Bourgogne, et qu'en conséquence les échevins étant capitaines-gouverneurs des églises, des tables des pauvres et des hôpitaux, il leur appartenait de nommer les Marguilliers et de contrôler la gestion de leurs comptes. — Le 30 mai 1459, le Pape Pie II donne à l'Abbé de Clairmarais et aux Officiaux de Thérouanne et d'Arras, commission d'absoudre le Doyen et le Chapitre de Saint-Omer, et de juger le procès pendant entre ces derniers et Denys Grielen, archidiacre de Thérouanne, pour une partie de l'église paroissiale de Saint-Denis.

Les Archives du Chapitre de Notre-Dame nous permettent de constater qu'il existait un certain nombre de « *chapellenies* » fondées à différentes époques dans l'église Saint-Denis, trois d'entre elles portaient le nom de Saint-Jacques, les autres étaient placées sous le vocable de Saint-Jean l'Evangéliste, de Saint-Jean-

Assemblée plénière en 1450 dans l'Eglise Saint-Denis.

Les différentes chapellenies de l'époque.

Baptiste, de Saint-Eloi, de Saint-Gilles et de Sainte-Catherine. Nous possédons encore plusieurs actes du xve siècle concernant les nominations et les démissions des chapelains de Saint-Jean-Baptiste et de Sainte-Catherine. L'une des trois chapellenies dédiées à Saint-Jacques fut fondée en 1296 par Nicolas Walespaeles, chevalier et ancien bourgeois de Saint-Omer. La rente qu'il assigna au chapelain était la vente de la dîme du village de Lespesse qu'il possédait par héritage. Les lettres d'amortissement nécessaires en la circonstance demandées au seigneur d'Hallines, durent être approuvées par le seigneur de Lillers, et en dernier ressort, par Robert, comte d'Artois.

La paroisse était aussi le siège de plusieurs confréries de corporations de métiers.

La « *Notice* » de M. Louis Deschamps de Pas, l'infatigable explorateur des archives capitulaires et surtout l'intéressant et consciencieux travail de M. Pagart d'Hermansart sur les « *Anciennes Communautés d'Arts et Métiers* » qui forme le tome XVI des « Mémoires des Antiquaires de la Morinie », nous renseignent sur l'organisation religieuse des *Corporations de métiers,* qui avaient choisi l'église de Saint-Denis comme siège de leur Confrérie. On y honorait *les saints Sévère, Sévérien, Carpophore et Victorin,* dits les « *quatre couronnés* », patrons des maçons — *saint Joseph,* patron des charpentiers — *sainte Catherine,* patronne des charrons — les *saints Côme et Damien,* patrons des cordiers — *saint Michel,* patron des maîtres d'armes — *saint Pierre,* patron des poissonniers de mer et des potiers d'étain — *saint Luc,* patron des vitriers. Citons enfin *saint Georges.* patron des arbalétriers, dits compagnons de saint Georges, et *saint Sébastien,* patron des archers ; nous reviendrons, au cours de ce volume, sur le développement de ces dévotions séculaires. *Les Confréries* payaient

l'entretien des chapelles et des autels, les fêtes patro-
nales étaient célébrées très solennellement avec *obit du
lendemain*, et l'on portait un cierge, aux enseignes de la
confrérie, à l'enterrement de ses membres. Le même
autel servait souvent au service de plusieurs confréries.
— *A la procession du Saint-Sacrement*, chaque corps de
métier était représenté par son doyen portant un cierge
orné de fleurs, d'emblèmes et du blason du Corps. Ce
jour-là, l'appel était fait dès six heures du matin, et des
règlements spéciaux déterminaient à l'avance les questions de préséance dans le cortège entre les différentes
corporations.

Nous dirons ici un mot de la Confrérie paroissiale
des Arbalétriers de Saint-Georges célèbre par son ancienneté et son importance dans la vie municipale et
religieuse de la ville de Saint-Omer. Dans « *l'histoire
des arbalétriers de Saint-Omer* » publiée par M. le Chanoine Bled dans le tome XXII des « Mémoires des Antiquaires de la Morinie », nous constatons que la confrérie
était déjà très bien organisée au milieu du xive siècle,
car en 1359, le roi de France Jean II, dans une charte
donnée aux arbalétriers de Paris, nomme déjà Saint-
Omer parmi les quatre bonnes villes de France dotées
des meilleurs arbalétriers. Ses règlements étaient à la
fois une leçon de religion, d'honneur et de tenue, et
leur sanction par l'Eglise qui ajouta souvent la consécration d'un serment religieux, fit entrer, peu à peu,
dans ces hommes rudes et grossiers, les habitudes de
la vie chrétienne, le sentiment de l'honneur et la notion
du respect de soi-même et des autres. En temps de
guerre, les *Compagnons de Saint-Georges* rendaient de
précieux services à la ville et prêtaient aussi leur
concours, au besoin, à la police urbaine. La munici-

Les arbalétriers
de Saint-Georges.

palité audomaroise leur accordait, en retour, de nombreux privilèges.

Un règlement de 1426 nous montre les arbalétriers allant, chaque dimanche, par groupe de vingt, s'exercer au tir, après avoir entendu la messe en la chapelle Saint-Georges à Saint-Denis avec le « *roi de la Confrérie* » qu'ils conduisaient, en uniforme, pour recevoir « la grâce que nosseigneurs les échevins ont coutume de leur faire ». En dehors de ses fêtes religieuses et civiques, la corporation des Chevaliers de Saint-Georges, célébrait aussi au cours de l'année certaines fêtes particulières dont le retour périodique mettait en mouvement et en liesse la cité entière.

Leurs fêtes religieuses et récréatives dites de « May » et du « Gay ».

Le premier mai avait lieu la fête dite « *de May* » ; ce jour-là les arbalétriers se rendaient en grand cortège et dans leur pittoresque costume, mi-partie de blanc, mi-partie de vermeil, portant « chaperon et houppelande de la livrée du roi », l'arbalète sur l'épaule droite, et le carquois garni de douze vires, *à ta forêt de Rihout-Clair-marais,* afin d'y couper les arbres les plus élevés et les plus droits qui devaient être utilisés pour le « *tir à l'oiseau* ». Avant de se mettre en route pour la forêt, le cortège se formait à l'hôtel de la Confrérie situé dans la rue actuelle de l'Arbalète et précédé de l'étendard représentant *saint Georges* brodé en haut relief d'or et porté au milieu des rangs par le plus jeune confrère, se rendait en ordre, à l'église Saint-Denis, afin d'assister à la messe célébrée pour la compagnie dans la chapelle de Saint-Georges, aujourd'hui de « l'Ange gardien ». Cette fête était si populaire à Saint-Omer que la municipalité n'hésitait pas à lui consacrer de généreux subsides. — Chaque année, aussi, le mardi de Pâques, avait lieu la fête *du « Gay »* ou « *oiseau public* ». C'est ce jour-là que le plus habile tireur était proclamé le « *roi* » de la confrérie, et s'il était assez habile pour abattre l'oiseau d'honneur trois années consécutives, il recevait même le nom d' « *empereur* ». Enfin, la fête patronale avec messe solennelle se célébrait le 23 avril, on y fêtait le jubilé des chevaliers de Saint-Georges, qui comptaient cinquante années de présence dans la confrérie. En 1749, en 1776 et en 1788, les registres mentionnent les jubilés successifs des sieurs Nicole, Tahon et Jennequin, et comme en 1776, la paroisse de Saint-Denis n'avait pas de maîtrise, ce fut celle de la cathédrale qui vint chanter la messe. — De tout temps, jusqu'en 1790, dans les processions du Saint-Sacrement, la Compagnie de Saint-Georges conserva la place d'honneur dans la garde du dais, dont elle prenait toujours la droite.

Avant de terminer le récit de l'histoire paroissiale de Saint-Denis au xvᵉ siècle, nous signalerons, à cette époque, dans le beffroi de la tour, l'*existence d'une cloche dite « du Guet »* ou de « *l'Œuvre* » qui sonnait non seulement les offices paroissiaux, mais encore l'ouverture et la fermeture des portes de la ville, la retraite bourgeoise et l'heure du travail des ouvriers, les incendies, les troubles et les émeutes. Nous parlerons, plus loin, des différentes circonstances où elle fut refondue plusieurs fois, pour finir par occuper encore la première place, au xxᵉ siècle, dans la tour paroissiale. La cloche du guet étant jadis employée au service de la municipalité, les échevins se faisaient un devoir de contribuer aux frais de sa refonte quand celle-ci devenait nécessaire.

Déjà en 1447 et en 1456 nous trouvons mention aux archives municipales, de « *Marie* », *la cloche du Guet*. Cette dernière était, dit M. le Chanoine Bled, qui, à

La cloche paroissiale du « Guet » et de « l'Œuvre ». Importance de ses sonneries dans la vie municipale.

titre d'enfant de la paroisse Saint-Denis s'est toujours
vivement intéressé à ses anciens souvenirs, la plus
besogneuse de toutes les cloches de la ville. Si *la cloche
du « Ban »*, la cloche par excellence de la vie communale occupait le beffroi de la cathédrale, si *la cloche
d'alarme* destinée à signaler les ennemis de l'extérieur
sa trouvait dans le clocher de la paroisse de Sainte-
Aldegonde, c'est à la « *cloche du Guet* » dans la tour de
Saint-Denis, qu'il appartenait d'avertir les bourgeois
astreints au guet pour la surveillance de la ville de se
rendre à leur poste d'observation. Sous le nom de
« *cloche de l'Œuvre* », « *Marie* » sonnait aussi les heures
auxquelles les ouvriers devaient commencer et finir de
travailler, et le soir aucune autre cloche ne se faisait
plus entendre quand la cloche du guet avait donné sa
volée, ordinairement de la durée d'un quart d'heure.
Enfin, la cloche du guet avait la mission d'annoncer
l'ouverture et la fermeture des portes de la ville, usage
que nous voyons établi en 1559, ainsi que l'heure de la
« retraite bourgeoise » dont les règlements déjà en
vigueur au xve siècle, et encore suivis à la fin du
xviiie siècle, obligeaient les audomarois à se munir
d'une lanterne pour se diriger, le soir, après cette heure,
dans les rues non encore éclairées comme de nos jours.

Au cours du xve siècle, nous aimons à inscrire au
livre d'or paroissial de Saint-Denis les noms de Messieurs les Curés *Melliot, Jean de Bersacques, Wallerand
le Caron, Mahieu le Seneschal* et *Augustin Wallart*, que
l'histoire nous a transmis, en faisant l'éloge du zèle
sacerdotal de ces dévoués pasteurs.

CHAPITRE V

Avant de poursuivre l'histoire des développements
des trois paroisses de *Sainte-Marguerite*, de *Saint-Jean-
Baptiste* et de *Saint-Martin-en-l'Isle* jusqu'au xvıᵉ siècle,
il est de notre devoir de faire connaître deux nouvelles
communautés religieuses qui prennent une large place,
à la fin du xvᵉ siècle, dans l'histoire religieuse de la ville
de Saint-Omer ; nous voulons parler des *Cordeliers* et
des *Dominicains* qui vinrent s'établir sur le territoire
actuellement compris dans la paroisse Saint-Denis.

C'est aux comtes d'Artois que nous devons la fondation du couvent des Cordeliers au début du xıııᵉ siècle,
il est question de cette fondation dans une charte de
1226, datée par un Official de Paris. Le couvent se trouvait primitivement en dehors de la ville, *au pied du
mont Saint-Michel* et aux environs de la porte Sainte-
Croix. Il fut placé sous le vocable des saints Pierre et

Les « Cordeliers »
s'établissent
sur la
paroisse Saint-Denis
au xvᵉ siècle.

3

Paul quand, démoli en 1477 dans l'intérêt de la défense de la ville, il fut réédifié sur l'emplacement occupé de nos jours, par *le Collège Saint-Bertin,* au centre de la Paroisse Saint-Denis. — Avant même d'être admise à l'intérieur des murs, la Communauté des Cordeliers eut sa célébrité, aux xiiie et xive siècles. *Les Frères-Mineurs, dits Cordeliers,* et disciples de *saint François d'Assise,* tenaient leur nom de la corde qui leur servait de ceinture, et constituaient un ordre mendiant et pénitent. En 1248, le Général de leur Ordre défendit au Gardien du couvent de Saint-Omer d'inhumer, dans son enclos, toute personne dépendant du Patronat du Chapitre, sans la permission de ce dernier. En 1273, *un concordat* fut passé entre le Chapitre de la Collégiale, l'Abbaye de Saint-Bertin et les Curés des patronats de ces deux églises, d'une part, et le Père Gardien des Frères-Mineurs d'autre part, et on décida que les corps des paroissiens seraient toujours préalablement présentés aux églises de leurs paroisses respectives avant d'être inhumés chez les Cordeliers, si, dans leur testament, ils exprimaient ce désir.

Saint Bernardin de Sienne, illustre franciscain, donne un sermon à Saint-Denis.

Au xve siècle, le Couvent subit différentes crises motivées par les troubles de la société à cette époque, et le roi Charles VI, le duc de Bourgogne, et le Magistrat de Saint-Omer ainsi que l'Évêque de Thérouanne prirent tour à tour la défense des intérêts de la Communauté. L'Histoire nous a laissé le souvenir d'un des « *Gardiens* » du début du xve siècle, nommé *Jean Maquerel,* qui eut à assumer la charge assez lourde de réformateur. Ami de *Bernardin de Sienne* l'une des grandes figures Franciscaines, que la Sainte Église a placé sur les autels en 1450, il le fit venir à Saint-Omer pour la réorganisation de son couvent, et c'est à cette occasion que ce saint

personnage donna *un sermon dans l'église Saint-Denis.*
Saint Bernardin de Sienne mourut en 1444, après avoir
fondé une centaine de nouveaux couvents franciscains
à travers l'univers catholique. On voyait encore, au
xviiie siècle, dans une petite niche pratiquée dans la
muraille, à droite, en descendant de l'église au cloître,
le « *chef* » de Jean Maquerel religieusement conservé
comme une relique, par ses frères. *Deux chapitres généraux de l'Ordre* furent tenus en 1447 et en 1475 dans le
couvent de Saint-Omer qui, primitivement, de la province de France, fut rattaché à la province de Flandre,
en 1523, au Chapitre général de Burgos. En 1491, les
Cordeliers après de nombreux pourparlers avec le Magistrat et grâce à l'appui de Marguerite, duchesse douairière de Bourgogne, étaient définitivement installés, rue
Saint-Bertin, après avoir été hospitalisés quelque temps
rue du Brûle, dans la maison du « *cheval d'or* », par la
Municipalité. Deux réunions, en 1502, l'une chez le Magistrat, le 4 octobre, et l'autre, chez le grand Bailli, le
26 du même mois, en présence des Curés de la ville et
des délégués des Religieux, précisèrent les limites des
droits de ces derniers et leur nombre afin de sauvegarder les droits de la Ville et ceux des paroisses et
tout particulièrement celles de Saint-Denis, de Saint-
Jean-Baptiste et de Sainte-Marguerite. Nous retrouve-
rons *les Cordeliers* au xvie siècle.

Installés depuis 1324, en dehors de la ville, près de la
porte Boulenisienne (entrée du jardin public actuel), *les
Dominicains* y demeurèrent jusqu'en 1477. Ils occupaient
un terrain de huit arpents avec un hôtel, don de la
comtesse Mahaut d'Artois, autrefois la propriété des
comtes de Guines. — La donation fut approuvée par un
bref du Pape Jean XII en 1325, et c'est en cette même

Installation
des Dominicains.

ânnée que leur situation vis-à-vis les paroisses fut fixée par un concordat, ainsi que leurs droits à la prédication depuis Calais et Boulogne jusqu'à Lillers, Saint-Pol et Thérouanne. En 1408, Mathieu, évêque de Thérouanne, approuva l'érection de la *Confrérie de Saint-Pierre* dans leur église. En 1419, le Général de l'Ordre prescrivit une réforme devenue nécessaire et, en 1471, nous voyons le Magistrat confier aux Dominicains la mission d'évangéliser le peuple audomarois fort oublieux, à cette époque, des lois de la charité fraternelle. Ces religieux obtinrent, par leur généreuse intervention, en 1406, lors de l'invasion anglaise, que le faubourg Boulenisien ne fût pas incendié, mais, en 1477, en même temps que tous les faubourgs au sud et à l'ouest de Saint-Omer, leur maison fut rasée, en vue de la défense de la place, et grâce aux lettres patentes de Maximilien d'Autriche et de Marie de Bourgogne, ils vinrent s'établir dans l'espace actuellement limité par les rues Alphonse Deneuville, Omer Pley, Allent et Carnot, après avoir sollicité quelque temps l'hospitalité des Frères laïques du Tiers-Ordre de Saint-François.

Aux six arpents exempts de tout droit d'amortissement qui leur furent concédés, les Dominicains avec la permission du Magistrat et grâce aux libéralités des fidèles et aux démarches de *Jean Vasseur*, leur prieur, ajoutèrent successivement d'autres terrains environnants qui leur permirent d'édifier leur cloître et leur chapelle. En 1480, ils achetèrent une maison voisine de l'oratoire des frères du Tiers-Ordre, appartenant à *Oudart de Renty*, seigneur d'Embry, et à *Bonne de Sainte-Aldegonde*, son épouse. Une bulle du Pape *Sixte IV* approuva leur établissement à Saint-Omer, autorisé par le Souverain.

Parmi les Abbés de Saint-Berlin qui illustrèrent l'Abbaye du xiiie au xvie siècle, *Jean III et Gilbert* que les Souverains Pontifes avaient en haute estime, *Henri de Coudescure, Aléaume Boistel, Jean V dit Ypérius*, l'un des grands historiens du monastère, *Jacques de Condèle, Jean de Griboval, Guillaume Fillastre et Antoine de Berghes* méritent, ici, une mention toute spéciale. C'est pendant cette même période que les rois Philippe-Auguste et saint Louis, Blanche de Castille, Philippe le Bel, Duguesclin et Olivier de Clisson, Louis XI, Charles le Téméraire, l'empereur Charles-Quint et enfin le cardinal Jean de Médicis qui devint, plus tard, l'immortel Pontife Léon X, furent tour à tour les hôtes de l'Abbaye Bertinienne.

Glorieuse période pour l'Abbaye de Saint-Berlin.

Les guerres qui éclatèrent successivement entre la France, l'Angleterre et l'Espagne, eurent évidemment leur contre-coup dans l'Abbaye, mais cette dernière au milieu même de la disette générale, aggravée par de nombreuses épidémies, resta toujours la charitable pourvoyeuse des pauvres de Saint-Omer et des environs. En retour, la Municipalité reconnaissante des services rendus s'engagea à offrir, chaque année, à l'Abbaye, une couronne de roses rouges destinée à être placée sur la statue de Saint-Pierre à un des autels de l'église du monastère.

Le lecteur nous saura gré de faire surgir ici de ses ruines grandioses, *l'église abbatiale des xive et xve siècles* dans toute la splendeur de sa merveilleuse architecture et de ses impérissables souvenirs, car *la tour Saint-Berlin* reste toujours le trésor et le plus bel ornement de la paroisse Saint-Denis au xxe siècle.

Le visiteur qui, descendant la rue Saint-Berlin, franchissait l'antique pont de pierre aux arcades de grès, jeté sur la rivière de l'Aa, se trouvait en face de la première

Une intéressante
visite
à l'église abbatiale.

porte de l'Abbaye dont les dépendances présentaient encore, au xvıe siècle, l'aspect d'une forteresse aux murailles crénelées. Introduit, il traversait une *cour d'entrée* plantée d'arbres et au centre de laquelle on voyait une *croix de grès* monumentale. Le fond de la cour était occupé à gauche par *la petite église paroissiale de Saint-Martin* à l'usage des habitants du faubourg de Lysel et ayant sa porte particulière sur la rue dite de l'Abbaye. On a retrouvé dernièrement des sépultures appartenant à cette église, en creusant les fondations des nouvelles constructions de l'Usine à gaz.

La tour et le portail.

Laissant alors sur la droite le *quartier de l'Abbé* et ses dépendances occupées aujourd'hui par une brasserie et les maisons particulières de la rue des Moulins, on accédait au pied de la tour. *Cette tour a 58 mètres d'élévation,* 8 mètres de plus que celle de la Basilique Notre-Dame, son portail et sa façade étaient autrefois décorés de soixante et onze figures d'anges ou de saints. Dans le *tympan du portail* on remarque encore les dernières traces d'une fresque à fond doré qui représenta d'abord la scène du « Jugement dernier » et le « Couronnement de la Vierge », scènes remplacées ensuite par la « Communion d'une âme », sujet eucharistique qui retrouve une nouvelle actualité avec les pressantes invitations à la Communion fréquente, faites par le Souverain Pontife Pie X au monde catholique.

— On y lit, gravée dans la pierre, *l'inscription* suivante : « *Castissimum Divi Bertini templum, caste memento ingredi* », sage précaution qui rappelle aux fidèles que, pour paraître devant les autels du Dieu trois fois saint, il faut préparer son âme et la purifier. L'usage des bénitiers purificateurs aux portes des églises n'est pas assez compris, de nos jours.

Les deux étages supérieurs de la tour indiqués par une gracieuse galerie quatre feuilles et ajourée, sont établis en retraite. Ce genre de construction permet de supprimer les arcs-boutants sur le devant de l'édifice et offre ainsi un moyen ingénieux de donner à la base de la tour une surface relativement plus grande sans alourdir l'ensemble. Les deux puissants contre-forts du devant renferment deux tourelles possédant toutes deux *un escalier de trois cent cinq marches* aboutissant à la plateforme du sommet. La tour renfermait *sept cloches* dans son beffroi. Cinq d'entre elles furent fondues, en 1470, sous l'Abbé Guillaume Fillastre, par les fondeurs Hoerche, de Bois-le-Duc. Elles portaient les noms de Willelmine, Bertine, Charlotte, Marguerite et Benoîte. Les deux autres fondues sous l'Abbé Vaast de Grenet, furent installées en 1586. L'une d'elles « Védastine », la plus forte de toutes, pesait 17.000 livres. Ces cloches formaient une échelle diatonique rigoureusement combinée, d'où s'échappait *un harmonieux carillon*.

En pénétrant par le grand portail ou l'une des petites portes latérales de la façade, on se trouve dans un vaste vestibule largement éclairé dont la voûte s'élève, sous la tour, jusqu'à la chambre des cloches. Les grandes orgues furent placées, en 1663, en bas de l'église, elles reposaient sur deux colonnes monumentales en marbre rouge de Ranz qu'on peut encore voir de nos jours au milieu du magasin-dépôt aménagé par la Ville à cet endroit.

Quand on entrait ensuite dans la grande nef, on jouissait alors d'un *spectacle inoubliable*, semblable à celui encore réservé aujourd'hui à tous les visiteurs de nos grandes cathédrales et basiliques françaises, de Paris, Reims, Amiens, Rouen, etc. *L'impression laissée par*

Le beffroi
et
les cloches.

Inoubliable
impression
d'ensemble.

l'ensemble devait être même supérieure à celle produite par notre splendide Basilique Notre-Dame de Saint-Omer, car l'église de l'Abbaye, bien que de proportions plus étroites, l'emportait sur elle par l'unité de plan et de style. Sa construction exigea cent quatre-vingt-quatorze ans d'un travail continué sans relâche. Sa longueur totale était de 117 mètres du portail à l'extrémité de la chapelle absidale, elle avait 24 mètres du sol à la voûte et 44 mètres de largeur au transept. — *Qu'il devait être imposant le coup d'œil* présenté par ces majestueuses travées, aux colonnes élégantes et hardies soutenant un triforium aux cinq arcades trilobées, vraie dentelle de pierres, surmonté lui-même d'une claire-voie en parfaite harmonie. — Le tout était orné de fresques remarquables et de vitraux aux sujets variés et aux étincelantes couleurs. *L'élévation du transept* ressortait d'autant mieux qu'il était plus étroit, et le chœur entouré de cinq chapelles disposées en couronne autour du déambulatoire, devait, vu du bas de l'église, revêtir un cachet mystérieux et grandiose tout à la fois.

La grande nef. *Nous allons maintenant, en la parcourant en détail, procéder à la visite de l'église.* A l'entrée, on remarquait un vaste portique en bois, orné des statues de saint Benoît, saint Omer, saint Grimbald et à la base, de celles de saint Pierre et de saint Paul. *La grande nef* et les nefs latérales étaient éclairées, de chaque côté, par six fenêtres et c'est dans le sol de la grande nef que beaucoup de religieux reçurent la sépulture. Les inhumations dans les églises cessèrent par ordre du Roi Louis XVI en 1776. Il existait huit travées, depuis les orgues jusqu'aux piliers du transept, et cinq à partir de l'arc triomphal du chœur jusqu'à la hauteur des chapelles de l'abside.

En arrivant au côté gauche du transept on y rencon- Le transept gauche.
trait successivement les *anciennes chapelles de Saint-
Pierre et de Saint-Blaise* érigées en 1443. A l'autel de
Saint-Pierre des peintures représentaient les miracles
du Prince des Apôtres et les faux prodiges de Simon le
Magicien. Le martyre de saint Pierre et de saint Paul
était sculpté dans la pierre. Contre le mur de ce transept
se trouvaient les orgues avant leur transfert en bas de
l'église en 1663. Leurs boiseries étaient ornées de peintures représentant le triomphe de David sur Goliath, et
de Judith sur Holopherne. Sur le côté supérieur du
même transept s'élevaient l'*autel de la Sainte-Croix* et le
nouvel autel de Saint-Pierre remplaçant à partir de 1763
celui de Saint-Sébastien. C'est en face de ces deux chapelles qu'existait autrefois *un mausolée* remarquable
élevé à la mémoire du Bienheureux *Bernard le Pénitent*,
chevalier originaire de Maguelonne, près Montpellier, et
qui a laissé dans l'Abbaye, au XIIe siècle, une réputation
de grande sainteté et d'extraordinaire austérité. En 1791,
il ne restait plus qu'un simple cénotaphe rappelant sa
mémoire. — Remontant ensuite le déambulatoire ou
pourtour du chœur, on remarquait sur la gauche, *la
sacristie* précédée d'un vestibule et à laquelle était jointe
une salle de dépôt. — L'armoire du trésor y renfermait
les objets du culte, pour la plupart pièces d'orfèvrerie
de valeur, et entre tous, le célèbre buste reliquaire du
« Chef » de saint Bertin.

Les *chapelles de Sainte-Scholastique et de Sainte-Marie-* Les chapelles
Madeleine étaient attenantes à la sacristie, et après elles du déambulatoire
se succédaient les *cinq grandes chapelles* de l'abside dé- et de l'abside
diées à *saint Étienne, saint Jean-Baptiste, Notre-Dame de* et leur décoration.
l'Assomption, saint Jacques et saint Philippe. Dans la
première se trouvait un tableau remarquable de Jean

Van Eyck, représentant le martyre de saint Etienne.
Celle de l'Assomption, dite aussi chapelle de l'Abbé, car
celui-ci s'y revêtait aux offices solennels, possédait sur
la gauche les *sépultures de Jean de Croy*, conseiller du
roi de France, de *Marguerite de Craon*, son épouse, et
de *leur fils Archambault* (1415). Cette chapelle de l'Assomption prit aussi le *nom du Bienheureux Joscio*, jeune
novice miraculé, d'abord enseveli en 1163 à la place
d'honneur près du maître-autel et à qui Jacques de
Condète en 1407 fit élever, à cet endroit, un superbe
mausolée en marbre sculpté représentant la scène du
« miracle des roses » dont Joscio fut favorisé.

Le culte du jeune Bertinien fut très suivi à l'Abbaye
jusqu'en 1791. Le 28 novembre de chaque année, les
habitants de la ville de Saint-Omer assistaient à une
messe solennelle en son honneur auprès de son tombeau
orné d'un riche luminaire. Nous parlerons, plus loin,
d'une peinture heureusement conservée de nos jours
dans l'église de Blaringhem (Nord), et que Dom Joscio
d'Allesnes, le dernier Abbé de Saint-Bertin, avait fait
exécuter à la plus grande gloire de son céleste protecteur
au saint baptème.

En contournant le chœur et en redescendant vers le
transept droit on trouvait, sur la gauche, l'entrée du
nouveau cloître et celle de l'ancien, ainsi que les *chapelles de Saint-Nicolas, de l'Annonciation, de la Flagellation*, et donnant sur le transept *celles de Saint-Benoit, de
Notre-Dame de Milan et de Saint-Bertin*. L'entrée principale de l'ancien cloître appelé *portail de Saint-Denis*,
était décorée de curieuses peintures qui subsistèrent
jusqu'à sa démolition en 1830. — La *chapelle de la Flagellation* servait à édifier le reposoir du Jeudi-Saint, elle
possédait un tableau de la « Flagellation » dû au pin-

ceau du célèbre peintre audomarois, Arnould de Vuez.
La décoration de la *chapelle Saint-Benoît* dite primitivement de *Saint-Denis* et qui a donné son nom au portail sud (le portail du nord portait le nom de Sainte-
Croix) était très soignée, les nervures de la voûte étaient
dorées et cette dernière peinte et semée de fleurs de lis.

Enfin la *chapelle de Notre-Dame de Milan*, était le *siège
d'une confrérie* florissante, établie en 1481. Cette confrérie
était dirigée par six bourgeois, trois Hautponnais et
trois habitants de Lysel, et elle faisait chaque année
une distribution de secours à quinze veuves recomman-
dables et désignées par le Clergé des différentes paroisses
de la ville. *Les habitants des faubourgs* invoquaient
spécialement Notre-Dame de Milan contre le danger des
fréquentes inondations auxquelles ils étaient, autrefois,
perpétuellement exposés. De nos jours, les eaux envahissantes sont immédiatement évacuées par un système
d'écluses sur Gravelines et la mer. Sous le soixante-
huitième Abbé, Engelbert d'Espagne, quatre enfants
furent guéris au pied de l'autel de Notre-Dame. Cinq
tourelles sculptées et en marbre ornaient le rétable de
l'autel et la statue de la Vierge occupait la tourelle du
milieu. Les principaux mystères de l'enfance du Sauveur étaient gravés sur les gradins. La *Très Sainte
Vierge spécialement honorée* dans la chapelle absidale
sous le vocable de sa glorieuse Assomption, avait eu
deux autres sanctuaires dans l'Abbaye, celui de *Notre-
Dame des Infirmes* situé au chevet de l'église abbatiale,
et une petite *chapelle dite Notre-Dame de l'Aurore* où le
saint Novice dont nous parlions tout à l'heure, se rendait
régulièrement après l'office de nuit pour réciter pieusement le « Magnificat » et quatre psaumes en l'honneur
de la Reine du Ciel.

La célèbre confrérie
de Notre-Dame
de Milan.

Le chœur,
richesse
de son mobilier.

Arrivés au milieu du transept en face du chœur, il
nous reste à dire un mot de ce dernier. Dans l'ensemble
de ses quinze travées, orné de fresques et de riches
vitraux, le chœur présentait un aspect vraiment majestueux. Elevé de trois marches au-dessus du niveau de
la grande nef, il était fermé par un « *Jubé* » en marbre
noir et blanc qui passait pour l'un des plus beaux des
Pays-Bas. Ce Jubé du haut duquel on lisait le saint
Evangile aux fêtes solennelles était surmonté selon
l'usage commun d'alors d'*une grande croix* suspendue à
la voûte et ornée des images de la Sainte Vierge, de
saint Jean, de deux Chérubins et des douze Apôtres.
Jacques de Condèle en avait élevé un en bois en 1400 et
l'Abbé *Guillaume Lœmel* en 1621 en fit édifier un autre
en marbre dont la remarquable décoration lui coûta
23.000 florins. — Il dura jusqu'à la destruction de
l'église, il était percé de trois portes dont les ornements
étaient en cuivre ciselé et bronze doré. La statue de la
Sainte Vierge occupait son milieu, ayant à sa gauche
les statues, en marbre, de la Prudence, de la Force, de
la Justice, et à sa droite celles de la Foi, de l'Espérance
et de la Charité. C'est *dans les caveaux* qui se trouvaient
sous ce « *Jubé* » que furent ensevelis la plupart des
Abbés de Saint-Bertin au xviie siècle.

En avançant dans le chœur, on admirait le *nombre
des stalles* et leurs *artistiques boiseries* surmontées des
armoiries des Chevaliers de la Toison d'or qui avaient
reçu l'hospitalité à l'Abbaye. On y remarquait aussi les
riches tapisseries de Gand ou d'Arras, offertes, la plupart,
par l'Abbé Guillaume Fillastre et représentant par ordre
chronologique les principales scènes de l'Ancien ou du
Nouveau Testament et de la vie des Pères de l'Eglise.

Au fond du chœur, on apercevait le *maître-autel* dédié

en 1783 à saint Bertin par le dernier Abbé Dom Joscio d'Allesnes et sous lequel se trouvait la *merveilleuse chàsse en argent et cuivre doré des reliques de saint Bertin* où étaient à la fois représentées des scènes de la vie de saint Bertin et les statuettes du Sauveur, de la Sainte Vierge, de saint Omer, de saint Bertin, de saint Folquin, de saint Sylvin, des douze Apôtres et des quatre Evangélistes. Cette chàsse était primitivement placée sur un autre autel, dit des reliques, consacré à *saint Pierre et à saint Paul*, et enrichi par Guillaume Fillastre, d'un rétable d'or fermé par des volets de bois sur les panneaux desquels on voyait plusieurs scènes de la vie de saint Bertin, d'une remarquable exécution. Ce second autel se trouvait en arrière de celui construit en 1783 et était lui-même placé en face d'un troisième autel occupant l'extrème limite du chœur et consacré à *saint Martin* l'un des premiers patrons de l'Abbaye à son origine. — Faisons enfin remarquer que, sous le maître-autel, se trouvait dissimulé un caveau spacieux destiné à conserver les chartes, les sceaux et les parchemins les plus précieux des archives de l'Abbaye.

La chàsse de saint Bertin.

Le fameux rétable de l'autel de Saint-Pierre et de Saint-Paul avait sept arcades. L'arcade du milieu était occupée par la scène du crucifiement, où les diamants et les pierres précieuses avaient été prodigués. *Quant au tabernacle* il n'était pas moins artistement travaillé; il était composé d'une colonne élevée à la hauteur de douze pieds, ayant pour chapiteau le nid d'un pélican nourrissant ses petits de son sang, et accostée de deux anges tenant une torche à la main. Suspendu à la colonne ornée d'épis de blé, de grappes de raisin et de feuilles d'acanthe, un troisième ange tenait dans sa main un soleil d'or rayonnant dans lequel reposait le

Le célèbre rétable et le tabernacle du maître-autel.

Très Saint-Sacrement. Au sommet deux autres petits anges tenaient une banderolle avec ces mots : « Ecce panis Angelorum. » « Voici le pain des Anges. »

Le carrelage dit « labyrinthe »

Avant de quitter l'église, rappelons que *dans le pavé du transept droit* on avait établi un *carrelage dit labyrinthe*, comme il en existait dans nombre de grandes églises des XIIe et XIIIe siècles, entr'autres à Amiens, Saint-Quentin, Arras, Reims et Chartres. — Ce curieux spécimen a été reproduit en marbre noir et blanc, au XIXe siècle, dans le chœur de la Basilique Notre-Dame de Saint-Omer, où les amateurs pourront l'admirer. Les difficultés que l'on rencontrait pour parvenir au centre de ce labyrinthe en en suivant les nombreux méandres, étaient le symbole des difficultés que l'on rencontre inévitablement sur le chemin du Ciel, mais dont les âmes de bonne volonté triomphent toujours si elles restent fidèles à la Grâce Divine.

Dernier coup d'œil à l'extérieur.

Nous n'insisterons pas ici sur la description extérieure de l'Eglise abbatiale. *L'examen attentif des jolies gravures* jointes à ce travail, suffira pour faire comprendre toutes les beautés architecturales de ce monument qui fut un vrai chef-d'œuvre de l'art gothique, dans ses détails comme dans son ensemble. Disons seulement que *la toiture* qui recouvrait la *superbe charpente* du XVe siècle, était de plomb, et qu'un gracieux clocher, abritant un harmonieux carillon, placé à l'intersection de la grande nef et du transept complétait le charme du coup d'œil général. *Ce petit clocher* était composé d'une tourelle renfermant les cloches et d'une flèche revêtue de plomb et d'environ 20 mètres de hauteur. Il était regardé comme un chef-d'œuvre sous le rapport de la hardiesse et de l'élégance. *Il datait de 1411.* Détérioré par la foudre en 1624, puis restauré, il fut

supprimé en 1788. Quant à la tourelle elle subsista
jusqu'à la démolition de la toiture en 1799, elle renfermait treize cloches bénites par l'Abbé Vaast de Grenet
en octobre 1583.

CHAPITRE VI

Nous développerons dans les chapitres qui vont suivre
tout ce qui, jusqu'au xvɪᵉ siècle, intéresse l'histoire des
trois paroisses de Sainte-Marguerite, de Saint-Jean-
Baptiste et de Saint-Martin-en-l'Ile dont nous avons
retracé, plus haut, les premières origines. Commençons
par celle de *Sainte-Marguerite*, la plus importante des
trois.

La Paroisse Sainte-Marguerite. Ses actes officiels jusqu'au xvɪᵉ siècle. L'acte le plus ancien où il en est question date de
1040, époque à laquelle nous voyons l'évêque de Thé-
rouanne *Drogon* désigner Malger, curé de Saint-Jean, et
Dodon, diacre de Sainte-Marguerite, pour l'église de
Saint-Folquin, à Gravelines. En 1095, le *Pape Urbain II*
confirme à l'Abbaye de Saint-Bertin par une bulle-pri-
vilège, la possession de l'autel de Sainte-Marguerite. —
En 1121, *Pierre*, cardinal légat du Saint-Siège, approuve
les conventions entre l'Abbé Lambert et le clerc Gunz-
dinus au sujet du cens dû par ce dernier pour l'église
de Sainte-Marguerite. — En 1181, le *Pape Alexandre III*

SON ÉMINENCE LE CARDINAL DE LA TOUR D'AUVERGNE
ÉVÊQUE D'ARRAS (1802-1851)

autorise l'Abbé Simon à donner un successeur à Manassès, curé de Sainte-Marguerite, qui, devenu chanoine, veut faire desservir sa paroisse par un simple chapelain. — En 1193, *Jean de Seninghem* donne à l'Abbaye Bertinienne une terre située sur le territoire de Sainte-Marguerite, en reconnaissance des services rendus à sa famille pendant la croisade. En 1208, *Pierre*, gardien de Sainte-Marguerite, signe l'acte de cession de deux terres, sur les rives de l'Aa, à Saint-Bertin, pour la célébration d'un anniversaire pour les père et mère de Gison de Clusa et d'Agnès, son épouse. — En 1227, le 5 mars et le 27 juin, les Souverains Pontifes *Honorius III* et *Grégoire IX* confirment, dans un privilège consistorial, les droits de patronat de l'Abbaye de Saint-Bertin sur Sainte-Marguerite. En 1228, *Adam,* évêque de Thérouanne, déclare que la maison du chapelain de Saint-Jean-Baptiste contiguë au cimetière de cette paroisse, sera enlevée au territoire de Sainte-Marguerite et attribuée à la paroisse Saint-Jean. — En 1232, le *Pape Grégoire IX* écrit au Chapitre d'Arras pour le charger d'examiner la plainte du Curé de Sainte-Marguerite Gaufrède et de son auxiliaire Baudouin, contre Saint-Bertin, au sujet d'une redevance. — En 1265, l'Official du siège vacant de Reims écrit aux curés de Sainte-Marguerite et de Saint-Martin-en-l'Ile, pour les charger d'informer sur le refus que le Chapitre de Thérouanne faisait de la personne de Baudouin de Boucres, présenté par l'Abbé de Saint-Bertin, comme chapelain de Sainte-Catherine, à Calais. — A la même époque, l'*Abbé Gilbert* déposait le curé de Sainte-Marguerite au sujet d'une contestation pour l'administration des sacrements. En 1262, les curés de Sainte-Marguerite et de Saint-Martin-en-l'Ile sont chargés par l'Official de Cambrai de faire

4

comparaître devant eux le bailli, le mayeur et les échevins de Saint-Omer, pour y répondre au sujet de leurs
empiètements sur la juridiction de Saint-Bertin. — Nous
voyons, en 1283, l'*Abbé Walter* adopter, avec les curés
des trois paroisses urbaines de son patronat, un règlement relatif à la sépulture des associés, hommes et
femmes, qui faisaient partie de la Confrérie, dite de la
« *Charité Saint-Bertin* » et au partage des oblations et
des cires, présentées à cette occasion soit dans le monastère, soit dans les paroisses, au choix des mourants et
de leur famille.

**Fondation
de la communauté
des Tertiaires,
dites
« Sœurs de Sainte-
Marguerite ».**

Jean Wastlin et *Thomas d'Acquin*, curés de Sainte-
Marguerite, donnent, en 1300, leur consentement pour
la fondation de la Chartreuse dans le Val de Sainte-
Aldegonde. En 1315, *Maître Bricourt*, chapelain perpétuel de Saint-Denis et de Saint-Jean, *Egidius Lanchals*,
chapelain de Sainte-Marguerite et *Nicolas du Barizel*,
chapelain de Saint-Martin-en-l'Ile, donnent, à l'évêque
de Thérouanne, un avis favorable sur la fondation d'une
chapellenie dans la maison des Béguines de Malevaut,
dans le Haut-Pont, alors dépendante de la paroisse
Sainte-Marguerite. Les chartes de Saint-Bertin nous ont
transmis l'édifiant testament de *Jean d'Estrée*, curé de
Sainte-Marguerite, rédigé le 9 août 1337. Le défunt fonda
une chapellenie de la Sainte-Vierge dans son église et
distribua toute sa fortune en dons aux paroisses et aux
communautés et surtout aux pauvres.

C'est vers 1350 que vint s'établir près de l'église et du
cimetière de Sainte-Marguerite, *une communauté de
jeunes filles pieuses* qui, sans se lier par aucun vœu de
religion, prirent cependant l'habit de saint François et
adoptèrent la règle du Tiers-Ordre sous la conduite
d'une supérieure. En 1388, les ferventes tertiaires afin

d'arriver à une plus grande perfection, firent, au nombre
de sept, des vœux solennels en présence du Père visiteur du Tiers-Ordre de Saint François, délégué lui-
même de l'évêque de Thérouanne qui conservait la
haute juridiction sur leur communauté. En 1447, les
religieuses de Sainte-Marguerite furent admises à la
participation de tous les mérites des bonnes œuvres
des frères du Tiers-Ordre. Le *Pape Martin V* en réglant
leur situation vis-à-vis les Frères mineurs et le Curé de
Sainte-Marguerite, leur accorda une chapelle avec le
privilège d'y conserver le Très Saint Sacrement et, en
1464, *Henri II de Lorraine*, évêque de Thérouanne, pro-
mulgua pour elles la bulle du Pape Pie II leur donnant
participation à toutes les grâces accordées par lui et ses
prédécesseurs aux religieux de saint François dits de la
stricte observance. *La vie régulière* que menaient les
Sœurs de Sainte-Marguerite leur attira la protection
des supérieurs ecclésiastiques qui vinrent souvent à
leur secours, car le couvent, fidèle aux traditions franciscaines, était fort pauvre.

L'année 1369 vit s'élever sur la tour paroissiale de
Sainte-Marguerite, l'*imposante flèche de pierre* qui, par sa
hauteur (117 pieds), surpassait toutes les autres flèches
des monuments religieux de la ville. *Ce clocher* dans le
style de celui de l'église Sainte-Aldegonde aujourd'hui
aussi disparu et de celui de l'église du Saint-Sépulcre,
réédifié en 1891, *fut abattu* le 26 thermidor de l'an II
par le vandalisme révolutionnaire, au nom des trop
fameux principes égalitaires. La merveilleuse élévation
de ce gracieux trait-d'union entre le ciel et la terre,
offusquait probablement les pygmées de la libre-pensée
sectaires et persécuteurs, sous tous les régimes.

La Communauté des *Sœurs* dites « *du Soleil* » fondée,

Le clocher paroissial
était le plus élevé
de la ville.

Les
Sœurs hospitalières
dites du « Soleil »
et les Franciscaines
de
Sainte-Catherine
de Sion.

en 1320, par l'illustre famille de Sainte-Aldegonde, dans le faubourg du Haut-Pont, et dont nous avons parlé dans notre ouvrage sur la Paroisse du Saint-Sépulcre, appartint à la paroisse de Sainte-Marguerite jusqu'en 1578, époque où elle fut transférée en ville, dans la rue actuelle « du Soleil » où se trouve, de nos jours, la *maison de retraite* des Frères des écoles chrétiennes. Ces religieuses étaient tenues de nourrir un certain nombre de pauvres et d'héberger les voyageurs sans ressources. Les distributions de soupe qu'elles faisaient chaque jour aux nécessiteux, leur valut le nom de « Sœurs à la soupe ». — *Les Sœurs Franciscaines de Sainte Catherine, de Sion,* établies en 1433, au Haut-Pont, furent également paroissiennes de Sainte-Marguerite jusqu'en 1549, époque où elles furent admises en ville. Le suffragant de Thérouanne *Louis Widebien,* évêque de Ghebel *(in partibus),* avait béni solennellement leur chapelle en 1511, dans le faubourg. C'est grâce à la protection de *Valentin de Pardieu,* seigneur de la Motte et gouverneur de Gravelines, qu'elles purent s'installer *(intrà muros)* sur la paroisse du Saint-Sépulcre, dans l'emplacement aujourd'hui limité par le côté droit de la rue basse Le Sergeant, la rue Courteville du numéro 34 au numéro 50 et une rue actuellement disparue et qui coupait la propriété des religieuses de Notre-Dame de Sion jusqu'à la rue Edouard Devaux. En 1512, l'Abbé de Saint-Bertin *Antoine de Berghes,* régla par un concordat les conditions dans lesquelles les funérailles devaient avoir lieu dans cette communauté, afin de sauvegarder les droits de Maître Jean Tartier et Jehan Pasquier alors curés des deux portions de la paroisse de Sainte-Marguerite.

C'est aussi sur le territoire de Sainte-Marguerite que se trouvait le « *refuge* » de la célèbre *Abbaye de Clair-*

marais, l'une des plus anciennes de l'Ordre de Cîteaux et fondée en 1140, à la sollicitation de saint Bernard, par *Thierry d'Alsace*, comte de Flandre, et par Sibille, son épouse, fille de Foulques, roi de Jérusalem. Autrefois les moines des abbayes et des couvents situés dans les campagnes se retiraient dans les villes, en temps de guerre, et ils y avaient, en propriété, des maisons, dites « *Maisons de refuge* ». Ce « *refuge* » que nous voyons désigné dans un acte de 1492, sous le nom de « Maison de pierre des moines », se trouvait dans la rue dite aujourd'hui du « Quartier de Cavalerie », et son ancien jardin est en partie occupé par le manège de la caserne du 21e dragons construit en 1824. Il s'étendait jusqu'à la place du Vinquai et jusqu'à l'esplanade de la caserne qui sert aux exercices de la cavalerie. Cette esplanade constituait, au moyen-âge, un marais communal appelé *Wyn-brouck*, marais au vin, à cause des quais de l'Aa, à proximité, où se déchargeaient les vins et autres marchandises sous le contrôle et les murs mêmes de l'Abbaye de Saint-Bertin. — Il existait enfin, en 1615, à l'extrémité d'une ruelle qui a été absorbée dans la construction du quartier de cavalerie, et aboutissait à la rivière des Salines, un autre refuge dit de « *Piennes* ». Les *moines de Piennes*, de l'Ordre de saint Guillaume, avaient été établis, en 1360, dans la seigneurie de Piennes-en-Artois, par Péronne de Saint-Omer. Une charte de Robert d'Artois, frère du roi saint Louis, céda, en 1268, aux religieux de Clairmarais, l'emplacement dit la « *Motte de la Warenne* », pour agrandir leur « *refuge* » et leur permit de construire un pont sur l'Aa, moyennant une légère redevance annuelle. L'origine de ce refuge remonte donc aux premiers temps de l'Abbaye Cistercienne. — Rappelons que les religieux de Clairmarais honoraient *sainte Marguerite* d'un culte spécial et que des reliques de cette sainte se trouvaient exposées dans leur splendide église abbatiale, sur l'autel situé dans le chœur, derrière le maître-autel.

Divers souvenirs paroissiaux.

En suivant toujours l'ordre chronologique, nous voyons, en 1423, Philippe, comte de Saint-Pol, céder à la paroisse de Sainte-Marguerite, à charge de célébrer une messe de « requiem », un terrain dit place de « *Reninghes* », afin d'augmenter la superficie de son cimetière alors autour de l'église comme pour toutes les paroisses de la ville. En 1426, *Victor Baenst*, curé d'une des portions de la paroisse Sainte-Marguerite, servit de témoin à Jean, Abbé de Saint-Bertin, qui interjettait appel au Saint-Siège, d'une sentence de l'Officialité de la Morinie prononçant contre lui la suspense « a divinis » et la déposition, pour n'avoir pas comparu lors de la visite de son monastère par l'évêque de Thérouanne. — En 1439, *Guillaume Jaquemin*, curé de la même paroisse, se trouve parmi les signataires du testament de Jean le Wale, chez le notaire Nicolas de le Nieppe, avec Guislain Heye, curé de Saint-Jean-Baptiste. — Le 18 novembre 1453, *Guillaume*, Abbé de Saint-Bertin, confère à Thierry Lambert, clerc du diocèse de Verdun, la charge de coutre (chantre) dans l'église paroissiale de Sainte-Marguerite. — En 1470, un accord est établi entre la Municipalité et l'Abbaye de Saint-Bertin au sujet du nouveau cimetière bénit à l'hôpital du Soleil, au Haut-Pont, territoire de Sainte-Marguerite.

Les « sceaux » des paroisses et des couvents au moyen-âge.

Dans les actes passés au xv⁰ *siècle* entre les curés dépendant du Patronat Saint-Bertin, les Frères mineurs et les Dominicains, nous trouvons, à la fois, les sceaux des paroisses et des communautés. Celui de la paroisse *Sainte-Marguerite* représente la patronne de l'église foulant aux pieds le dragon qu'elle châtie d'une sorte de discipline, sur celui de *Saint-Martin-en-l'Ile*, on voit l'Apôtre des Gaules, nimbé. — Sur le sceau des *Cordeliers*, de forme ovale aiguë, on voit le fondateur de l'Ordre, saint François d'Assise conversant avec les oiseaux, selon la légende. — Outre les sceaux d'administration, les doyens de chrétienté et les curés eurent aussi leur scel particulier. Le plus ancien qui ait été conservé date de 1279 et appartenait à *Jean le Frais*. — un second, c'est celui d'un curé de Saint-Jean-Baptiste, en 1285, nommé Guillaume, il porte l' « *Agnus Dei* » surmonté d'une étoile et appuyé contre le labarum (l'agneau passant). Au XIIIe siècle, les curés de Saint-Denis, du Saint-Sépulcre et de Saint-Michel apposèrent leurs sceaux à un acte d'appel au Pape contre les prétentions de l'archevèque de Reims.

Le XIVe siècle, en 1322, nous fournit le scel d'*Hugues le Wastelier*, curé de Saint-Denis (un personnage en chasuble), et celui de *Jean Wickeponghe*, curé de Saint-Jean (Saint Jean portant l'agneau). Nous avons décrit le scel du Saint-Sépulcre dans l'histoire de cette paroisse. Enfin, indépendamment des occasions où les différents curés appliquaient aux actes où ils figuraient, leurs sceaux particuliers ou ceux de leur église, il arrivait aussi que le Chapitre et l'Abbaye de Saint-Bertin apposaient, seuls, leurs empreintes sigillaires au bas des chartes et diplômes où cependant les curés de leur patronat figuraient comme témoins. — Les paroisses de Saint-Denis, de Sainte-Aldegonde et du Saint-Sépulcre, chacune divisée en deux portions, de Saint-Martin-au-Laërt, de Sainte-Croix et de Saint-Michel, hors les murs, se trouvaient sous le patronat de la Collégiale de Saint-Omer, tandis que les paroisses de Sainte-Marguerite (en deux portions), de Saint-Jean, de Saint-Martin-en-l'Ile, d'Arques et de Longuenesse, dépendaient de l'Abbaye Bertinienne.

Les confréries
des bateliers
et des maraichers.

Parmi les Confréries qui avaient leur siège dans l'église de Sainte-Marguerite, nous trouvons celle *des Bateliers*, des faiseurs de bateaux et des bélandriers qui avaient adopté *saint Jacques* comme patron commun. Ce dernier avait une chapelle spéciale. Les bateliers portaient à la procession du Très Saint Sacrement, quatre grands mâts peints au bout desquels étaient adaptés quatre vaisseaux en miniature, gracieusement enjolivés, et ils marchaient, trois par trois, dans l'ordre de leur entrée au métier. De leur côté, les faiseurs de bateaux qui logeaient dans le faubourg du Haut-Pont, où une rue rappelle encore leur souvenir, portaient dans le cortège, au haut d'une perche, un petit bateau sur le pont duquel se trouvaient représentés des charpentiers. Le mât du petit navire constituait la chandelle de la Confrérie. *Les bélandriers* faisaient le service des transports par eau entre Saint-Omer et Dunkerque trois fois par semaine. *Les broukaillers ou maraichers*, eux aussi, se réunissaient à l'église de Sainte-Marguerite dans la chapelle de *Saint-Fiacre*, leur patron, qui était administrée par des confrères. Les « *Plackeurs de terre* » (constructeurs en torchis) avaient pris *saint Louis* comme patron et faisaient, chaque année, célébrer à 7 heures du matin, le lendemain de la procession, une messe dans l'église Sainte-Marguerite pour les défunts de la Confrérie ; les membres qui manquaient, sans raison grave, à cet office, étaient passibles d'une amende de 12 deniers.

La corporation
des brouetteurs.

Enfin, c'est également à Sainte-Marguerite que se groupait *la corporation des brouetteurs*. Ces derniers qui habitaient dans le quartier voisin du Haut-Pont, aux environs de la rue dite encore de « *la Brouette* », étaient officiellement chargés des petits transports et se servaient à cet usage de brouettes et de charrettes. — Ils figuraient, en corps, aux processions, et firent placer, en mars 1418, une nouvelle statue de la Sainte Vierge, sur le marché, contre la halle des cordonniers.

Les ouvriers de ce métier avaient le privilège d'organiser, chaque année, le mardi-gras, un cortège carnavalesque, connu sous le nom de « *Papa Lolo* », que les garçons brasseurs et les portefaix continuèrent jusque dans les dernières années du XIXᵉ siècle.

CHAPITRE VII

La paroisse Saint-Jean-Baptiste. — Souvenirs qui s'y rattachent. — Le culte de saint Druon. — Le dévoûment des « Frères Nollards » hospitaliers. — Le « refuge » des Dames de Ravensberg, rue Saint-Bertin. — Le « refuge » des Prémontrés. — La paroisse Saint-Martin-en-l'Ile, d'après les chartes. — Les Bénédictines bertiniennes au XIIIᵉ siècle. — Le « droit d'asile » à Saint-Martin. — Les « Recluses » audomaroises. — Reconstruction de la tour paroissiale en 1492. — Importance religieuse des testaments au XVᵉ siècle. — Les sépultures des bienfaiteurs de la paroisse Saint-Denis.

La paroisse
Saint-Jean-Baptiste.
Souvenirs
qui s'y rattachent.

La petite paroisse *Saint-Jean-Baptiste* érigée en 1118, nous l'avons vu, au chapitre second, occupe, elle aussi, sa place d'honneur dans nos chartes audomaroises, et nous allons faire connaître en quelles circonstances. — Dès l'année 1040, dans une charte de *Drogon*, évêque de Thérouanne, et, en 1095, dans une bulle du Pape Urbain II, il est déjà question du sanctuaire Bertinien de Saint-Jean-Baptiste, alors encore simple chapelle. — En 1186, Baudouin, curé de la paroisse, sert de témoin dans un acte où Simon, abbé de Saint-Bertin, reconnaît que Marcilius d'Herbelles, a fait don de quarante sols de rente à son abbaye et, en retour, il lui accorde l'exemption de certains services féodaux. — Le Pape *Grégoire IX* confirme, en 1227, le patronat de Saint-Bertin sur la paroisse de Saint-Jean-Baptiste. — En 1285, son curé *Guillaume* est commis par l'Official de Thérouanne pour recevoir, en son nom, le consentement de dame Marguerite de Seninghem, à la vente que son mari voulait faire à l'abbaye de Saint-Bertin de sa rente de « Kienavaine » à Quelmes.

Nous voyons, en 1324, *Ingerran*, évèque de Thérouanne, approuver, après enquête officielle, la fondation d'une chapellenie dans l'église Saint-Jean par Daniel de Difques ; le curé était alors Jean Vicepont. Une messe de « *Beata* », le samedi, et deux autres messes de « *Requiem* », chaque semaine, devaient y être célébrées pour la famille du donateur. — En 1399, le 27 juin, *Foulques de le Nasse,* bourgeois de Saint-Omer, fonde pour lui, ses parents et ses bienfaiteurs, douze anniversaires à célébrer le premier jour de chaque mois. — Le 12 mars 1409, le curé de Saint-Jean délivre un permis pour que Jean Beelverghe, son paroissien, puisse recevoir la sépulture dans le cimetière de l'abbaye Saint-Bertin. — Une charte du 26 mai 1441 annonce à *Nicolas de Niepe,* curé de la paroisse, que Jean, Abbé de Saint-Bertin, fera la visite canonique de son église, le lundi 29 du même mois.

En 1469, il est question de l'érection d'une confrérie de saint *Thibaut,* et, en 1493, il est fait mention du culte de *saint Druon,* également honoré, nous l'avons dit, dans la paroisse du Saint-Sépulcre. Ce saint, patron de la ville de Carvin (Pas-de-Calais) où il mourut, mena une vie très austère dans la solitude, après avoir accompli de nombreux pèlerinages. Il fut, de tout temps, invoqué avec efficacité par les hernieux et les malades atteints de la gravelle. Son antique statue existait encore, en 1850, à l'église du Saint-Sépulcre, où elle est, de nos jours, remplacée par une statue moderne, comme celle de saint Roch invoqué contre les maladies contagieuses.

C'est sur le territoire de la paroisse Saint-Jean-Bap-

Le culte
de saint Druon.

Le dévoûment
des
Frères Nollards »
hospitaliers.

tiste, dans une ruelle aujourd'hui disparue, conduisant de l'âtre Saint-Jean à la « Grosse rue Basse », rue Faidherbe actuelle, à la hauteur du cimetière de Sainte-Marguerite, que vinrent s'établir, en 1331, les Religieux dits « *Frères Nollards* », de l'ordre de *saint Alexis*, dont la sublime mission était de se consacrer au service des malades et des indigents. — Le mayeur et les échevins approuvèrent, le 22 mars 1416, un acte par lequel Jakemes Fouquiers donne une maison à ces religieux qui se faisaient pauvres volontaires et mendiants pour le bien d'autrui. Les frères Nollards se dévouèrent surtout auprès de leurs concitoyens pendant la peste qui faisait, à cette époque, de si terribles ravages dans les rangs des Audomarois. Ils furent, à la fin du xve siècle, secondés dans leur ministère, par les « *Frères Scellebroudes* », de l'ordre de saint Augustin, qui résidèrent, jusqu'en 1524, sur la paroisse du Saint-Sépulcre, sur l'emplacement occupé ensuite par les Pauvres Clarisses, et limité par les rues actuelles « *Le Sergeant* » à l'ouest, « *Taviel* » au sud, et « *Courteville* » au nord. Les Nollards Alexiens étaient chargés d'enterrer les pestiférés, on leur confiait aussi les aliénés, comme aux admirables *frères de Saint-Jean de Dieu* dont le dévoûment reste toujours si apprécié au xxe siècle. Ils dirigeaient également des maisons de correction pour les enfants de famille récalcitrants. Leur habillement consistait en une robe de serge noire et un scapulaire, et ils revêtaient une chape noire aux offices funèbres.

Le « refuge »
des Dames
de Ravensberg,
rue Saint-Bertin.

L'*Abbaye des Dames de Ravensberg*, religieuses de l'ordre de Cîteaux et dépendant de la célèbre Abbaye de Clairmarais, possédait un « *refuge* » sur la paroisse Saint-Jean-Baptiste, dans la rue de Saint-Bertin, du numéro 65 au numéro 73, en face de deux autres

« refuges », celui de l'Abbaye de Saint-Augustin-lès-Thérouanne et celui des Jésuites anglais de Watten qui occupaient l'emplacement compris entre les numéros actuels 54 et 62. Cette abbaye de Ravensberg, dite aussi des « *Dames d'Outhof* », du nom de la terre sur laquelle leur maison fut établie, était située dans la seigneurie de ce nom, dépendant de la châtellenie de Bourbourg et à peu de distance de Merckeghem, ancienne paroisse de la châtellenie de Cassel, aujourd'hui canton de Wormhoudt. Elle dut sa première prospérité, en 1191, à Christine de Ravensberg, belle-fille du comte Thierry d'Alsace. — Charles VI, roi de France, allant au secours du comte de Flandre, en 1383, y reçut l'hospitalité. Elle fut comblée par les Souverains Pontifes et les princes flamands de larges dotations et de nombreux privilèges.

Quant à l'*Abbaye des Prémontrés de Saint-Augustin-lès-Thérouanne* située au sud-ouest de cette ville, elle fut fondée, en 1131, par Milon I, évêque des Morins, qui fit venir les premiers religieux, de l'abbaye de Saint-Pierre-de-Sélincourt, au diocèse d'Amiens. Le « refuge » qu'elle possédait à Saint-Omer, remonte à ses origines. Nous parlerons des deux autres « refuges » de *Woestine* et des *Jésuites Anglais* de Watten lors de leur établissement, au xviie siècle, sur la paroisse Saint-Jean-Baptiste. 〔Le « refuge » des Prémontrés.〕

Après avoir exposé, au chapitre second, les origines bertiniennes de la paroisse *Saint-Martin-en-l'Ile*, nous développerons ici son histoire jusqu'au xvie siècle. 〔La paroisse St-Martin-en-l'Ile, d'après les chartes.〕

Dans une charte de 1095, le Pape *Urbain II* mentionne l'église *Saint-Martin*, comme faisant partie du patronat de l'Abbaye de Saint-Bertin, et en 1163, le 26 mai, le Pape *Alexandre III* y fait également allusion, dans une bulle consistoriale. *Symon* curé de Saint-Martin, sert de témoin à Eustache, fils de Lidbert de Quelmes, qui donne, en 1145, dix mesures de terre à Saint-Bertin, de son côté, en 1175, le curé *Radulfe* signe l'acte par lequel Richard, archevêque de Cantorbéry, reconnaît aux religieux de Saint-Bertin la possession de l'église anglaise de Thrawley et de la chapelle de Levelande. En 1205, le prêtre *Walter* est appelé à confirmer, de son autorité, l'acte de Guillaume, châtelain de Saint-Omer, autorisant les serfs et les manants de son avouerie à établir leur résidence dans les villes d'Arques, de Poperinghe et de Coyecques dépendant de l'Abbaye de Saint-Bertin et les déclarant libres de toute redevance envers lui pendant le séjour qu'ils pourront y faire. — La paroisse Saint-Martin figure encore dans les deux bulles des Papes Honorius III et Grégoire IX renouvelant, en 1227, le privilège consistorial bertinien.

Les Bénédictines bertiniennes au XIIIᵉ siècle.

L'ordre chronologique nous amène à rappeler ici le souvenir, consigné par l'historien audomarois Hendricq, des *religieuses Bénédictines* qui, au XIIIᵉ siècle, furent admises à s'établir dans un petit couvent séparé, dans la cour nord de l'Abbaye de Saint-Bertin et à côté de l'église Saint-Martin. La durée de cette communauté fut très éphémère et, en 1222, elle fut officiellement dissoute par l'Abbé Jean qui établit pour la remplacer trente prébendes pour des femmes pauvres.

En 1262, le curé de Saint-Martin-en-l'Ile est chargé avec le doyen de chrétienté de Saint-Omer d'assigner le bailli, le maire et les échevins de la ville, à comparaître pour répondre au sujet de certaines usurpations de juridiction, au détriment de l'abbaye bertinienne. — Les noms des curés *Baudouin Boinepène* et *Nicolas du Barizel* nous ont été transmis par des actes de 1300 et 1319, et les chartes font mention, en 1335, de la réfection du quai dit « de *Staboem* », s'étendant de la « porte d'eau » de Saint-Bertin jusqu'à l'église Saint-Martin, l'abbaye se réservant son droit de seigneurie sur ce quai.

L'Official de Thérouanne, en 1364 et 1368, informé que des malfaiteurs se réfugient, comme en un lieu d'asile, dans l'église de Saint-Martin-en-l'Ile, mande au doyen de chrétienté à Saint-Omer, de faire cesser cet abus ; il lui ordonne d'avertir les réfugiés que, si dans les trois jours qui suivront la sommation du Magistrat, ils n'ont pas quitté l'église, ils seront livrés à la justice échevinale sans aucun préjudice pour la juridiction ecclésiastique.

Le « droit d'asile » à Saint-Martin.

Le 8 mai 1367, *Pierre de Vauls*, chevalier, bailli de Saint-Omer, fait rendre à l'abbaye de Saint-Bertin certains arbres, qui avaient été indûment coupés, par ordre des marguilliers de Saint-Martin-en-l'Ile, sur l'âtre de ladite église. — En 1370, *Gérard II*, évêque de Thérouanne, mande aux curés des paroisses de la ville de Saint-Omer que, si quelques-uns de leurs paroissiens ont été tués dans le combat avec les Anglais, la veille de la Nativité de la Sainte Vierge, ils peuvent les enterrer dans le cimetière de la paroisse, même s'ils sont morts « intestats ». — *Guillaume de Millam*, curé de Saint-Martin-en-l'Ile, est établi, le 20 octobre 1372, exécuteur testamentaire de sa cousine et paroissienne, Catherine Baits, sœur de Gautier, prieur de Saint-Bertin. — Le 9 mars 1374, *Henri le Maisier*, bailli de Saint-Omer, adresse à la comtesse d'Artois son rapport sur une entreprise des marguilliers de Saint-Martin contre les privilèges de l'abbaye de Saint-Bertin. — Enfin, en 1380, le 2 juin, le roi Charles V promulgue l'arrêt du Parlement qui met à néant l'appel formé par les maire et échevins de Saint-Omer d'une sentence du bailli d'Amiens, prononcée contre eux, au sujet d'une porte qu'ils avaient fait boucher par des ouvriers maçons, à l'église de Saint-Martin-en-l'Ile, contre la volonté et les droits des Religieux de Saint-Bertin.

Au xve siècle, en 1403 et en 1425, *Jean de Coquina*, curé de Saint-Martin, sert de procureur auprès de l'évêque des Morins lors de la nomination de Pierre Bourgois, religieux de Saint-Bertin, comme Abbé d'Auchy, et de témoin dans l'élection de Jean de Griboval, Abbé de Saint-Bertin.

Les premiers comptes de la ville qui remontent à 1413, et qui ont été tout spécialement explorés par Messieurs Pagart d'Hermansart et Justin de Pas, mentionnent, dès 1416, l'existence de trois « *Recluses* » à Saint-Omer, dont l'une résidait près du mur de la rivière, à côté de l'église de Saint-Martin-en-l'Ile et vis-à-vis de l'Abbaye de Saint-Bertin. Pendant tout le xive siècle, la Ville leur faisait déjà distribuer un lot de vin à chacune des grandes fêtes de l'année, et elles n'étaient pas non plus oubliées dans les dons testamentaires. — Prier non seulement pour elle, mais pour tous, telle était l'occupation continuelle de la « Recluse ». Aux temps où la foi était ardente et universelle, les fidèles se plaçaient volontiers sous la protection de cette prière qui ne se lassait point. La loge de la recluse était souvent construite et entretenue aux frais de la Ville et elle ne s'ouvrait qu'au candidat agréé par les officiers municipaux qui l'installaient eux-mêmes solennellement. — Aux frais de nourriture s'ajoutaient la fourniture du costume blanc et bleu pour la recluse, et noir ou brun s'il s'agissait d'un reclus, et le paiement des gages d'une servante chargée d'apporter, chaque jour, les aliments aux internés. Ces extraordinaires pénitents volontaires que la foi seule pouvait soutenir, se recrutaient non

Les « Recluses » audomaroises.

seulement dans la classe pauvre, mais encore dans les classes supérieures de la société. — En 1468, le curé de Saint-Martin, Jean Stodenecque, reconnaît, avec ses autres confrères de Saint-Jean, de Sainte-Marguerite et de Longuenesse, le droit à l'Abbé Guillaume Fillastre de visiter son église paroissiale. — Citons aussi les noms des curés de Saint-Martin Jacques Fallon et Pierre de Millam enregistrés dans les chartes bertiniennes de l'époque.

Enfin, c'est en 1432 que les Marguilliers de l'église de Saint-Martin-en-l'Ile demandèrent au Magistrat la permission de démolir la tour qui menaçait ruine, en offrant de la faire reconstruire aux frais des paroissiens. L'autorité municipale approuva le projet et, en 1496, les travaux étaient heureusement terminés. La nouvelle tour de l'église Saint-Martin, contemporaine de la superbe tour de l'église abbatiale de Saint-Bertin, devait durer jusqu'aux jours néfastes du nihilisme révolutionnaire.

Reconstruction de la tour paroissiale en 1492.

Avant d'aborder la période du xvie siècle, nous utiliserons, ici, l'intéressant travail de M. Justin de Pas sur les « *Usages testamentaires au xve siècle* » qui nous renseigne, d'après les testaments transcrits à l'Echevinage de Saint-Omer de 1486 à 1495, sur les coutumes religieuses observées, alors, dans les paroisses de Saint-Omer et spécialement dans celles dont nous écrivons l'histoire. *Le Testament* étant considéré, avant tout, comme un *acte religieux*, la grande préoccupation du testateur était de pourvoir aux dons religieux et de ne pas mourir « intestat ». Après avoir recommandé son âme à Dieu, il désignait le lieu de sa sépulture et mentionnait aussitôt le don fait à l'église. *Les notaires royaux* n'ayant été créés que plus tard, sous Charles-Quint, les

Importance religieuse des testaments au xve siècle.

curés eux-mêmes ou des clercs tabellions dits « notaires apostoliques », et les « Gens de loi » pouvaient recevoir les testaments. La rédaction, à cette époque, était en langue française, douze testaments sont cependant rédigés en flamand, sur la *paroisse Sainte-Marguerite, l'église du quartier flamand.* Après les dons faits aux églises, venaient *les dons au clergé* et les honoraires des services, réglés minutieusement jusqu'au détail des émoluments des plus modestes employés. *Les offrandes* destinées aux établissements religieux, aux pauvres, aux prisonniers, aux corporations, aux confréries, aux voisins, aux serviteurs et servantes dites « mesquines » n'étaient pas non plus oubliées. La chapelle de Notre-Dame des Miracles, sur le grand marché, celle de Notre-Dame de Milan à Saint-Bertin, celles de Notre-Dame à Boulogne et de Saint-Nicolas à Thérouanne, les « pardons du Hault pas » à la paroisse Saint-Jean-Baptiste, la recluse de Saint-Martin-en-l'Ile et les ladres de Soyecques (hameau de Blendecques) y sont aussi l'objet de larges générosités.

Les pèlerinages ou « *voiaiges* » tenaient également une grande place dans les testaments, et si les bons chrétiens en accomplissaient, de leur vivant, ils en faisaient faire encore, en leur nom, après leur mort. Les plus fréquentés étaient alors ceux de *Notre-Dame* à *Boulogne,* à Thérouanne, à Bollezeele, à Messines près de Lille, à Saint Antoine à Bailleul, à Sainte Isbergue près d'Aire-sur-la-Lys, à Saint Gilles à Watten, à Saint Sylvestre près de Cassel, à Saint Quentin-le-sec à l'église de Longuenesse distinct de Saint Quentin-le-frais, dans une chapelle qui existe encore, de nos jours, près d'une source, sur la hauteur, en face de l'église paroissiale, à Saint Maxime de Wisques, à Saint Léger de Tilques, à la « Sainte Larme » d'Allouagne, à Saint Jacques de Compostelle, en Galice (Espagne), etc....

De *1486 à 1495* nous trouvons, sur la paroisse Saint-Denis, les testaments de Jeanne d'Avroult enterrée dans la chapelle Saint-Julien, d'Hugues Mahieu, de Catherine de le Pierre, d'Enlart Hanezart, de Julien d'Audenfort, de Marie du Bos, de dame Meurisse, de Leurens Billon, de Guillaume Delattre, de Jacquemart le Briqueteur, de Jehah le Seppre, de Jehanne Le Roy, de Guilbert le Chevalier, de Guillaume le Cornu, de Chrestiennette Becquet, de Catherine Staes, de Clay Oedelin, du prêtre Michel Galbart, de Marguerite de Béthencourt enterrée dans l'église, dans la chapelle de Notre-Dame, du curé Wallerand le Caron inhumé dans le chœur, de Clay Yperlincq, de Pierre Ricouard enterré dans la chapelle de Saint-Jacques et de Jacques de Rebecque enterré dans celle de Notre-Dame, d'Isabelle le Cordier, de Clay Destienbecque ens6veli dans la chapelle Notre-Dame, de Maroie le Pap, de Jehanne Braye, de Guillaume Boidin, de Jacquemine du Briard, de Tassin le Weidre, de Mariette Blaeunoel, de Firmin le Parmentier, de Clay Loys enterré dans la chapelle Notre-Dame, de Pacquette de Fosseus, de Loete Hanacq, de Jacques de Coubronne enseveli dans l'église ainsi que Jehan Darthé, de Marie de Béthencourt, de Jehan Herlin, de Robert de Salentin, de Marie d'Eclimeux enterrée dans l'église, de Chrétienne de le Tour, de Jehanne de Canteleu, de Maroye le Maistre, de Thomas Davignon, de Peronne Cocatrix, de Georges du Bos, de Marguerite Craye enterrée dans l'église.

Dans la même période, nous rencontrons aussi de nombreux testaments concernant les paroisses de Sainte-Marguerite, de Saint-Jean-Baptiste, de Saint-

Les sépultures des bienfaiteurs de la paroisse de Saint-Denis.

Martin-en-l'Ile, l'Abbaye de Saint-Bertin et la chapelle des Frères mineurs et c'est dans les âtres ou cimetières respectifs, et dans les églises de ces paroisses et communautés que leurs bienfaiteurs reçurent une honorable sépulture. Signalons, en terminant l'histoire de la période du xvᵉ siècle, un superbe fragment de faïence polychromée dû au ciseau du célèbre artiste italien *André della Robia*, et qui se trouve actuellement placé sur la face septentrionale du pilier gauche de la tour.

Une inscription placée, au xɪxᵉ siècle, par les soins de Dom Post, ancien religieux de Saint-Bertin, nous rappelle que ce fragment représentant l'Institution de la Sainte Eucharistie provient du monument du célèbre Abbé Guillaume Fillastre enterré à l'Abbaye de Saint-Bertin en 1473.

CHAPITRE VIII

Richesses archéologiques de la paroisse Saint-Denis, au XVIᵉ siècle. —
Le mausolée de Marguerite Villon. — Les pierres tombales des
familles de Rebecque et de Lens. — Le monument de François
d'Audenfort. — Remarquable variété de sépultures. — Ce qu'était la
« Table des pauvres ». — L'ancien cimetière autour de l'église. —
Épisodes de la vie paroissiale. — L'important carillon du beffroi. —
Description du maître-autel. — Vitalité de la confrérie des « Poissonniers de mer » dite, de « Saint Pierre », établie à Saint-Denis. — Son
curieux calice artistique. — Les corporations des maçons et sculpteurs,
et des charpentiers, et les Saints protecteurs de leurs confréries. —
Origines de la confrérie de Notre-Dame de Lorette.

Richesses
archéologiques
de
la paroisse
Saint - Denis,
au XVIᵉ siècle.

L'église paroissiale de Saint-Denis, dont nous avons
donné, plus haut, la description archéologique aux
XIII, XIV et XVᵐᵉˢ siècles, renfermait, nous l'avons dit,
les sépultures des principales familles audomaroises.
Au XVIᵉ siècle, nous continuons à trouver de nouvelles
pierres tombales dans son sol et divers monuments
funéraires adossés à ses murs. Ces souvenirs historiques méritent, ici, une mention spéciale. — Par ordre
chronologique, citons d'abord *le mausolée de Marguerite
Villon*, épouse de Jacques Régniez, décédée le 20 août
1523.

Le mausolée
de
Marguerite Villon.

Ce monument se trouve, de nos jours, encastré dans
la face septentrionale du pilier gauche de la tour, à
l'intérieur de l'église. Sous une niche moulurée, le Christ
se tient, les bras croisés sur la poitrine, assis sur un

linceul que supporte un ange debout derrière lui. A ses pieds, à droite, on voit le donateur et ses deux petits garçons présentés par *saint Jacques,* au légendaire chapeau. A gauche, accompagnée de ses quatre petites filles, près desquelles gisent deux cadavres d'enfants, une femme s'avance, présentée par sa patronne *sainte Marguerite,* reconnaissable au dragon qui la suit.

Malheureusement, presque toutes les têtes des personnages de ce très intéressant monument sont brisées et le reste apparaît empâté dans le badigeon. — L'inscription, de minuscule gothique gravée, est remplie d'un mastic noir.

Les pierres tombales des familles de Rebecque et de Lens.

Dans le transept nord, la *chapelle de Notre-Dame,* dédiée ensuite à saint Bertin et aujourd'hui consacrée au Sacré-Cœur, paraît avoir été le siège des dévotions de la famille de *Rebecque-Lens,* comme nous avons vu celle de *Saint-Jacques* qui lui fait pendant, l'avoir été pour les familles *Néveline* et d'*Avroult.* Elle renferme *dans son dallage,* dans l'angle formé par la rencontre du mur septentrional et du mur occidental, une grande pierre commémorative relevée en demi-bosse. Les deux personnages, mari et femme, l'un armé de pied en cap, l'autre en manteau de ville, sont abrités sous des arcatures en accolade, où on relève leurs blasons respectifs, déjà inscrits sur le vêtement de l'un et de l'autre. *Cette pierre,* autrefois placée devant la balustrade même de l'autel, est celle de *Liévin de Lens-Rebecque* décédé en 1541, et de son épouse *Fiacre de Noyelle* rappelée à Dieu en 1548. — La boiserie de la muraille septentrionale dissimule à la vue deux monuments funéraires relatifs à la même famille. C'est d'abord un grand memento de fondation, encadré d'un motif sculpté à colonnettes. A l'intérieur de cet encadrement *une longue inscription* en minuscule gothique, jadis dorée sur fond azur, et dominée par sept blasons gravés, rappelle les pieuses fondations faites par Jacques de Lens, mayeur de la ville de Saint-Omer, décédé en 1492. — Derrière cette même boiserie on voit également *un autre monument funèbre*, dans le style *Henri II*, sculpté aussi en relief et représentant un personnage couché sur son sarcophage. Au-dessus de celui-ci, dans un médaillon, apparaît le Christ dans sa gloire de résurrection. Le sarcophage est timbré d'un écu, et au-dessous un cartouche, portant quatre écussons, rappelle le souvenir d'un autre Jacques de Lens décédé en 1535.

Au pilier droit de la tour, face à la nef méridionale, se dresse *un joli monument de la Renaissance*, inséré dans un riche portique d'ordre dorique, en pierre blanche, veuf de son couronnement. Ce bas-relief, en albâtre, représente le Christ en croix. Agenouillé à ses pieds, un chevalier en costume de parade est accompagné de son patron saint François. Derrière se tiennent deux femmes également à genoux et accostées d'une Vierge et de sainte Barbe, dont on reconnaît la tour symbolique. On aperçoit, dans le fond, la ville de Jérusalem.

Les prie-Dieu ont perdu leurs armoiries, et les têtes des principaux personnages ainsi que les bras et le corps de la cariatide de support sont aujourd'hui mutilés. Ce monument date de 1551 et a été élevé à la mémoire de *François d'Audenfort*, écuyer du roi, de ses deux épouses successives, Barbe de la Fosse et Marie Goson, et d'un de ses fils, François, décédé en 1562. — Près de la porte qui s'ouvre dans le mur occidental et qui conduit à la tour nous possédons encore, dans le sol, une dalle bleue qui date de 1566 et dont l'inscription, en capitale

Le monument de François d'Audenfort.

romaine, nous rappelle la sépulture de l'échevin *Boulengier*. — En 1582, 1585, 1590 et 1606, furent ensevelis dans le caveau de famille des d'Avroult, signalé plus haut dans la chapelle Saint-Jacques, aujourd'hui chapelle du Rosaire, *Antoine d'Avroult, Jeanne de Renty, Marie de Lens* et *Antoine IV d'Avroult ;* nous reviendrons sur la curieuse découverte et visite de ce caveau en 1808 et en 1875. — Enfin, dans le bas de la basse nef septentrionale, à demi cachée par l'installation d'un confessionnal, nous constatons la présence d'une grande dalle à deux personnages, placés chacun sous une arcature cintrée, c'est celle de François d'Audenfort et de son épouse Barbe de Lens de Rebecque, rappelés à Dieu en 1561 et 1588.

Remarquable variété de sépultures.

Nous tenons à donner également, ici, *le détail des pierres tombales* et des verrières du xvie siècle, aujourd'hui disparues, mais que l'érudit bénédictin *Dom le Pez* a soigneusement relevé dans son épitaphier, lorsqu'il fit la visite de l'église Saint-Denis au xviiie siècle. — A cette époque, on rencontrait encore disséminés à travers l'église les monuments funèbres de Loys, de Jacques, de Guislain, de Philippe, et de Liévin de Lens, tous décédés au xvie siècle. Celui d'Adrien de Lannoy, grand louvetier de France. — Celui de David du Val, seigneur de Vertin, et de son épouse Agnès de Laune, on y voyait un tableau de l'adoration des rois mages. — Le mausolée de Guillaume de Fourneau, seigneur de Herneu, capitaine tué d'un coup d'arquebuse, au siège de Bergues, en 1579. — Celui de Philippe de Bersacques, seigneur de Monnecove, et son épouse Marguerite Boullengier, fille elle-même d'Adrien et de Jeanne de Berghem. — Enfin, le monument de Philippe d'Aubermont, capitaine d'armes, seigneur de Manuy, et de

L'ancien Couvent et la Chapelle des Dominicains jadis situés au centre de la ville
entre les rues actuelles « Carnot » et « Allent »

Françoise de Gros, dame de Ribehem, son épouse. —
Quant aux verrières remontant au xvie siècle, on distinguait, à la deuxième fenêtre du chœur, les armoiries de
Jean de la Tour et de Pétronille de le Delft ainsi que
celles de Barthélemy de la Tour et d'Adrienne d'Ailly.
— A la verrière de la chapelle de Notre-Dame de Lorette,
se trouvaient représentés Wallerand de Croix, seigneur
d'Epinoy et mayeur de la ville de Saint-Omer, et Jacqueline de Penel de Wargny, son épouse.

Dès l'origine de la paroisse de Saint-Denis, le soula- Ce qu'était
la
« Table des pauvres »
gement des pauvres avait été considéré par le Clergé,
comme l'un des éléments essentiels de la vie chrétienne
et paroissiale. Aussi voyons-nous déjà aux xiv, xv et
xvimes siècles, les administrateurs de la « Table des Pauvres » dits *Tabliers*, prêter solennellement, le serment de
bonne gestion des revenus et des aumônes, à la Halle
municipale, en présence du Mayeur et des Echevins
qui nommaient les receveurs de ces sociétés charitables.
La « Table des Pauvres », si secourable aux vrais misé-
reux, disparut avec la Révolution de 1789 qui, dans son
torrent dévastateur, entraîna cette institution éminemment bienfaisante pour la classe ouvrière. Les distributions de secours se faisaient au moyen de « *méreaux* »
ou jetons qui s'échangeaient ensuite contre divers pro-
duits d'alimentation.

L'usage d'inhumer les paroissiens dans le cimetière L'ancien cimetière
autour de l'église.
qui entourait l'église et qui, au xvie siècle, était beaucoup plus grand que l'enclos actuel puisqu'il venait en
bordure, sur toute la longueur de la rue Saint-Bertin,
jusqu'à la rue actuelle des Bleuets, dura jusqu'en 1786.
— A cette époque, tous les cimetières paroissiaux furent
d'abord réunis dans une prairie, propriété actuelle des
Hospices, à l'intersection des routes de Blendecques et

de Wizernes, en attendant la création du cimetière du plateau des Bruyères en 1838, dont nous reparlerons plus loin.

Comme épisodes de la vie paroissiale à Saint-Denis au xvie siècle, nous trouvons, signalées aux registres du Magistrat, les nominations des chantres et du sonneur par la Municipalité. Le Magistrat précise, lui-même, le règlement détaillé du sonneur qui, alors, remplissait également l'office de sacristain. Ce dernier devait veiller, avec grand soin, sur tous les objets du culte et le mobilier de l'église, et tenir à jour le livre de comptes, où étaient consignés les différents « *draps de peldre* » employés dans les enterrements divisés en cinq classes. — Le sonneur était aussi fossoyeur. — Nous voyons qu'à cette époque, un fournisseur spécial choisi par les Marguilliers, procurait le vin qui, selon l'usage de la primitive église, était distribué aux fidèles venant de communier sous l'espèce du pain. Rappelons, ici, à cette occasion, qu'à l'église Collégiale de Saint-Omer, on utilisait pour cette distribution du vin, à la table sainte, *le célèbre calice*, haut de 0,30 centimètres, avec des anses, et en or ciselé, que *saint Éloi*, l'illustre orfèvre, ministre de Dagobert, roi de France, avait confectionné pour notre saint patron Omer. — Ce calice d'une valeur inestimable au point de vue artistique et historique, a été jeté au creuset par la barbarie révolutionnaire, en 1791. — Relatons encore, en 1510, la fondation dans l'église, de *la chapelle de Saint-Julien,* par Julien d'Audenfort dont nous avons décrit, plus haut, le monument funèbre. L'histoire civile nous rapporte qu'en 1554, la Municipalité fit un don particulier au curé de Saint-Denis et doyen de chrétienté *Jean Rémy,* pour le récompenser de son dévoûment auprès de ses paroissiens.

Le beffroi de la noble tour du xiiie siècle, décrite au chapitre troisième, faillit perdre, en 1548, *la cloche du guet « Marie »* que le Magistrat voulut transporter au clocher de l'église de Sainte-Aldegonde, sur la place actuelle « Victor Hugo », pour la transformer en *cloche d'alarme*. Très heureusement, le projet ne fut pas trouvé pratique et « *Marie* » continua à sonner non seulement le guet, mais encore l'ouverture et la fermeture des portes de la ville et la retraite bourgeoise. En retour la cloche du guet placée au centre de la ville, avait la préséance sur toutes les autres cloches et aucune d'elles n'avait plus le droit de se faire entendre, le soir, quand elle avait donné sa volée. — En 1557, le Magistrat fit refondre, à ses frais, la cloche de l'œuvre ou du guet, et, en 1559, le 25 juillet, six nouvelles cloches venaient se joindre à leur sœur aînée « *Marie* » pour relever les splendeurs des cérémonies paroissiales. Pour la circonstance on dût emprunter, pour la fondre, une vieille pièce d'artillerie appartenant à la Ville et pesant 2.400 livres.

L'année 1553 vit l'établissement, au milieu du chœur, d'un *maître-autel* en bois doré, sculpté à jour et d'un travail très délicat. Son rétable était composé, dit Monsieur Deschamps de Pas, de cinq colonnettes terminées en pyramides très élancées, renfermant chacune une niche où se trouvaient saint Denis et ses compagnons et deux anges adorateurs. Le tout était complété par un tableau de valeur de *Colin de Cotter*, donné par Antoine d'Avroult, mayeur de Saint-Omer, en 1533, et représentant le Christ descendu de la croix.

En 1594, nous voyons l' « *orlogeur* » *François Fontaine*, démonter et rétablir l'horloge de la tour paroissiale pour lui faire sonner, désormais, les demi-heures. Deux noms

L'important carillon du « beffroi ».

Description du maître-autel.

gravés, à cette époque, sur deux montants en chêne du premier étage du beffroi, nous rappellent le souvenir de ce travail. — Les « Regestes de Thérouanne » nous apprennent qu'en 1532, le 17 août, *Guillaume, évêque de Damas*, suffragant de Jean VI de Lorraine, évêque de Thérouanne, ayant, sans l'autorisation préalable du Chapitre de la Collégiale, porté le Saint-Sacrement en procession, et prêché dans l'église paroissiale de Saint-Denis, qui dépendait du patronat de la dite église, déclara qu'il avait agi de bonne foi, et donna au vénérable Chapitre lettres de non-préjudice dans la circonstance. Enfin, les 17 et 18 février 1598, l'historien audomarois *Hendricq*, nous parle de la grande affluence qui eut lieu, à Saint-Denis, à l'occasion des prières publiques et processions organisées, pour détourner la guerre civile issue du Protestantisme. Toutes les reliques des Saints audomarois furent, comme dans les moments critiques, descendues de leurs autels et portées solennellement à travers les rues de la ville.

Vitalité de la confrérie des « Poissonniers de mer » dite de « Saint-Pierre », établie à Saint-Denis.

Après avoir décrit, au xve siècle, l'importance de la Confrérie paroissiale des « *Arbalétriers de Saint-Georges* », nous ferons connaître, ici, les confréries également paroissiales, non moins intéressantes, des « *Poissonniers* » et de « *Notre-Dame de Lorette* ». On distinguait deux sortes de poissonniers : Ceux d'eau douce ou « *frais poissonniers* » avaient pris pour patronne, Notre-Dame, et possédaient, nous l'avons dit en écrivant l'histoire du Saint-Sépulcre, une chapelle dans cette paroisse. — Quant aux poissonniers de mer groupés sous le nom de *Confrérie de Saint-Pierre*, ils formaient, déjà au xvie siècle, une importante corporation comme l'atteste *un précieux registre* de ses comptes de 1574 à 1657, conservé aux archives municipales. Ce manuscrit, commencé sous la direction du doyen Robert Neveur, comprend la liste des confrères, les coutumes et privilèges de la confrérie et l'état de ses recettes et dépenses. C'est en 1612 que l'évêque de Saint-Omer, *Mgr Blasœus* décida, dans une visite à Saint-Denis, que la chapelle dédiée à saint Luc et réservée jusque-là aux cérémonies de la corporation des vitriers, serait affectée au service de la Confrérie de Saint-Pierre. Depuis lors, *les Poissonniers* se chargèrent de tous les frais d'ornementation de cette chapelle où la statue du Prince des Apôtres domine encore son autel, au XXe siècle. Un chapelain spécial y célébrait la messe tous les dimanches et fêtes de l'année, et la fête principale avait lieu le jour de la « *Saint-Pierre* » avec obit du lendemain pour les confrères trépassés et un autre obit annuel dit de chasse-marée. *Chaque année, à la procession du Très-Saint-Sacrement,* le doyen du métier portait un cierge orné de fleurs, ou une bannière avec les emblèmes et le blason du Corps. C'était non seulement un honneur mais encore une obligation pour les confrères de faire escorte à la Sainte-Eucharistie. Les maîtres de métier et les compagnons portaient, eux aussi, de petites bannières rouges : le registre cité plus haut en comptait cinquante-huit, au XVIIe siècle.

Nous possédons encore, au musée de la Ville, rue Carnot, un très curieux calice en vermeil et une petite cuillère servant, suivant l'usage ancien, à mêler quelques gouttes d'eau au vin, à l'offertoire de la messe. Or ce calice provient de la Confrérie des Poissonniers, comme l'indique un « *dauphin* » qui s'y trouve gravé, et accosté de cette légende « *Appartient aulx poissonniers — 1590* ». Sa hauteur est de 0,21 centimètres, sur sa base ornée de fines dentelures on voit gravées, en creux, l'image du Christ en croix et celle de saint Pierre tenant en

Son curieux calice artistique.

mains les clefs symboliques du Ciel. Le nœud est orné de six têtes d'anges, formant médaillon, séparées les unes des autres par des palmes d'un très gracieux effet.

Les corporations
des maçons
et sculpteurs
et des charpentiers.
Les
Saints protecteurs
de
leurs confréries.

Parmi les autres corporations qui avaient le siège de leur confrérie à l'église Saint-Denis, nous devons citer encore celle des *Maçons* et *Sculpteurs* dont la chapelle, la première dans la nef latérale gauche, était dédiée aux quatre saints couronnés, Sévère, Sévérien, Carpophore et Victorin, martyrs pour leur foi, en 304, sous la persécution de Dioclétien. Leur fête se célébrait le 8 novembre. — *Les charpentiers* qui se distinguaient de la corporation des menuisiers dont le siège était à Saint-Sépulcre, avec sainte Anne comme patronne, honoraient comme protecteur *saint Joseph* dans la chapelle encore dédiée, de nos jours, à l'humble charpentier de Nazareth. De leur côté, les charrons se réclamaient de sainte Catherine martyrisée sur une roue, dont l'autel se trouvait aussi à Saint-Denis. *Sainte Cécile* inspiratrice des musiciens et *saint Michel* patron des maîtres d'armes, qui donnaient des séances publiques d'escrime dans la salle d'entrée échevinale et à la Halle, furent également honorés, à la paroisse Saint-Denis, dans une chapelle spéciale. Enfin, les *saints Côme et Damien* martyrisés en 285 de l'ère chrétienne étaient vénérés dans la chapelle successivement dédiée à *saint Julien*, à Notre-Dame de Lorette et aujourd'hui au saint Ange gardien, par la corporation des *Cordiers* qui, se réunissaient en communauté aux processions, avec les Fourbisseurs et les Vitriers et portaient les mêmes armoiries.

Origines
de la confrérie
de Notre - Dame
de Lorette.

Une confrérie non moins importante est celle de Notre-Dame de Lorette établie, au xve siècle, dans l'église Saint-Denis. Elle doit sans doute son origine aux nombreux audomarois qui se rendaient en Italie, à

la « *Santa Casa* », pour y vénérer la maison de la Très-
Sainte-Vierge et gagner les précieuses indulgences attachées par les Souverains Pontifes à ce pèlerinage. Dans
la suite, tous les fidèles dévoués à Notre-Dame eurent le
droit de faire partie de cette confrérie. Les insignes
comprenaient, un manteau avec collet de cuir garni de
coquilles dites de Saint-Jacques, un scapulaire orné de
l'image de Marie, un bourdon, un chapeau rond enru-
banné et la malette du pèlerin. Nous trouvons, en 1577,
aux archives municipales, le texte des nouveaux statuts,
que le Magistrat de la ville de Saint-Omer prit la peine
de rédiger lui-même, témoignant ainsi la particulière
estime en laquelle il tenait la confrérie de Notre-Dame
de Lorette, dont nous continuerons l'histoire au siècle
suivant.

CHAPITRE IX

Les communautés paroissiales, au xvie siècle. — Fondation de l'hôpital
Saint-Adrien. — Les destinées de l'hospice de la Madeleine. — Maladrerie et Hôpital Saint-Louis. — Grande extension de la communauté
des Cordeliers. — Influence apostolique des Dominicains. — Leur
chapelle et ses confréries corporatives. — Le cardinal Jean de Médicis
et l'Empereur Charles-Quint à l'abbaye Saint-Bertin. — Rôle prépon-
dérant de Gérard d'Haméricourt. — Union des Evêques et des Abbés
Bertiniens pour la sauvegarde des intérêts spirituels et matériels des
Audomarois. — Origines de l' « Ancien Collège de Saint-Bertin ». —
Ses liens étroits avec le célèbre « Collège Français » dirigé par les
Pères Jésuites. — Sa remarquable prospérité au xviiie siècle. — Les
Jésuites anglais, exilés, fondent également un collège sur la paroisse
Saint-Denis. — Lors du démembrement du diocèse de Thérouanne
en 1561, Saint-Denis fait partie du nouvel archiprêtré de Saint-Omer.

Les communautés
paroissiales
au xvie siècle.

Dans le présent chapitre, nous nous occuperons successivement du développement des différents établissements religieux dont nous avons narré, précédemment,
la fondation sur le territoire de la paroisse Saint-Denis,
et aussi des nouvelles communautés que vit heureusement surgir le xvie siècle, à l'ombre bienfaisante du
clocher paroissial.

Fondation
de
l'hôpital St-Adrien.

Le terrible fléau de la peste faisant de grands ravages,
au xvie siècle, au sein de la population audomaroise,
les cimetières paroissiaux et ceux « extrà-muros » du
« *Soleil* », à la porte du Haut-Pont, et de *Saint-Sébastien*,
à la porte du Brûle, devinrent trop étroits. C'est alors
que le Magistrat fit l'acquisition d'un vaste terrain situé

derrière la rivière de « *l'Etat* » et lui donna le nom de *cimetière Saint-Adrien,* c'est aujourd'hui la place du Marché-aux-Bestiaux. Il fut de plus décidé, en 1523, époque de la bénédiction d'un nouveau cimetière par l'Evêque suffragant de Thérouanne, *pour les Béguines,* dont nous avons rappelé l'établissement sur la paroisse Saint-Denis, au chapitre troisième de ce volume, que la maison de ces religieuses serait transformée en un *hôpital,* dit également, *de Saint-Adrien.* Ce dernier, capitaine des armées romaines sous *Maximien,* subit un cruel martyr, à Nicomédie, en 306, avec son épouse *sainte Nathalie ;* son culte était très répandu dans nos pays et son intervention très efficace pour la guérison des maladies contagieuses. — Un des panneaux d'un tryptique sur bois, de l'école flamande, don d'un chanoine de la collégiale, placé dans la chapelle *Saint-Maxime,* dans la nef latérale gauche, à la Basilique Notre-Dame, et dont le sujet central reproduit « l'adoration des bergers », représente *saint Adrien,* en guerrier, avec l'enclume et le lion, ses attributs traditionnels. Le *nouvel hôpital Saint-Adrien* fut successivement desservi par *les Béguines* elles-mêmes, puis par des religieuses venues d'Audruicq, et, enfin, par les Sœurs de l'hôpital de Saint-Louis et de l'Ecoterie, maison établie, rue d'Arras, depuis la fin du XIVe siècle, qui firent preuve d'un admirable dévoûment au chevet des pestiférés, jusqu'au XVIIIe siècle, époque où la peste disparut, pour toujours, il faut l'espérer, de la ville de Saint-Omer.

Au souvenir de l'hôpital de Saint-Adrien, nous rattachons celui de *l'hospice de la Madeleine,* fondé, nous l'avons dit plus haut, au XIIe siècle, par le gentilhomme Vinrard, en faveur des malheureux atteints de *la lèpre.* Le redoutable fléau, sur les ravages duquel, le *travail*

Les destinées
de l'hospice
de la Madeleine.

6

intéressant de M. l'Abbé Delamotte, aumônier du lycée de Saint-Omer, contenant l'histoire des hôpitaux et maladreries de la région, ne nous laisse rien ignorer, ne cessa complètement qu'au xviie siècle. Les registres de l'hospice de la Madeleine constatent encore la présence de deux ladres ou lépreux, en 1638, lorsque l'autorité militaire décida de raser tous les bâtiments de cette communauté, qui pouvaient être un obstacle à la défense de la ville. L'hospice de la Madeleine et ses dépendances occupaient, au moment de la démolition, trente-cinq mesures, au milieu des prairies dites, aujourd'hui encore, « *les Madeleines* », derrière le nouvel abattoir, et à peu près à égale distance de l'ancienne porte d'Arras et de la rivière de l'Aa (haute Meldyck). Par un édit de 1672, *Louis XIV* avait décidé d'attribuer tous les biens des maladreries et des léproseries de son royaume à *l'Ordre militaire et hospitalier de Saint-Lazare ;* mais cet édit fut rapporté, en 1693, et l'Evêque de Saint-Omer Mgr Louis-Alphonse de Valbelle, de concert avec l'Intendant du Roi, décidèrent que tous les revenus de l'ancien hospice de la Madeleine reviendraient à l'hôpital Saint-Louis, rue d'Arras, alors rue (du Brûle). En retour, cet hôpital avait charge d'acquitter toutes les prières et fondations auxquelles était tenue, anciennement, la Madeleine, et d'employer les revenus à la nourriture et à l'entretien des pauvres malades de la ville et banlieue qui y seraient reçus de préférence à tous les autres.

Maladrerie et Hôpital Saint-Louis.

La nouvelle maison confiée aux mains des charitables *Filles de Saint-Vincent de Paul* prit le nom de « *Maladrerie* » qui lui resta jusqu'en 1823, époque où elle fut transférée rue des Béguines, dans les bâtiments de l'ancien Collège Saint-Bertin. Ceux-ci, devenus la propriété de la Commission des hospices de Saint-Omer,

reprirent le titre déjà séculaire d' « *Hôpital Saint-Louis* ».
Depuis 1853, de grandes améliorations ont été apportées
à l'établissement, une gracieuse chapelle a été construite en 1876, et le démantèlement de la ville va permettre d'y adjoindre encore de vastes terrains où l'on
pourra établir toutes les installations réclamées, avec
raison, par les progrès de l'hygiène moderne. *La Commission des hospices*, héritière des biens considérables
des communautés religieuses hospitalières, disparues à
la Révolution, restera toujours, comme elles, nous n'en
doutons pas à Saint-Omer, à la hauteur de sa sublime
mission humanitaire auprès des malades et des déshé-
rités de ce monde. *Les dévouées Religieuses Augustines*
qui exercent le rôle d'infirmières, sont d'ailleurs, en
tout point, dignes des apostoliques fonctions qui leur
ont été confiées, par la Municipalité, dans cet asile de la
douleur où les âmes de bonne volonté se sanctifient
chaque jour, en attendant l'heure d'une guérison bien
légitimement souhaitée, ou celle du départ pour un
monde meilleur.

La Communauté des Cordeliers établie sur la paroisse
Saint-Denis, au xve siècle, prit une grande extension au
siècle suivant, nous résumerons, ici, les principaux
événements de son histoire jusqu'au xviie siècle, époque
où les Pères Franciscains Récollets vinrent les remplacer à Saint-Omer. Le 12 juin 1502, *leur chapelle* fut
bénite solennellement par le cardinal *Philippe de Luxem-
bourg*, évêque de Thérouanne, et dédiée à la Sainte-
Vierge et aux saints apôtres Pierre et Paul. Dans cette
cérémonie, *cinq autels* furent consacrés, ayant tous, plusieurs titulaires. L'autel du chœur était dédié à la
Sainte-Vierge, aux saints Pierre et Paul, à sainte Christine et à sainte Agnès. Un autre autel était aussi placé

Grande extension
de la communauté
des Cordeliers.

sous le patronage de la Sainte Vierge et des saintes
Marie-Madeleine, Catherine, Barbe et Elisabeth. Un
troisième était consacré aux saints François, Antoine de
Padoue, Bonaventure et cinq Frères de l'Ordre. Un
quatrième était dédié aux saints Pierre et Paul, Jacques
le majeur et Jean-Baptiste, et le cinquième à saint Bernardin, saint Louis, évêque, et sainte Claire. L'autel des
saints Pierre et Paul devint autel privilégié, en 1612,
sous le Pape Grégoire XV.

En 1506, un « *Chapitre général* » franciscain eut lieu,
à Rome, sous la présidence du Souverain Pontife
Jules II. Quatre mille religieux de la famille de saint
François y assistèrent et la *Communauté de Saint-Omer*
y fut dignement représentée. En 1543, nous voyons
Nicolas d'Estienbecque et Marie de l'Espine, son épouse,
offrir aux Cordeliers un nouvel autel de la Sainte Vierge.
— En 1546 et 1548, le chœur s'enrichit d'un grand candélabre en cuivre, et d'un pupitre ayant la forme d'*un
aigle* aux ailes déployées. — En 1564, grâce à la générosité de Jean Faschin, prévôt de Watten, on put construire une nouvelle infirmerie. Enfin, en 1587, le Pape
Sixte-Quint établit dans leur chapelle, la Confrérie, dite
du «*Cordon de Saint François*»; cette confrérie organisa,
à partir de 1610, une procession tous les deuxièmes
dimanches de chaque mois.

Installés, au centre de la ville, depuis 1479, comme
nous l'avons montré au chapitre cinquième, et approuvés par une bulle du Pape Sixte IV, les *Dominicains*,
dits « frères prêcheurs », exercèrent bientôt, comme les
Cordeliers, leur influence apostolique sur la ville entière.
Plusieurs d'entre eux parvinrent à l'épiscopat. C'est
ainsi qu'en 1462, le Père Jacques fut nommé à l'évêché
de Juliade, évêché suffragant d'Athènes — le Père Guil-

Influence
apostolique
des Dominicains.

laume le Vasseur, en 1448, à Sarepta — les Pères Jean le Vasseur, Louis Widebien et Daniel Tayspil, successivement à l'évêché de Djebaïl (Syrie) et suffragants de Thérouanne de 1488 à 1533. *Leur jolie église à trois nefs*, dont nous donnons la gravure dans ce volume, ne fut achevée qu'en 1536, mais, dès 1502, elle fut consacrée par Jean le Vasseur et c'est dans ce sanctuaire, qu'en 1507, Antoine de Berghes, Abbé de Saint-Bertin, présida les funérailles de ce même prélat qui, en avait fait la dédicace. Citons également le nom du Père Prieur Aymerick qui fut proposé comme évêque de Damas, *in partibus*, avant l'érection de l'évêché de Saint-Omer en 1561.

La chapelle des Dominicains servait de réunion à la corporation des « *Charcutiers* » qui y possédaient l'autel de leur confrérie, dédié à saint Nicolas.—Les « *Tailleurs* » s'y groupaient également autour de l'autel de *saint Boniface* leur patron, ils figuraient en corps, chaque année, à la procession du Saint Sacrement et portaient dans leurs armoiries, « d'argent à une croix de gueules chargée en cœur d'une molette d'or ». Une troisième corporation, celle des « *Tonneliers* », honorait enfin, son patron *saint Adrien*, dans cette chapelle, et avait pour écusson, « d'argent à un pal de gueules, chargé à la pointe d'une macle d'argent ». — Le Magistrat tout en veillant à ce que le cloître dominicain ne s'accrut trop rapidement aux dépens des propriétés particulières voisines, favorisa toujours cette communauté par des dons divers ou l'exemption de certains impôts, surtout à la fln du xvi⁰ siècle, où deux incendies y firent de très grands ravages.

C'est *au xvi⁰ siècle*, au moment où la ville de Saint-Omer passait sous la domination espagnole, que l'Ab-

Leur chapelle et ses confréries corporatives.

Le Cardinal
Jean de Médicis
et
l'Empereur
Charles-Quint
à l'abbaye
Saint - Bertin.

baye de Saint-Bertin parvint à son apogée. *Le soixante-septième Abbé, Antoine de Berghes,* d'une des plus illustres familles des Pays-Bas, embellit le chœur de l'église abbatiale et mit la dernière main au petit clocher du transept et au portail de la tour. Il donna l'hospitalité, dans le quartier des Princes, à *Philippe le Beau* et à son fils l'*empereur Charles-Quint* venu à Saint-Omer pour prêter serment solennel, dans la Collégiale, en qualité de comte d'Artois, et aussi, plus tard, pour se recueillir dans la solitude, avant d'abdiquer l'empire. Le *savant Erasme,* dont la renommée était alors universelle, logea également à l'Abbaye. — En 1519, le *Souverain Pontife Léon X,* à qui la postérité a réservé le titre glorieux de « Restaurateur des beaux-arts » et dont le nom fut identifié avec celui du xvie siècle, écrivit à Antoine de Berghes pour lui témoigner sa reconnaissance de l'aimable accueil qu'il avait reçu, n'étant encore que le cardinal Jean de Médicis, de la part des Religieux de Saint-Bertin, durant un séjour prolongé qu'il fit à l'Abbaye, avant son élévation sur la Chaire de Saint-Pierre. Enfin, le 9 octobre 1520, par une permission très spéciale du même Pape, l'Abbé de Saint-Bertin consacrait, lui-même, son église, en présence de dix-huit autres Abbés des monastères de la région, au milieu des fêtes d'un jubilé dont on célébra dans la suite, fidèlement, le joyeux anniversaire.

Rôle prépondérant
de
Gérard
d'Hamèricourt.

Le nom de *Gérard d'Hamèricourt,* le soixante-neuvième Abbé de Saint-Bertin (1544-1577), est resté, dans la ville de Saint-Omer, synonyme de bienfaisance et de charité. Gérard dépensa, en effet, toutes ses ressources, pour venir en aide aux pauvres dans leur misère matérielle, mais aussi pour cultiver leur cœur et leur intelligence. *Devenu,* en même temps, *évêque de Saint-Omer,*

en 1563, pontife éclairé, il comprit son époque et fut toujours convaincu que l'importante solution de la « question sociale », alors comme de nos jours, reposait sur
la sérieuse éducation religieuse du peuple. — *Comme
Abbé*, il assista au célèbre *Concile de Trente*, et établit
au retour, dans son monastère, de nouveaux règlements
où brillait son esprit de sagesse et de conciliation. Il
fonda, en 1561, avec les revenus de son abbaye, *l'ancien
Collège de Saint-Bertin*, sur l'emplacement de l'hôpital
actuel de Saint-Louis, pour y faire donner l'instruction
à des jeunes gens pauvres, comme nous l'expliquerons
plus bas. — Enfin, c'est sous son fécond épiscopat
qu'eurent lieu les *premiers catéchismes publics* dans les
halles municipales, et que les Pères de la Compagnie de
Jésus fondèrent leur collège à Saint-Omer. Gérard demanda à être enseveli dans la chapelle des Pères Jésuites
dont il avait solennellement posé la première pierre. Sa
dépouille mortelle fut ensuite exhumée en 1667, sauf son
cœur laissé à l'abbaye, et se trouve encore, au xxe siècle,
dans le chœur de la vaste église, dite aujourd'hui du
Lycée, et très heureusement restaurée, que les Jésuites
firent ensuite construire de (1615 à 1629).

Son successeur, Vaast de Grenet, se montra également
le protecteur éclairé des sciences, des arts et des lettres,
ce qui lui valut d'être loué particulièrement par le
célèbre poète latin audomarois, *Simon Ogier*. Pendant
les vingt années de son gouvernement, il eut bien des
épreuves à soutenir, et les finances du monastère eurent
beaucoup à souffrir au milieu des guerres, de la famine
et des épidémies de l'époque.

Sous *Nicolas Mainfroy, Guillaume Lœmel* et *Philippe
Gillocq*, nous voyons ces Abbés, de concert avec Nos
Seigneurs les Evêques de Saint-Omer, *Jacques Blasœus*,

Union des Evêques
et des
Abbés Bertiniens
pour
la sauvegarde
des intérêts
spirituels ·
et matériels
des Audomarois.

Paul Boudot, Pierre Paunet, Christophe de Morlet et Christophe de France pourvoir, avec zèle, aux intérêts religieux de la Ville malgré les troubles politiques et les guerres continuelles qui y régnaient, entraînant le passage et le séjour démoralisateur de troupes étrangères. C'est à cette époque que la *plupart des Communautés religieuses* vinrent s'établir à Saint-Omer, elles trouvèrent toujours protection auprès de l'Abbaye. Comme les Evêques et, avec eux, les Abbés de Saint-Bertin étaient invités à présider les différentes cérémonies religieuses, bénédictions d'églises, de cloches, etc. C'est ainsi que Guillaume Lœmel bénit, en 1612, les fondations de l'*église Sainte-Elisabeth* qui fut le premier sanctuaire des faubourgs du Haut-Pont et de Lysel. Placée au coin de la place de la Ghière, cette église est restée, à l'usage du culte, jusqu'au milieu du xixᵉ siècle. *Dans les processions*, malgré d'interminables discussions sur les droits réciproques de préséance dans les cérémonies liturgiques, l'Abbaye de Saint-Bertin occupait toujours une place d'honneur, et les deux principaux reposoirs du Très Saint-Sacrement étaient installés à la gracieuce chapelle gothique de Notre-Dame des Miracles, sur la Grand'Place, jusqu'en 1784, et à l'Abbaye. De plus, dans les nombreuses processions qui se déroulaient solennellement à travers la Ville, en temps de calamité, avec les reliques des *Saints Patrons de la Ville, Omer, Berlin, Erkembode, Folquin et Sylvin*, on faisait toujours une station à l'Eglise abbatiale.

En un mot, les Abbés de Saint-Bertin rivalisèrent de zèle, avec les Evêques de Saint-Omer, pour soutenir et encourager, au point de vue surnaturel, la population audomaroise au milieu de ses épreuves, et contribuer à tout ce qui pouvait augmenter le bien-être matériel et la bonne renommée de la Ville de Saint-Omer.

L'ordre chronologique veut que nous réservions, ici, une mention spéciale à l'*Ancien Collège de Saint-Bertin* fondé par Gérard d'Haméricourt, en 1561, et qui dura jusqu'en 1792. Ce Collège n'a de commun que le nom, avec l'important Collège Saint-Bertin encore aujourd'hui l'honneur de la Ville de Saint-Omer, et dont nous redirons, bientôt, les origines et les gloires, au xxe siècle. C'est en juin 1561 que Gérard d'Haméricourt fit l'acquisition du *refuge des dames de Ravensberghe*, décrit plus haut, et installé entre la rue alors du « Scoendrewicq », aujourd'hui rue « du Jardin », et les rues des Béguines et du « Vieux Brûle », actuellement rue Gambetta. Le couvent des Récollets s'étendait alors, depuis la rue Notre-Dame-Patience jusqu'à l'entrée de la rue du Vieux Brûle, faisant front à la rue Saint-Bertin. — C'est sur ce terrain, agrandi d'autres propriétés environnantes, que l'Abbé de Saint-Bertin établit son nouveau *Collège*, dit des « *Pauvres de Saint-Bertin* », sur lequel on trouvera une intéressante étude, dans la brochure publiée, en 1895, dans l'annuaire diocésain, par M. *le chanoine Bled*. Le 1er mars 1562, la lettre de fondation réglait le nombre de boursiers, la répartition des revenus, et le rôle des maîtres d'abord laïques. — C'était le curé de la paroisse Saint-Jean-Baptiste dont le collège dépendait, à cette époque, qui était chargé du ministère pastoral dans la maison.

Bientôt, sur le conseil du *Père dominicain, Balthazar Tellier*, afin de mieux préserver ses jeunes élèves des erreurs envahissantes de l'hérésie protestante, Gérard de concert avec le *Père Evrard Mercurianus*, provincial de Belgique, fit venir à Saint-Omer plusieurs religieux

Origines de l'« Ancien Collège Saint-Bertin ».

Ses liens étroits avec le célèbre « Collège Français » dirigé par les Pères Jésuites.

de la Compagnie de Jésus qui, sous la direction du *Père de Lange,* donnèrent une nouvelle impulsion aux études. — Le nombre des élèves fut fixé à 72, en l'honneur des 72 disciples de Notre Seigneur Jésus-Christ, et les jeunes pensionnaires que l'on y préparait aux carrières les plus variées, ne tardèrent pas à être admis à suivre les classes du nouveau et célèbre collège des *Jésuites Wallons,* dit « *Collège français* ». *Le Pape Pie V* et *Gérard d'Haméricourt* favorisèrent la fondation de cet établissement, en 1571, non plus seulement pour l'éducation des enfants de familles peu fortunées mais pour les jeunes gens de toutes les classes de la société. Nous reviendrons sur le rôle prépondérant rempli par le « *Collège français* », à Saint-Omer, dans notre « Histoire de la paroisse Notre-Dame » au territoire de laquelle, le « *Lycée* » actuel qui le remplace, appartient désormais. *M. l'abbé Lesenne* et *M. l'abbé Delamotte, aumôniers du Lycée,* ainsi que *M. Loisel,* professeur agrégé de l'Université, ont publié, dans ces dernières années, de remarquables et complets travaux sur l'ancien collège et sa chapelle monumentale, inséparables du glorieux passé de la ville de Saint-Omer. *Le collège des « Pauvres de Saint-Bertin »* ne tarda pas à former des sujets éminents, plusieurs d'entre eux furent même envoyés aux universités de *Louvain* et de *Douai,* et les vocations ecclésiastiques, selon le désir du Concile de Trente, en devinrent également le plus beau fleuron.

Sa remarquable prospérité au XVIIIe siècle.

Vers le milieu du XVIIIe siècle, *Dom de Gherbode,* Abbé de Saint-Bertin, fit reconstruire complètement les bâtiments du Collège. La Société des Antiquaires de la Morinie possède encore une *Vue cavalière* de ce collège après sa réédification ainsi qu'un portrait à l'huile, de grande allure, de *Dom de Gherbode,* membre des États d'Artois et député à la Cour. L'ancienne porte d'entrée se remarque toujours, au fond de la rue Gambetta, faisant face à la rue Saint-Bertin. Après l'éloignement des Jésuites, en 1762, les élèves boursiers de Saint-Bertin continuèrent à suivre les cours au collège français successivement dirigé par le Clergé séculier et les Pères de la doctrine chrétienne. Le collège de Saint-Bertin connut une prospérité toute particulière sous la régence de *Dom Verdevoye*, prieur de l'Abbaye, de 1763-1783. Un certain nombre de jeunes gens de famille, au XVIIIᵉ siècle, demandèrent à se joindre aux boursiers dont les succès étaient très remarqués au collège français. *Dom Charles Dewitte*, archiviste de l'Abbaye, fut le dernier régent, et, en cette qualité, remit, en 1791, la maison entre les mains des Administrateurs du District. — Confié à deux renégats Etienne Judas et Omer Vallé, le collège Saint-Bertin ne tarda pas à déchoir, et le régime de la « *Terreur* » révolutionnaire ferma, définitivement, cette maison providentielle que les Abbés de Saint-Bertin et les Evêques de Saint-Omer avaient entretenue généreusement, à leurs frais, pour le plus grand bien des enfants du peuple de la ville de Saint-Omer.

C'est à la persécution qui sévit, en Angleterre, sous le règne sanglant de la trop célèbre reine Elisabeth, que nous devons l'établissement du *Collège des Jésuites anglais* et *irlandais* sur le territoire de la paroisse Saint-Denis, à la fin du XVIᵉ siècle. L'histoire de ce collège sans avoir l'ampleur de celle du collège des Jésuites français, reste cependant, pleine d'intérêt, pour la ville de Saint-Omer. Grâce à la puissante intervention du Père *Barret*, et du Père *Robert Personius* qui était, en grand crédit, auprès de la Cour d'Espagne, et à l'appui de l'évêque de Saint-Omer, Jean de Vernois et de l'Abbé

Les Jésuites Anglais exilés, fondent également un Collège, sur la paroisse Saint-Denis.

de Saint-Bertin, Vaast de Grenet, les Jésuites anglais, exilés, s'installèrent en ville, dès 1592, d'abord en face des écoles des Jésuites français, rue du Brûle, puis, rue de Dunkerque, dans la maison qui fut, plus tard, le couvent des Capucins, décrit dans notre « Histoire de la paroisse du Saint-Sépulcre ». Ils choisirent Saint-Omer, comme résidence, à cause du bon esprit de ses habitants, de sa foi religieuse, de la salubrité de son climat et de sa proximité de l'Angleterre. Leur but était de préserver leurs jeunes compatriotes de l'influence néfaste de l'hérésie protestante, et l'historien français *Michelet*, malgré son sectarisme, a été obligé de rendre hommage à leur admirable dévoûment apostolique. En 1594, la protection d'*Ernest de Mansfeld*, gouverneur des Pays-Bas, et celle de *Philippe II, roi d'Espagne*, qui leur accorda une rente annuelle de 2.000 écus d'or, permit aux Jésuites anglais, malgré les résistances de la Municipalité, d'acheter l'*hôtel du comte de Fressin*, sur l'emplacement de l'hôpital militaire actuel. — Sous l'intelligente direction du *Père William Flock*, condisciple de *saint Louis de Gonzague*, et celle du *Père John Foucart*, le nouveau collège prit rapidement une grande extension, et la renommée de ses fortes études lui attira de nombreux élèves. *Une imprimerie* y fut même fondée, en 1597, pour le service de la Compagnie de Jésus, par le *Père Wilson*, et c'est de ses presses que sortirent une foule d'ouvrages précieux, devenus rares aujourd'hui. Faisons remarquer, ici, que la première imprimerie civile ne fut fondée à Saint-Omer qu'en 1601 par *François Bellet*, venu de Douai. — Nous reprendrons, plus loin, les développements du collège anglais au XVIIe siècle.

Avant le démembrement du 11 mars 1561 par la Bulle

du Souverain Pontife Pie IV qui créa un évêché à *Ypres* et à *Saint-Omer*, la paroisse Saint-Denis appartenait à l'évêché de Thérouanne, à l'archidiaconé d'Artois et au doyenné, dit de Saint-Omer, avec seize autres paroisses. Désormais, elle fera partie de l'archiprêtré de Saint-Omer et aura pour collateur et patron, *le Chapitre* de la nouvelle cathédrale, comme les paroisses de Sainte-Aldegonde, Saint-Sépulcre, Sainte-Marguerite, Saint-Jean-Baptiste et Saint-Martin. *Pour terminer la période du xvie siècle*, nous rappellerons encore quelques événements se rattachant à l'histoire de cette paroisse. En 1554, l'empereur Charles-Quint logea chez M. d'Embry, au coin de la rue des Bleuets ; déjà, en 1520, il avait été harangué à sa première visite par *Oudard de Bersacques*, futur prévôt du Chapitre et alors *curé de Saint-Denis* et héritier de cette charge par son oncle Jean de Bersacques, lui aussi, curé de Saint-Denis, au xve siècle. — C'est en 1565, que *la confrérie, dite de Saint-Michel ou des Escrimeurs*, fut transférée par Gérard d'Haméricourt à l'église Saint-Denis. Cette confrérie, très florissante jusqu'au xvie siècle, se recrutait parmi les notables de la ville et les audomarois qui portaient l'épée, et les assauts publics donnés par ces derniers, à certains jours de fête, étaient très suivis à la Halle municipale. En 1577, l'évêque de Saint-Omer fit cadeau d'une cloche au collège des Jésuites français et la bénit solennellement, c'est cette même cloche qui fut donnée, en 1763, à la paroisse Saint-Denis, où, nous le dirons, elle subit une refonte en 1888. Rappelons que l'*Evêque Jean Six* consacra, en 1583, un autel en l'honneur de *saint Denis*, martyr, dans l'église du Saint-Sépulcre, c'est lui aussi qui réunit, la même année, les deux portions de la cure de Saint-Denis entre les mains d'*un seul curé titulaire* aidé d'un vicaire

Lors du démembrement du diocèse de Thérouanne, en 1561, Saint-Denis fait partie du nouvel archiprêtré de Saint-Omer.

ou vice-curé, de plusieurs coutres et de prêtres habitués.
La fin du xvɪᵉ siècle fut pénible pour la paroisse de
Saint-Denis comme pour toutes les autres paroisses et
communautés de Saint-Omer, et son clergé et ses religieux firent, admirablement, leur devoir auprès de la
population audomaroise tour à tour troublée par la
révolte des Gueux, des Calvinistes et des Sinoguets, en-
vahie par les troupes étrangères et terriblement décimée
par la peste et même la famine.

CHAPITRE X

Événements paroissiaux de l'église Sainte-Marguerite. — Transformation
du couvent des Franciscaines qui adoptent la règle de Saint-Dominique. — La paroisse Saint-Jean-Baptiste au xviᵉ siècle. — Les nombreuses et nobles sépultures qu'elle renfermait. — L'église paroissiale
de Saint-Martin-en-l'Ile. — Légitimes réclamations des habitants des
faubourgs pour obtenir une église paroissiale, sur la place de la
« Ghière ». — Honneur aux vaillants paroissiens.

Avant d'aborder la période du xviiᵉ siècle, le lecteur
nous saura gré de relater, dans ce chapitre, certains
faits mémorables se rattachant à l'histoire des trois
paroisses de Sainte-Marguerite, de Saint-Jean-Baptiste
et de Saint-Martin-en-l'Ile dont nous avons attesté la
vitalité respective aux siècles précédents. — En 1502,
nous voyons, à Sainte-Marguerite, l'un des deux curés
de la paroisse, Jean Caron, donner un certificat pour
l'inhumation de son paroissien Jehan Plume, à l'abbaye
de Saint-Bertin. — En 1507, on installa dans cette église
des fonts baptismaux du poids de 3.500 kilos, en métal,
qui furent fondus à Tournai. — Seize curés se succédèrent à Sainte-Marguerite, de 1525 à 1710, et c'est à
partir de 1585, comme pour Saint-Denis, Sainte-Aldegonde et Saint-Sépulcre, qu'il n'y eut plus qu'un seul
curé titulaire. L'année 1514 vit comparaître, devant
Gilles, abbé de Clairmarais, l'un des deux conservateurs
des droits de l'abbaye de Saint-Bertin, et juge subdélégué,
Mathieu Rufin et Gilles Hugues, vice-curés de Sainte-

Événements
paroissiaux
de l'église
Sainte-Marguerite.

Marguerite, ainsi que Jean Bernard, curé de Saint-Jean et Pierre Tiele, curé de Saint-Martin, pour refus de se rendre à l'église abbatiale à l'occasion de quatorze fêtes liturgiques annuelles, afin d'y assister à la procession et d'y apporter, à l'offertoire, les deniers convenus dans un accord précédent entre les religieux et ces mêmes curés.

En 1564, le 24 mai, *Gérard d'Haméricourt* consacra la nouvelle chapelle des sœurs du Tiers-Ordre de Saint-François, établies, en 1350, nous l'avons dit, sur le cimetière de la paroisse Sainte-Marguerite. De nombreuses indulgences furent attachées à la visite de cette chapelle, dans la pierre d'autel de laquelle *les reliques de sainte Marguerite*, patronne du couvent, furent scellées par le prélat consécrateur. A la même époque, Gérard ordonna aux religieuses dominicaines, dites du Saint-Esprit, exilées après la complète destruction de Thérouanne, de se réunir aux Sœurs franciscaines de Sainte-Marguerite, et bientôt la Communauté entière quitta les livrées franciscaines pour prendre la robe blanche des enfants de Saint-Dominique. L'évêque assura au couvent qui était très pauvre, une rente annuelle de 400 florins et obtint du roi d'Espagne Philippe II que les biens des religieuses du Saint-Esprit, de Thérouanne, reviendraient au couvent audomarois de Sainte-Marguerite.

L'évêque *Jean de Vernois*, 1591-1599, qui était dominicain, favorisa toujours ses consœurs de la communauté de Sainte-Marguerite et leur continua les munificences de Gérard d'Haméricourt qui, en 1573, avait béni solennellement les abbés de Lobbes, d'Auchy et de Samer-au-Bois, dans leur chapelle particulière.

En 1596, la paroisse Sainte-Marguerite prit part aux prières solennelles demandées, en actions de grâces,

Transformation
du couvent
des Franciscaines
qui adoptent
la règle
de Saint-Dominique.

par le cardinal Albert d'Autriche, gouverneur des Pays-Bas, vainqueur à Calais et à Ardres, qui passa une vingtaine de jours à Saint-Omer.

Pour la paroisse Saint-Jean-Baptiste, nous signalerons, au xvᵉ siècle, un certificat donné en 1506 par le curé J. Gorguette et permettant l'inhumation de son paroissien Jean Vicomte, à l'abbaye de Saint-Bertin. — De la même époque, date l'attestation d'une donation faite par une religieuse des Béguines, à la « Table des pauvres » de Saint-Jean. — En 1511, un membre de la famille de Rebecque est enseveli dans la chapelle paroissiale Saint-Nicolas ; en 1515, au contraire, Ide Baillart est enterrée à Saint-Bertin, avec la permission du curé Bernard. — Le 9 mars 1536, Philippe de Vrouin, écuyer, garde du scel établi à Arras par l'empereur, notifie que sire Oudart Morel, ci-devant coutre à l'église paroissiale de Saint-Jean à Saint-Omer, s'est désisté, pour éviter les frais d'un procès, de tenir école dans ladite paroisse, et a reconnu qu'il ne pouvait ouvrir école sur son territoire, sans le gré des religieux et de l'abbé de Saint-Bertin et du coutre de Saint-Jean. — En 1558, l'église fut témoin de la bénédiction solennelle d'Antoine de la Cressonnière, abbé d'Auchy-les-Moines, par François de Saint-Ragon, évêque de Damas et suffragant de Thérouanne. Enfin, en 1593, Eustache de Layens, curé de Saint-Jean, Jacques Halbourdin et Liévin Vanhove, curés de Sainte-Marguerite, et Guillaume d'Avesnes, curé de Saint-Martin, reconnaissent, par un acte passé devant Jean Macquerel, garde du sceau à Arras, les obligations auxquelles ils sont tenus envers l'église abbatiale de Saint-Bertin.

Parmi les membres des grandes familles audomaroises enterrés dans le sol de l'église paroissiale de Saint-Jean-

La paroisse
Saint-Jean-Baptiste
au xvⁱᵉ siècle.

7

Les nombreuses
et nobles sépultures
qu'elle renfermait.

Baptiste, nous citerons Charles d'Ostrel dit de Lières,
capitaine d'une compagnie d'infanterie, décédé le dix
avril 1579, dont le monument représentant un crucifix
et un homme en cottes d'armes à genoux, se trouvait
dans le chœur de l'église. — On voyait également dans
le chœur, le monument d'Adrien d'Ococh, seigneur de
Lohez, et d'Angèle de Heuchin et d'Anne de Beaurains.
Le défunt avait fondé douze obits annuels et une distribution de deux mesures de blé. — Un autre mausolée
du chœur rappelait le souvenir d'un vénérable ménage,
jubilaire en 1567, Jean de Silly, seigneur de la Chapelle
et Adrienne d'Artois son épouse, rappelés à Dieu en
1571 et 1579, et donateur des maisons du curé et du
coutre de Saint-Jean. Tous deux étaient représentés, à
genoux, aux pieds de la Sainte-Vierge. — Dans la chapelle de Saint-Nicolas, se trouvait un bas-relief sculpté,
figurant de nombreux et nobles personnages vêtus et
armés comme les chevaliers, monument de Jehan
d'Ardres, écuyer du roi et seigneur du fief de Saint-
Omer, et de Marie le Reude, son épouse, décédés
l'un et l'autre en 1458. — Devant l'autel de la même
chapelle, on distinguait aussi, dans le sol, le marbre
funéraire d'un autre Jehan d'Ardres, seigneur d'Alquines
et Prémesart, conseiller du duc de Bourgogne, époux
de dame Péronne de Villers de Lannoy, rappelé à Dieu
le 8 juin 1475. — Enfin, toujours dans la chapelle de
Saint-Nicolas, un monument représentait un chevalier
armé, à genoux sur un prie-Dieu, aux pieds de la Sainte-
Vierge, et son épitaphe rappelait la fondation faite par
Guillaume de Rebecque, décédé en 1534, pour un obit
annuel et une solennité plus grande à donner au chant
du « *Tuam crucem* ». Ce chant, établi précédemment
par Marguerite de Mussem, était exécuté tous les ven-

dredis de l'année et à chacune des fêtes de la Sainte
Croix. — La paroisse Saint-Jean-Baptiste fut dirigée
par dix curés du xive au xviie siècle.

Nous retrouvons, au xvie siècle, le souvenir de la paroisse Saint-Martin-en-l'Ile, dans les chartes de Saint-
Bertin, à la date du 23 septembre 1505, où Pierre Tielt,
son curé, donne un certificat pour l'inhumation à
l'abbaye de Jacques Pol, son paroissien. — Le 23 mai
1592, *Dom Vaast de Grenet*, abbé de Saint-Bertin, consacra dans cette paroisse, trois nouveaux autels. Le maître-
autel fut dédié à saint Martin, saint Maurice et saint
Chrysogon. C'est le jour de la fête de ce dernier saint
martyr, le 24 novembre 1594, que les Audomarois repoussèrent victorieusement *l'attaque du duc de Longueville*, à la porte Sainte-Croix. — L'évêque *Jean de Vernois*, établit, en 1595, une *procession commémorative*
d'action de grâces, qui eut lieu, chaque année, jusqu'à
la réunion définitive de l'Artois à la France en 1678. —
Du xiv au xviiie siècle, treize curés se succédèrent dans
la direction de la paroisse Saint-Martin.

Les communautés des *Religieuses du Soleil et de Sainte-
Catherine de Sion* qui se trouvaient à l'entrée des faubourgs, ayant été démolies en 1578 et 1580, comme trop
voisines des fortifications, les Hautponnais trouvant,
avec raison, considérable, l'éloignement des églises
de Sainte-Marguerite et de Saint-Martin, leurs paroisses,
sollicitèrent l'établissement d'une église spéciale pour
les faubourgs. Le nonce du Pape et les évêques de
Saint-Omer, *Jean Six* et *Jean de Vernois*, appuyèrent
leur demande, mais il fut, à ce moment, question de supprimer l'église Saint-Martin et de rattacher cette paroisse
à celle de Sainte-Marguerite. Les curés de ces deux
paroisses s'opposèrent énergiquement à toute modifi-

L'église paroissiale
de
St-Martin-en-l'Ile.

Légitimes
réclamations
des habitants
des faubourgs,
pour obtenir
une église
paroissiale,
sur la place
de « la Ghière ».

cation de leur territoire et bien que les Hautponnais et les habitants de Lysel offraient de démolir l'église de Saint-Martin-en-l'Ile et de réédifier, à leurs dépens, une église sur la Ghière, la Municipalité refusa de supprimer Saint-Martin, et permit seulement l'*érection d'une chapelle en bois*, pour servir à l'administration des sacrements, en cas d'urgence.

En 1599, les habitants des faubourgs revinrent à la charge, et avec l'appui de l'archidiacre de Flandre Taelboom et de l'archiprêtre Sabel, ils obtinrent de construire une église ayant 80 pieds de longueur, 32 de largeur et 18 de hauteur. Le chapelain devait être entretenu aux frais des faubourgs. *Le nouveau* sanctuaire fut consacré à *sainte Elisabeth*, par *Guillaume Lœmel*, abbé de Saint-Bertin, qui en posa solennellement la première pierre, le 18 juin 1612, à l'extrémité de la rue de la Poissonnerie et au sud de la Ghière. Cette église dont nous redirons les destinées dans notre « *Histoire paroissiale des faubourgs* », fut remplacée, par l'élégante église gothique moderne, construite, en 1854, au nord de la Ghière, et ses ruines ne disparurent complètement que pour faire place, au xxe siècle, à une nouvelle école municipale de jeunes filles.

Honneur aux vaillants. paroissiens.

Il nous paraît intéressant de faire passer ici, une fois de plus, à la postérité, les noms de nos concitoyens des faubourgs, relevés aux archives municipales par M. le Chanoine Bled et qui ont vaillamment défendu les droits religieux de tous, auprès des autorités du xvie siècle. *Ce sont, pour le Haut-Pont*, Eustache et Jean de Doncquerre, Christian de Cupere, Guilbert de Wert, Maraud Flandrin, Jehan Gilliers, Castiau Stopin, Lambert Colin, Jean et Pierre de Grave, Nicolas Binard, Mathis de Maecht, Jehan Masquélier, Guillaume de

Vienghelaëre, Michel de Wert et Simon Coëne. — *Pour
la rue de la Poissonnerie*, Jehan de Doncquerre, Jehan
de Grave, Jehan Berteloot et Maraud Arnould. — Enfin,
pour Lysel, Castiau Flandrin, Ghys Flandrin, Jean de
Baest, Pierre Monsterlet et Jean de Cupre.

CHAPITRE XI

La Municipalité encourage les cours de « catéchisme public ». — Les « sodalités ». — Grande ferveur des paroissiens au pied des « Capelettes » des rues et des carrefours. — Transfert de la Confrérie de Saint-Sébastien à l'église Saint-Denis. — Souvenirs paroissiaux. — Refonte de la « cloche du guet ». — Le rachat des cloches en temps de siège. — Destinées de la chapelle dite de « Notre-Dame de Grâce ». — Les catéchistes volontaires, au XVIIe siècle. — Dévotion à sainte Isbergue, sœur de Charlemagne, dans l'église Saint-Denis. — Fondation sur la paroisse de l'hôpital dit « des Bleuets ». — Transfert de la Confrérie de la « Vierge de Lorette » de Saint-Denis, dans une chapelle sur le « plateau des Bruyères ». — Monuments archéologiques du XVIIe siècle, aujourd'hui disparus. — Pierres funéraires de la même époque, existant encore au XXe siècle. — Description d'un curieux tableau qui attire l'attention des chercheurs.

La Municipalité encourage les cours de « catéchisme public ».

Sous la vigoureuse impulsion que lui donnèrent *les Evêques de Saint-Omer, la vie paroissiale* à Saint-Denis trouva, au XVIIe siècle, une nouvelle intensité. Un des événements de l'époque fut *l'organisation des catéchismes* dans les *Ecoles dominicales*, où les Jésuites, les Dominicains et les Cordeliers venaient en aide aux Curés de la ville. Les Pères Jésuites *Jacques et Siméon* établirent même, en 1602, avec les encouragements du Magistrat, un catéchisme, chaque dimanche, dans la *Halle municipale* sur la Grand'Place, de une heure à deux heures de l'après-midi pour les familles riches et de quatre à cinq heures pour les familles pauvres. Ces cours d'instruction religieuse eurent grand succès, la Municipalité

faisait sonner la cloche de la « Halle » pour leur ouverture, elle déléguait, à tour de rôle, un échevin pour les
présider et elle leur affectait le tiers du produit d'une
quête faite, chaque samedi, à domicile, également par
un échevin, pour être distribué aux pauvres, auditeurs
assidus du catéchisme. — Ce catéchisme en « Halle »
dura jusqu'en 1762, époque où Mgr de Montlouet trouva
les catéchismes paroissiaux suffisants. *Les Curés de
Saint-Denis au XVIIe siècle*, MM. Hyette, Pierre Martin,
Nicolas de la Pierre, Pierre Decléty et Bertin Decléty,
s'appliquèrent, de leur côté, à développer l'enseignement du catéchisme dans l'église paroissiale elle-même.
Le premier texte imprimé du « catéchisme diocésain »
parut sous Mgr Christophe de France, évêque de Saint-
Omer (1634-1647).

En 1616, *Mgr Blasœus* établit les Confréries de la
Sainte-Vierge, appelées *sodalités*, dans les paroisses de
la ville, et il assigna à l'église de Saint-Denis, le *jour de
l'Assomption*, comme fête solennelle annuelle, dite du
« Concert spirituel ». Déjà en 1603, il avait mis en usage
les neuf coups du « pardon », sonnés le matin, à midi et
le soir, comme la prière de l'« Angelus » moderne.

C'est sous l'épiscopat de *Mgr Paunet*, que les curés de
la ville fondèrent, entre eux, une association sacerdotale, dite la « *Charité des Pasteurs* », dans l'intérêt de
leur sanctification personnelle et par suite de celle de
leurs paroissiens. — Les chanoines Cornil Theodoricus,
Herman Van Lœmel, Louis Descamps et Sulpice Bernard en furent les promoteurs.

Comme dans la plupart des villes de Flandre, l'usage
existait à Saint-Omer de rendre un hommage particulier
aux saints et surtout à la Très Sainte-Vierge, en entail-
lant dans les façades ou aux angles des maisons, *des*

Les « sodalités ».

Grande ferveur
des Paroissiens
au pied
des « Capelettes »
des rues
et des carrefours.

niches artistiques au pied desquelles les paroissiens de Saint-Denis venaient apporter des fleurs ou entretenaient un luminaire, en l'honneur des saints dont elles supportaient l'image vénérée. Les maisons n'avaient pas alors de numéros et c'était *l'enseigne la plus apparente* qui donnait souvent son nom à la rue. De nos jours, il reste seulement quelques rares spécimens de ces petits monuments, témoins précieux de la piété de nos pères, et les noms de saints maintenus encore, au xxe siècle, comme enseignes des cabarets, les maisons populaires par excellence, indiquent la place importante que la piété chrétienne occupait, jadis, dans le cœur du peuple audomarois. Bien souvent le *chant des litanies* retentissait au pied des statues érigées au coin des carrefours, et *Mgr Paul Boudot,* évêque de Saint-Omer, accorda, en 1625, des indulgences aux fidèles qui exécutaient ce chant. Nous voyons, en 1651, *Mgr Christophe de France,* laisser par testament cinq cents florins pour l'entretien du luminaire devant sept statues de Notre-Dame de Pitié, qui se trouvaient disséminées à travers la ville. *Au cours des épidémies,* les Catéchistes de la Halle municipale, entraînaient à leur suite des centaines de personnes de tout âge et de toute condition et leur faisaient accomplir de nombreux pèlerinages aux « *capelettes* » des rues de la cité. *Les étudiants de l'ancien collège de Saint-Bertin* (aujourd'hui l'hôpital Saint-Louis), étaient spécialement chargés de l'ornementation des chapelles de la Sainte-Vierge.

Les villes de Poperinghe, Ypres, Bruges et Courtray, possèdent encore quantité de ces pieuses capelettes entourées d'un culte très suivi.

Comme les autres édifices de la ville, l'église Saint-Denis eut beaucoup à souffrir de l'ouragan du 27 mars

Dom Joscio d'Allesnes
83ᵉ et dernier Abbé de Saint Bertin
1774-1791

1606 qui, renversa, ce même jour, le clocher du transept de la cathédrale.

En 1607, une ordonnance ayant décidé que *la chapelle de Saint-Sébastien* qui se trouvait située, à droite de la route d'Arques, en face de la « *Maladrerie de la Madeleine* » et tombait en ruines, serait démolie, Mgr Blasœus voulut que le siège de la confrérie des archers fut transféré dans l'église de Saint-Denis. C'est en 1609 que les Confrères de Saint-Sébastien y firent ériger un autel en l'honneur de leur saint patron. Le Magistrat abandonna les matériaux de la démolition aux archers, à charge pour eux, de payer les frais de la décoration de la nouvelle chapelle installée à Saint-Denis. — Le terrain fut ensuite affecté à l'usage de cimetière isolé, dans les cas de fléaux contagieux. — Comme les arbalétriers, les archers, dits aussi les « *confrères de l'arc en main* », avaient l'habitude de fixer leur perche à tirer le « *gay* » au sommet des églises et des chapelles ; cette coutume fut interdite, en 1609, par l'Evêque de Saint-Omer.

Transfert de la Confrérie de « Saint Sébastien » à l'église Saint-Denis.

Les archives de Saint-Denis nous ont conservé différents règlements concernant les chantres et les sonneurs de la paroisse, où nous voyons, à la fois, les autorités religieuses et civiles intervenir, chacune pour leur part, en vue d'assurer le bon fonctionnement du service divin et la régularité des sonneries de la « *cloche de l'Œuvre* », suspendue dans le beffroi de l'église et dont nous avons retracé, plus haut, le rôle important dans la vie municipale audomaroise. En 1615, la « *Table des pauvres* » de Saint-Denis et celle de la paroisse Sainte-Aldegonde profitèrent du partage des biens de l'église Saint-Michel, située hors les murs, au pied du fort, dit encore aujourd'hui, de Saint-Michel, et qui fut rasée pour mieux assurer la défense de la ville du côté de l'ancienne porte

Souvenirs paroissiaux.

Sainte-Croix, conduisant à Longuenesse. — [En 1625, 1636 et 1637, nous voyons l'Evêque de Saint-Omer revendiquer, auprès du Magistrat, *les droits des curés de Saint-Denis* dans la nomination de la Supérieure de l'hôpital de l'Ecoterie, rue du Brûle (d'Arras), à titre d'administrateur de cet établissement. — Les pauvres décédés dans cet hôpital étaient enterrés, gratuitement, dans le cimetière paroissial de Saint-Denis qui entourait l'église. — *La croix du clocher* qui surmontait, alors, la tour de l'église, menaçant de tomber, en 1622, on dressa, pour opérer les travaux de consolidation, un échafaudage à cinq étages et 120 florins furent accordés au serrurier et au charpentier. — L'église Saint-Denis, qui était la paroisse échevinale par excellence, vit se célébrer, en 1632, les funérailles très solennelles de *Monsieur de Souastre, grand bailli de Saint-Omer,* et bienfaiteur insigne de la paroisse et de toutes les communautés religieuses de la ville. — En 1645, le curé Hyette ayant fait fermer la porte de communication de son presbytère avec le cimetière, obtint du Magistrat la permission d'en ouvrir une autre donnant sur la rue du Caltre (des Bleuets), à la condition d'en supporter tous les frais. De leur côté, les marguilliers ayant, sans autorisation, condamné un passage situé au nord du cimetière, près du grand Christ dit le « Dieu de pitié », la Municipalité en ordonna le rétablissement en 1658. Quelques années auparavant, le Magistrat fit opposition à une décision du Conseil d'Artois, qui l'obligeait à se charger de l'éducation d'un petit enfant, abandonné par une mère indigne, dans l'église de Saint-Denis, et donna pour raison que cette responsabilité incombait à la paroisse de Saint-Denis ou au Chapitre cathédral, son patron. *En 1631* fut discuté le projet de l'établissement, sur le

cimetière de Saint-Denis, d'une communauté de *Carmélites*, en faveur de laquelle les religieux Carmes avaient
déjà fait une démarche en 1615. Malgré la fondation
faite généreusement par *Madame Chrétienne de Berghes*,
veuve de Torcy, la permission ne fut pas accordée,
sous prétexte que les communautés étaient déjà assez
nombreuses en ville.

C'est en 1665 que les Marguilliers de Saint-Denis procédèrent à la refonte de « *Marie* », la cloche du guet,
dont nous avons décrit, au chapitre quatrième de cet
ouvrage, les utiles services dans la vie municipale,
services déjà signalés en 1447. — L'inscription portait
les noms des Marguilliers Antoine de la Fosse, procureur du Roi, Jean-Baptiste de Latre et Jean-Baptiste
Hellemans, avocats du Conseil d'Artois, et Jean Ogier,
échevin. — Adrien Alliot et Nicaise Renard furent les
fondeurs.

Refonte
de la
« cloche du guet ».

Lors de la capitulation de la ville de Saint-Omer, sous
Louis XIV, en 1677, la paroisse de Saint-Denis dut
verser une somme de 553 livres pour le rachat de ses
cloches qui, étaient au nombre de sept. C'était en effet
autrefois l'usage, qu'après la prise d'assaut ou la capitulation d'une ville, tout ce qu'elle contenait de métal
autre que le fer, l'or et l'argent devenait le butin des
officiers qui avaient commandé l'artillerie de siège. —
La ville entière eut à payer 18.000 livres, la cathédrale
versa, pour sa part, 1.683 livres, l'abbaye de Saint-
Bertin, 1.920 livres, Sainte-Marguerite, 412 livres, et
Saint-Martin, 90 livres.

Le rachat
des cloches
en temps de siège.

C'est sous Mgr Christophe de France, évêque de Saint-
Omer, que furent instituées, dans le mandement de
carême de 1642, les cérémonies des *sept stations* ou
« *Pas sacrés* » de Notre Seigneur Jésus-Christ dans sa

Passion. La station du Jardin des Olives avait lieu à la chapelle de Notre-Dame des Miracles, sur la Grand'-Place, celle devant Anne, à l'église Sainte-Aldegonde, *celle devant Caïphe, à l'église Saint-Denis*, celle devant Pilate, à l'église Saint-Jean, celle devant Hérode, à l'église Saint-Martin, celle devant la colonne de la flagellation, à l'église Sainte-Marguerite, et, enfin, celle devant le Calvaire, à l'église du Saint-Sépulcre.

Destinées de la chapelle dite de Notre-Dame de Grâce.

Nous mentionnerons, ici, le souvenir d'une chapelle, dite de *Notre-Dame de Grâce*, qui fut édifiée, en 1669, en face des anciens bâtiments de la Maladrerie dont nous avons signalé, plus haut, la démolition en 1636, dans les prairies dites actuellement « les Madeleines ». *Vauban* chargé par Louis XIV de fortifier Saint-Omer, après la conquête de 1677, établit, sur la route d'Arques, une redoute importante qui fut rasée lors du démantèlement de la ville, à la fin du xixᵉ siècle. C'est à l'entrée de ce fort, et sur la gauche, que se trouvait un arbre célèbre, dit « de la Madeleine », sur lequel les élèves des Jésuites du collège Wallon, les « syntaxiens », comme on disait alors, avaient placé, à la fin du xviᵉ siècle, une statue de la Sainte-Vierge, dont le vocable était celui de *Notre-Dame du Bon Voyage*. C'est auprès de ce même arbre et sur les fondations de l'ancienne chapelle de Saint-Sébastien, précédemment décrite, qu'en 1669, grâce à la protection commune du Magistrat et de Mgr Ladislas Jonnart, évêque de Saint-Omer, les congréganistes de « la Visitation de la Sainte-Vierge », du collège Wallon, firent construire une gracieuse chapelle qu'ils vouèrent à *Notre-Dame de Grâce*, pour être tout particulièrement agréables à l'Evêque de Saint-Omer, ancien doyen du Chapitre de Notre-Dame de Grâce à Cambrai. Ce pieux sanctuaire fut détruit par le vandalisme révolutionnaire,

mais le fort conserva le nom de *fort de Grâce*. Quant à
la première appellation de *Notre-Dame du Bon Voyage*,
elle fut donnée à une autre chapelle, bâtie en l'honneur
de la Très Sainte-Vierge, au bout du faubourg du Haut-
Pont, à l'endroit dit les « *quatre moulins* », sur la route
de Saint-Momelin. Ce fut Dom François Boucault,
76ᵉ abbé de Saint-Bertin, qui en posa solennellement la
première pierre, en 1675.

C'est avec les encouragements de Mgr de Longueval
et par un mandement des vicaires capitulaires, en 1676,
que fut inaugurée à Saint-Denis, comme dans les autres
paroisses de Saint-Omer, la « *Confrérie de la Doctrine
chrétienne* ». Des indulgences spéciales furent accordées
par les Souverains Pontifes aux *catéchistes volontaires*
qui s'enrôlèrent, nombreux, dans cette pieuse association destinée à remédier aux néfastes inconvénients de
l'ignorance religieuse. Nos dévouées catéchistes volontaires du xxᵉ siècle, dont nous reparlerons plus loin,
n'ont donc fait que recueillir et suivre l'édifiant exemple
des catéchistes du xviiᵉ siècle !

Les catéchistes volontaires au xviiᵉ siècle.

L'année 1676 vit l'érection canonique de la *Confrérie
de Sainte-Isbergue*, dans l'église paroissiale de Saint-
Denis. — Le texte latin rappelant cette érection et les
statuts de la confrérie, rédigés en français, ont été
relevés dans le Bulletin historique des Antiquaires de
la Morinie par *M. Charles Legrand*, le vigilant archiviste
de cette société. *Sainte Isbergue, sœur et conseillère de
Charlemagne*, l'illustre empereur d'Occident, qui fut
toujours l'intrépide défenseur de l'Eglise catholique, est
encore honorée, de nos jours, dans l'église du village
d'Isbergues, près d'Aire-sur-la-Lys, et dans l'ancienne
Collégiale Saint-Pierre de cette dernière ville où elle
vécut et mourut dans une communauté religieuse. Ses

Dévotion à sainte Isbergue, sœur de Charlemagne, dans l'église Saint-Denis.

reliques, précieusement conservées à travers les âges, y sont l'objet d'un culte très suivi, surtout pendant la neuvaine annuelle qui se célèbre, au mois de mai, au milieu d'une grande affluence. Les Evêques de Saint-Omer et tout particulièrement NN. SS. Blasœus, Paul Boudot, Pierre Paunet et Louis-Alphonse de Valbelle ayant été appelés, à différentes reprises, à approuver officiellement le culte de sainte Isbergue, il n'est pas étonnant que Saint-Denis, l'une des paroisses de leur ville épiscopale, soit devenue l'héritière d'une portion de ses reliques. Chapelle et confrérie existaient déjà, depuis longtemps, quand *Pierre de Cléty*, curé de Saint-Denis, obtint des vicaires généraux de l'évêché de Saint-Omer, alors vacant, *l'érection canonique* et l'approbation officielle des statuts de cette pieuse association, qui dura jusqu'à la tourmente révolutionnaire. *Les confrères et consœurs s'engageaient à être, en toute circonstance, des paroissiens modèles.*

Fondation sur la paroisse, de l'hôpital dit « des Bleuets ». Sur le territoire de la paroisse Saint-Denis, dans la rue du Caltre (des Bleuets), dans une maison aujourd'hui comprise dans la propriété des Carmélites, nous voyons s'établir, en 1683, *l'hôpital dit des Bleuets*, du nom de la couleur bleue de l'uniforme donné aux enfants orphelins qui y furent recueillis. Grâce à la générosité du chanoine *François du Chambge*, archidiacre de Flandre, douze enfants y furent d'abord recueillis (cinq en l'honneur des cinq plaies de Notre Seigneur et sept en l'honneur de Notre-Dame des Sept-Douleurs). Puis treize autres pensionnaires vinrent s'y adjoindre, utilisant la rente de 650 florins laissée, en 1602, par *Jean Dubur*, échevin de Saint-Omer. Cet établissement qui fait honneur à la charité de ses généreux fondateurs, rendit de grands services à la classe ouvrière dont il

éleva, gratuitement, les enfants formés à différents métiers, selon leurs aptitudes, jusqu'à l'époque de la Révolution où il fut supprimé pour se confondre avec
l'« Hôpital général », rue du Saint-Sépulcre.

Faisons remarquer qu'à la même époque, les généreuses fondations de *Marie-Joseph de la Haye* et d'*Anne-
Jeanne de la Richardière*, ainsi que le legs de Don Gar-
cias-Joseph de Gonzalès de Alveda, paroissien de Saint-
Jean, permirent d'établir sur la paroisse du Saint-Sépulcre, une maison hospitalière du même genre, pour
les jeunes orphelines, qui prirent de leur côté le nom
pittoresque de « *Bleuettes* ».

Sur la pierre funéraire de Jean Dubur, que l'on remarque encore, contre le pilier gauche des grandes
orgues, à la Basilique Notre-Dame, il est dit que le
charitable échevin laissa aussi une rente à l'église
Saint-Denis, pour l'exécution du chant du « *Salve Regina* »
et de trois « *Ave Maria* » les dimanches et jours de fête.

La paroisse de Saint-Denis qui honorait, depuis le
XVe siècle, Notre-Dame de Lorette, comme nous l'avons
exposé au chapitre huitième, vit le siège de cette confrérie et la statue vénérée de la Vierge transportés, pendant
cent ans, dans une chapelle située sur le plateau des
Bruyères. Voici en quelles circonstances : Les Pères
Jésuites avaient l'habitude de conduire leurs élèves,
pour se récréer, sur l'emplacement de l'ancien *château-
fort d'Edequines*, disparu au XVIe siècle, et autour duquel
s'étaient tenues, pendant tout le moyen-âge, les *Assises*,
dites « *Franches Vérités* ». Dans ces dernières réunions,
chacun était mis en devoir de tout révéler au Seigneur
sur les dommages qui lui avaient été causés ainsi qu'à
ses vassaux. Vers 1626, les écoliers, avec l'approbation
de leurs maîtres, ne tardèrent pas à utiliser un gros

Transfert
de la Confrérie
de la
« Vierge de Lorette »
dans une chapelle
sur le « plateau
des Bruyères ».

arbre, qui se trouvait placé à proximité de la route très
fréquentée menant de Thérouanne à Boulogne, en passant par Saint-Omer et se dirigeant vers Hallines par le
haut du plateau des Bruyères, pour y établir une statue
appelée d'abord de « *Notre-Dame de la Sapience* ».
Bientôt, en 1632, Mgr Christophe Morlet ayant permis
aux Jésuites de construire, à cet endroit, une chapelle,
cette dernière devint le centre très fréquenté de nombreuses processions et la messe et les vêpres y furent
chantées, plusieurs fois, en musique, par les collèges
wallon et anglais. Différentes difficultés ayant ensuite
surgi, au sujet d'intérêts matériels, entre le curé de Longuenesse, l'abbaye de Saint-Bertin et le Magistrat de
Saint-Omer, qui avaient des droits communs sur le terrain d'Edequines, la chapelle des Bruyères fut plutôt
délaissée et la ferveur des étudiants se tourna vers la
chapelle de Notre-Dame de Grâce, sur la route d'Arques,
décrite plus haut.

C'est alors que les confrères de Notre-Dame de Lorette
de la paroisse Saint-Denis, portés par tempérament à
processionner et à pèleriner, obtinrent de Mgr Louis
de Valbelle, en 1687, de tranférer le siège de leur
confrérie dans la chapelle abandonnée des Bruyères,
et le Magistrat leur accorda même trois mesures de
terrain, à proximité. Chaque année, la veille de la grande
procession, les confrères allaient solennellement rechercher la statue de leur Vierge vénérée et la déposaient
dans l'église Saint-Denis, jusqu'au lendemain. L'église
de Sainte-Aldegonde abrita aussi la sainte Madone, la
veille de la procession, pendant les quelques années de
la reconstruction de l'église Saint-Denis dont nous reparlerons au xviiie siècle. En 1787, il fut question de réédifier la chapelle de Notre-Dame de Grâce pour y placer

la Vierge de Lorette, plus près de la ville, mais la Révolution empêcha le projet d'aboutir. Comme souvenir de la chapelle de Notre-Dame de Lorette, il ne reste plus, dans l'église Saint-Denis, qu'une pierre votive et une représentation, en bois, de l'édifice, placée, en face de l'autel, dans la chapelle actuelle dite de l' « *Ange Gardien* ». Le 29 juillet 1696, Mgr Louis-Alphonse de Valbelle fit la visite canonique solennelle de l'église Saint-Denis. C'est à cette époque que le chœur fut lambrissé et que l'Evêque, lui-même, régla la place respective des bancs du clergé et de ceux des marguilliers et des échevins, dans le sanctuaire. Différentes décisions furent également prises, au sujet du cimetière qui entourait l'église et des revenus des fondations pieuses.

Nous terminerons l'histoire paroissiale de Saint-Denis, au XVIIe siècle, par la description des souvenirs archéologiques appartenant à cette époque. *On voyait encore, au XVIIIe siècle*, dans l'ancienne chapelle de Sainte-Cécile, le marbre funéraire de Jehan de Brandt, seigneur du Bardoul et de Tilques, décédé en 1606, et celui d'un second Jehan de Brandt, vicomte de Warmehoult. Près de là, se trouvaient également les pierres tombales des demoiselles Antoinette du Plouich et Marguerite de la Diennée, alliées à la famille de Brandt, et rappelées à Dieu en 1604 et 1614. Au chœur, on remarquait les dalles du chevalier Oudart de Lens, seigneur de Blendecques, de Guislain de Lens, de dame Marguerite de Nédonchel de Cohem (1616), du chevalier Gérard de Lens, seigneur de la Haugreve (1624), de dame Adrienne de Villegas, de messire Antoine de Lens (1640), et de dame Marie du Briard, son épouse (1656), enfin, celles de Jacques de Croix, seigneur d'Estrasselles (1628), et de Marie Van den Bergue, sa femme (1617). En 1642 fut

Monuments archéologiques du XVIIe siècle aujourd'hui disparus.

8

enterrée dans la chapelle actuelle du Rosaire, Mademoiselle de Dorienbourg, grande bienfaitrice de l'église. — Au milieu de la chapelle de Notre-Dame, se trouvait une pierre bleue avec armoiries et quartiers, rappelant le souvenir de l'écuyer du roi, Allard des Lions, député aux Etats d'Artois, et de son épouse (1676 et 1679) ; enfin, au pilier gauche de la tour, se voyait le marbre funéraire de Jean-Jacques de Lencquesaing, écuyer du roi et seigneur du Marest (1662) et de dame Marie-Anne du Rietz, sa douairière (1711).

Pierres funéraires de la même époque, existant encore au XXᵉ siècle.

Au XXᵉ siècle, l'église de Saint-Denis possède encore comme souvenirs du XVIIᵉ siècle : la pierre tombale, à demi-cachée sous un confessional, dans la basse nef méridionale, de Pierre d'Haffringues, lieutenant du mayeur et échevin et probablement l'auteur d'une relation du fameux et dernier siège de Saint-Omer, en 1638, — une statue, en marbre, du Sauveur portant sa croix, d'une très remarquable exécution et provenant du jubé de l'Abbaye de Saint-Bertin dont faisait partie le mausolée de Nicolas Mainfroy, 71ᵉ abbé, décédé en 1611. — De la même époque, et de Saint-Bertin également, provient aussi un morceau de sculpture, en marbre, placé à l'un des piliers du haut de la nef gauche, et représentant un groupe de cardinaux, d'évêques et d'abbés, en marche processionnelle. — Sous les marches de l'autel du Rosaire, la pierre tombale bleue de la famille du Buisson Harages, — en 1671, Marie d'Avroult, comtesse de Vertin, fut ensevelie dans le vaste caveau de cette même chapelle du Rosaire, décrit plus haut, et il est probable que c'est elle qui fit peindre sa sépulture de famille par Adrien du Ruissec, dont la signature a été retrouvée sur les murs du tombeau, en 1875, dans les recherches dont nous parlerons au XIXᵉ siècle. Signalons enfin, sous la chaire, la pierre funéraire d'Antoine de Prée, maître ardoisier, décédé en 1660, celle de Jacques d'Haffringues, avoué au Conseil d'Artois, et Catherine Darrest, son épouse, décédés l'un en 1686, la seconde en 1658 ; cette pierre est appliquée sur la muraille de la basse-nef septentrionale, au-dessous de la troisième fenêtre.

Mentionnons, en terminant, la très curieuse peinture qui date du xviie siècle et se trouve, actuellement, dans la chapelle de Saint-Pierre jadis réservée à la célèbre confrérie des Poissonniers, sans que l'on ait pu, jusqu'ici, identifier ses origines et ses donateurs. Voici seulement quelques détails qui pourront susciter de nouvelles recherches de la part des connaisseurs. *Ce tableau très chargé de détails* et très mystique représente la *Religion chrétienne et l'Ancienne Loi.* Au centre se trouve le corps du Christ dépouillé et étendu sans vie ; derrière lui, se tient la Mère des douleurs voilée de noir. — Au premier plan, une femme agenouillée représente l'*Eglise catholique* et tient en mains des clefs et un calice figurant la *Sainte Eucharistie,* pendant que les six autres sacrements sont symbolisés par six petits calices de formes variées et disposés, en cercle, sur le sol. — A terre, *un squelette* rampant, semble implorer le secours de Jésus-Christ et de son Eglise contre deux monstres vomissant le feu, mais que le Sauveur tient enchaînés. — A gauche du Christ, s'étale un vigoureux cep bien chargé de pampres et qui tapisse tout le fond du tableau d'une treille plantureuse. L'artiste a profité de ce large espace pour y reproduire quantité de textes latins ayant trait à la mission divine du Rédempteur dans le monde. *Ego sum ostium..., vitis..., pastor..., via..., lux mundi..., panis vivus...,* etc. — Aux pieds du Christ, se trouvent

Description curieuse d'un tableau qui, attire l'attention des chercheurs.

dans l'attitude de la supplication, *les Justes* de l'Ancienne loi et *les Gentils,* pendant qu'une femme, les yeux bandés et le cou transpercé d'un glaive, montée sur un âne dont la croupe porte trois têtes de béliers, symbolise *la Synagogue* et la fin des sacrifices de la loi de Moïse. — Plus loin, dans le fond du tableau, on distingue la Vierge, Saint Jean et les Saintes Femmes, et les trois croix du Golgotha, dont un groupe de soldats s'éloigne pour rentrer à Jérusalem. Les donateurs figurent en deux groupes, l'un, à gauche du tableau, comprend un homme, trois femmes et un jeune enfant étagés derrière un prêtre revêtu du surplis et de l'étole et portant un flambeau avec la date 1673. — A droite, un autre prêtre vêtu comme le précédent, porte aussi un flambeau, pendant que se tiennent derrière lui un homme, deux femmes et deux petites filles. — Malgré l'examen attentif et les recherches de MM. Loriquet, archiviste départemental, et Emile Sturne, sculpteur audomarois, ce tableau reste une énigme pour sa provenance, sa date précise et le nom de son auteur.

CHAPITRE XII

Au xviie siècle, les Récollets succèdent aux Cordeliers. — Une élection
mémorable du Provincial de Flandre. — Dans le sanctuaire franciscain. — Mgr Jean de Vernois et les Dominicains. — Ce qu'était
l'ancien Hôpital des Apôtres. — Chez les Frères Prêcheurs. —
Grande variété de pierres tombales dans l'église des Dominicains. —
La statue de l'illustre Prieur Pascal Maupajetz. — Les verrières et
leurs donateurs. — Visites princières à l'Abbaye Saint-Bertin. —
Prospérité du Collège anglais. — La ville entière prend part à ses
solennités. — La maison des jeunes anglaises. — Renommée universelle du Collège. — Incendie et reconstruction immédiate de l'établissement.

Nous avons laissé, au xvie siècle, la *Communauté des
Cordeliers* en pleine prospérité. Cette prospérité ne fit
que s'accentuer au xviie siècle, lorsque *la Réforme* de la
stricte observance, *dite « des Récollets »*, lui fut appliquée. C'est en 1637 que nous trouvons, pour la première
fois, dans les actes publics, le nom des Pères Récollets
substitué à celui des Pères Cordeliers. Nous relaterons
ici les événements les plus remarquables de cette
période.

En 1610, la comtesse douairière du Rœux, veuve
d'Eustache de Croy, reçut la sépulture dans la chapelle.
Au mois de septembre de la même année eut lieu, au
couvent de Saint-Omer, l'élection d'un *provincial de
Flandre,* ce fut un grand événement non seulement
pour la Communauté mais pour la ville entière. *Dix-huit*

Au xviie siècle,
les Récollets
succèdent
aux Cordeliers.

Une élection
mémorable
du Provincial
de Flandre.

délégués des différentes communautés franciscaines s'y donnèrent rendez-vous et y discutèrent les affaires intéressant l'Ordre. — *Nicolas Danis*, Père gardien d'Ath, en Belgique, fut élu provincial, et *Adrien Couvreur* fut nommé Gardien de la maison de Saint-Omer, avec François Hendricq comme vicaire. — Pendant quatre jours, des *conférences théologiques* publiques eurent lieu entre les Chanoines, les Jésuites, les Dominicains, les Récollets et d'autres prêtres séculiers. Le jour de la clôture, plus de *cent religieux* organisèrent une procession solennelle jusqu'à la cathédrale, escortés des gentilshommes, confrères de l'*Association du Cordon de Saint-François*. — Les Chanoines vinrent au-devant du cortège et un reposoir pour le Saint-Sacrement fut dressé chez les Sœurs Grises (rue actuelle Caventou). — D'autres reposoirs furent également établis chez les Dominicains, à l'église paroissiale Saint-Jean et à l'abbaye Saint-Bertin pour la procession de l'après-midi, qui fut rehaussée par la présence des Abbés de Saint-Bertin, de Clairmarais, de Saint-Augustin-lès-Thérouanne et d'Auchy-lès-Moines. Les dépenses considérables entraînées par ces réjouissances furent largement couvertes par les bienfaiteurs de la Communauté, et les offrandes de la foule immense d'étrangers venus, pour la circonstance, à Saint-Omer.

Dans le sanctuaire Franciscain. En 1612, la chapelle du couvent vit l'installation d'*un tableau* représentant la Sainte-Vierge suspendant un cordon de Saint-François, au-dessus des âmes du Purgatoire encore prisonnières du feu expiateur de la Justice divine. — En 1618, une indulgence plénière fut accordée aux fidèles, à l'occasion du *chapitre général de Salamanque*, en Espagne, et une grande procession eut lieu le jour de la Pentecôte. — En l'année 1622, se célébrèrent les « *quarante heures* » solennelles, chez les Récollets, et on plaça, sous le doxal, un tableau du Bienheureux *Paschal Baylon*, un des saints les plus illustres de l'Ordre franciscain, canonisé plus tard, en 1680. — La *fête de Saint Joseph* fut célébrée, la première fois, le 19 mars 1625, dans le diocèse de Saint-Omer, et une confrérie fut érigée chez les Pères Récollets en l'honneur de ce saint patriarche, dont le culte est désormais répandu partout, surtout depuis qu'il a été proclamé « protecteur de l'Eglise universelle » par le Souverain Pontife Pie IX, en 1870. — La Municipalité de Saint-Omer eut toujours des préférences marquées pour le couvent des Pères Récollets, et, à différentes reprises, en 1647, 1664 et en 1678, après la réunion de Saint-Omer à la France, elle fit différentes démarches pour maintenir ces dévoués religieux parmi nous. C'est encore chez les Récollets que, le 8 septembre 1660, fut autorisé par Messieurs les Vicaires généraux, le siège vacant, l'établissement de la *Confrérie de Notre-Dame de Patience*, dont la statue placée à l'angle de leur couvent sur la rue Saint-Bertin, a donné son nom à la rue actuelle Notre-Dame-Patience. Enfin, nous voyons, en 1683, un concordat entre les Curés de la ville et les Récollets, approuvé par les Vicaires généraux, et réglant la question toujours délicate des inhumations, dans la chapelle franciscaine, au détriment des droits paroissiaux. Nous terminerons l'histoire de la maison des Récollets, au xviiie siècle, qui la vit disparaître.

La Communauté paroissiale des Dominicains avait été tout particulièrement protégée, à la fin du xvie siècle, par *Mgr Jean de Vernois*, évêque de Saint-Omer, qui était, lui-même, religieux dominicain. Grâce aux largesses épiscopales, les bâtiments du couvent, ruinés par

Mgr Jean de Vernois
et
les Dominicains

deux incendies, ne tardèrent pas à être réédifiés. Jean de Vernois avait songé, un instant, à établir ses frères à la Prévôté de Watten, mais ces derniers préférèrent rester en ville. Il enrichit enfin de nombreuses indulgences leurs célèbres confréries du Rosaire et du Saint Nom de Jésus.

Ce qu'était l'ancien « Hôpital des Apôtres ».

C'est en 1619 que *Messire Antoine de Grenel*, chevalier et seigneur de Werp, ancien gouverneur de Maëstricht, fonda dans la Litte-Rue 'basse (rue Allent), au coin du flégard des Dominicains, un hôpital destiné à recueillir, en l'honneur des douze Apôtres, douze vieillards de Saint-Omer, et à les entretenir jusqu'à leur mort. Cet établissement, dont le règlement avait beaucoup de ressemblance avec celui de nos hôpitaux modernes des Petites-Sœurs des Pauvres et de Saint-Jean, fut confié à la direction des Pères Dominicains dont le couvent était voisin, et les vénérables pensionnaires assistaient aux offices dans la chapelle de Saint-Hyacinthe qui, faisait partie de l'église de leur Communauté. L'*Hôpital des Apôtres* occupait l'emplacement où se trouve, aujourd'hui, la Maison hospitalière, encore actuellement, dite des Apôtres, abritant un certain nombre de jeunes filles confiées aux mains maternelles des Sœurs de charité chargées de présider aux distributions de secours faites aux pauvres par la Municipalité et le Bureau de bienfaisance. Le Magistrat remplaça ensuite les Religieux par *un prêtre séculier* comme directeur de la maison et, de concert avec les héritiers d'Antoine de Werp, défendit, pendant le xviiie siècle, les droits de l'*Hôpital des Apôtres*, qui ne fut fermé qu'en septembre 1793. Les douze vieillards furent alors transférés à l'*Hôpital général*, et, de là, à l'Hôpital Saint-Jean, qui avait pris, à cette époque, le nom d' « *Hospice de la fraternité* ».

L'Eglise paroissiale Saint Jean-Baptiste
autrefois
sur l'emplacement de la « Salle des Concerts » actuelle

En 1622 fut tenu, à Saint-Omer, *un Chapitre général de l'Ordre dominicain*. Quinze docteurs en théologie et cent religieux prirent part aux séances où plusieurs thèses furent brillamment soutenues en présence de Mgr Boudot, évêque de Saint-Omer, et du Prieur Jean Desloix. A cette occasion, les quatre autels du Saint Nom de Jésus, du Rosaire, de Saint-Pierre, martyr, et de Saint-Thomas d'Aquin, furent restaurés, et une procession solennelle fut organisée à la cathédrale et à l'abbaye de Saint-Bertin. L'année 1623 vit la béatification des Bienheureux dominicains *Ambroise de Sienne* et *Jacques de Venise*. La Ville fit les frais d'un théâtre public pour la représentation de scènes religieuses, en cette circonstance. — Le 9 novembre 1640, le *cardinal Infant, Dom Ferdinand,* frère du roi d'Espagne et gouverneur des Pays-Bas, étant mort à Saint-Omer, les Dominicains, à titre de chapelains du Magistrat, célébrèrent son service solennel dans la chapelle de la Halle municipale, sur la Grand'Place ; ils occupaient cette charge depuis l'année 1453. — Nous donnerons l'intéressante histoire de cette chapelle municipale dans notre ouvrage sur les paroisses Sainte-Aldegonde et Notre-Dame. — Le 25 avril 1642, il y eut grande solennité chez les Dominicains, à l'occasion de l'institution de l'*Association de prières du Rosaire perpétuel,* œuvre toujours prospère, de nos jours, et sur laquelle nous reviendrons, au xxᵉ siècle, son siège central se trouvant à l'église paroissiale de Saint-Denis.

Un troisième Chapitre général eut encore lieu, dans le couvent de Saint-Omer, en 1657. Enfin, en 1671, on célébra chez les Dominicains, et sous la présidence de Mgr Théodore de Bryas, évêque de Saint-Omer, les fêtes de la canonisation de *saint Louis Bertrand,* illustre pré-

Chez les Frères Prêcheurs.

dicateur et grand convertisseur d'âmes, et de *sainte Rose de Lima*, qui fut une seconde sainte Catherine de Sienne, deux des gloires les plus pures de la grande famille des Frères prêcheurs.

On lira certainement, ici, avec intérêt, le détail des nombreuses pierres tombales et des monuments funéraires des personnages de marque qui furent ensevelis dans l'ancienne chapelle des Dominicains, jadis au centre de la ville, vaste sanctuaire à trois nefs, aujourd'hui disparue, mais dont nous avons reproduit la gravure dans ce volume. Contre le mur de la sacristie existait un marbre représentant la descente de croix, avec deux dames aux manteaux armoriés, *Marie de Harchies*, dame de Robecque (1513), veuve de *Jehan de Lictewelde*, seigneur de Staede, et *Marie de Noyelles* (1516), femme de *Jacques de Rebecque*, seigneur de la Jumelle. — Devant le grand autel, le marbre d'*Anne de Courteville*, veuve de *Jean de Lumbres*, vicomte de Boisdinghem (1628). — Au chœur, du côté de l'évangile, la pierre de *François Pépin* (1582), lieutenant-colonel du régiment d'Allesnes, décédé gouverneur du fort de Linsque, époux d'*Anne d'Auchel*. — Devant le candélabre du chœur, la pierre noire d'*Henry de Lumbres*, seigneur de Boisdinghem, colonel d'infanterie wallonne, tué à l'ennemi devant Bouchain (1580), époux de *Jehanne de Vrolant* (1627). — Dans le chœur, du côté gauche, l'épitaphe de *Louis de la Houssaye*, seigneur d'Avault, et de *Marguerite de Lianne* (1515). — Du côté droit de la nef, la pierre de *Jacqueline de Geneviers*, dame de Sautrecourt, veuve de *Jacques de France*, seigneur de Rumaucourt (1523). — Au bout de l'église, le marbre d'*Antoine de Grenet* (1619), seigneur de Werp, gouverneur de Maëstrich, fondateur de la Maison des Apôtres, dont nous avons parlé plus haut,

— et celui de *Jean de Moyencourt*, seigneur du Hamel, blessé mortellement à la bataille de Gravelines, et de *Marguerite de Fléchin*, sa femme. — Devant l'autel du Rosaire, le marbre de *Philippe de Havrech*, capitaine d'infanterie wallonne, tué devant Ostende (1503), et de *Barbe de Fiennes*, son épouse. — *Pierre-Ferdinand Liot*, seigneur de Guzlinghem (1704). — Dans la muraille, près de la chapelle de Saint-Pierre, l'épitaphe de *Valentin Taffin*, seigneur du Hocquet, échevin et procureur général et fiscal du Roi (1638). Le défunt était représenté, à genoux devant un crucifix, accosté de son patron. — Une petite épitaphe sur bois peint et doré rappelait le souvenir de *Martine Coquillan* (1650), épouse de *Nicolas Taffin*, avocat fiscal au Conseil d'Artois, inhumé lui-même dans le chœur en 1664, avec *Nicolas Taffin*, seigneur de Vigries, son fils, *Marie-Joseph de la Houssaye, Jacques-Joseph Taffin*, seigneur de Hupy, et *Marie-Pétronille de Penneranda*. — Devant le chœur, dans un caveau voûté, reposait *Marie-Marguerite-Josèphe le Sergeant de Brethof*, dame de la Tour, d'Ausque, etc. (1753). — Dans la chapelle de Sainte-Catherine, l'épitaphe de *Jean de Pardieu*, seigneur de la Motte, super-intendant des forts d'Hesdinfert (1554). — Au milieu de la nef, le marbre de *Gilles Amour de la Haye* (1639), écuyer du roi et seigneur d'Amme, et de *Françoise de Fiennes*, son épouse. — A l'angle droit du maître-autel, était placé, dans la muraille, le cœur de *Mgr Jean du Vernois*, dominicain, nous l'avons dit, et troisième évêque de Saint-Omer, dont la devise était « *In manu Domini sors mea* », ma destinée est entre les mains du Seigneur. — Du côté gauche du chœur, une pierre où il était représenté avec ses habits pontificaux et ses armoiries, rappelait la mémoire de *Jean le Vasseur*, prieur des Dominicains et nommé évêque *(in partibus)* de Djébaïl et suffragant de l'évêque de Thérouanne, décédé en 1507. Il laissa à sa communauté d'importantes fondations, dont le détail était également consigné sur une épitaphe du chœur. — Son successeur, comme suffragant de Thérouanne, *Louis Widebien* (1515), dominicain d'Arras, *Jean Desloix* (1658), prieur et inquisiteur de la foi dans le duché de Bourgogne et maître *Paul Coye* (1583), provincial des Pays-Bas, furent aussi ensevelis dans le chœur de la chapelle de Saint-Omer. — Près de la chaire, se trouvaient les pierres des familles Rogier Minotte et Descamps Rogier.

La statue de l'illustre Prieur Pascal Maupajetz.

Au-dessus de la porte de la sacristie, on voyait la statue du révérendissime *Père Pascal Maupajetz* (1550), évêque *in partibus* de Salubre, à genoux devant le Christ ressuscité. — Né à Saint-Omer, le Père Pascal avait placé dans ses armoiries trois casques, pour rappeler la mémoire de son père qui était armurier, et le chien portant le flambeau ardent, symbole se rattachant à la vie de saint Dominique. — Il fit poser dans les nefs de l'église de superbes vitraux reproduisant des scènes de l'Ancien et du Nouveau Testament. Les fenêtres du portail figurant le Trépas de la Sainte-Vierge et l'Adoration des Mages, étaient tout particulièrement remarquables. — *Eustache de Brimeu* et *Barbe d'Hillevie*, son épouse, représentés avec leurs écussons, sur ce dernier vitrail, en furent, sans doute, les généreux donateurs. — Enfin, dans le chœur, on remarquait encore la plaque de cuivre de *Jacques Chivot* et de *Madeleine Le Maire*, sa femme (1653 et 1652) et les pierres de *Jean Le Clercq*, abbé de Blangy et d'*Adrien de Harlin*, abbé de Ruissauville, décédés en 1557 et 1596. Le capitaine de Beaumont de Lille (1693). — Dans le cloître de l'église, citons les sépultures de *Marguerite Carré* (1664), membre du tiers-ordre de Saint-Dominique, de *Jean Van Henegan*, de *Frère Dominique Damand*, prédicateur célèbre, et des deux dominicains non moins illustres, *Guillaume Séguier* (1671), prieur émérite du couvent de Saint-Omer, et *Louis-Bertrand Loth* (1652), ancien régent du collège Saint-Thomas-d'Aquin à Douai, décédé, lui aussi, prieur audomarois. En 1672, les Dominicains transportèrent, dans leur cimetière de ville, les ossements de leurs confrères, autrefois ensevelis dans l'ancien cimetière de leur communauté hors des murs.

Dans les verrières de l'église, parmi les principaux portraits des bienfaiteurs, on distinguait, avec leurs blasons, le duc de Bourgogne, comte de Flandre et d'Artois, *Charles le Hardi* et *Marguerite d'York*, sœur du roi d'Angleterre, Edouard — *Guy de Brimeu* et *Antoinette de Rambure* — *Christophe de Lens* et *N. de Mouchy* — le chanoine *Philippe de Mussem*, 1502 — *Jean Faes Boursier*, dont le vitrail remontait au xvᵉ siècle et, provenait de l'ancien couvent hors les murs — les armoiries du vénérable Chapitre, du Magistrat de Saint-Omer et des familles de Lières et de Lens. — Le vitrail du fond de l'abside représentait le Crucifix avec la Mère des douleurs et saint Jean ; au pied du crucifix figurait *Philippe le Bon*, duc de Bourgogne et comte de Flandre, bienfaiteur insigne de la communauté. — *La plus grosse cloche* de l'église des dominicains portait l'inscription suivante : « Madame Mahaut, comtesse de Flandre, me fit faire, l'an 1328 ».

L'Abbaye de Saint-Bertin, continua, au xviⁱᵉ siècle, à étendre sa bienfaisante influence sur la Ville et les Communautés religieuses, pendant que ses Abbés travaillaient à une foule d'améliorations matérielles dans

Les verrières et leurs donateurs.

Visites princières à l'Abbaye Saint-Bertin.

l'intérieur du monastère et surtout à l'ornementation de la superbe église décrite plus haut. -- Quant aux démêlés de l'Abbaye avec Mgr Louis-Alphonse de Valbelle, évêque de Saint-Omer (1684-1708), dans les processions, ils présentaient, étant données les mœurs du temps, un intérêt qu'il est difficile d'apprécier, au xxᵉ siècle, sous son véritable jour. — *Le grand roi Louis XIV*, vint une première fois à Saint-Bertin, au lendemain de la victoire de Cassel, en 1677, et fut admis à y vénérer la relique de la vraie Croix, don de Charlemagne. Il y revint, en 1680, en compagnie de la Reine et de toute la Cour. — En 1742, ce fut le tour du roi *Louis XV*, et, en 1788, celui des *princes de Condé* venus au camp de Saint-Omer, établi sur le plateau des Bruyères, et qui voulurent visiter l'Abbaye où leur illustre ancêtre, le *grand Condé*, le vainqueur de Lens, avait séjourné quelque temps, lui aussi, au siècle précédent, en 1657.

Prospérité du Collège Anglais.

De son côté, le Collège des *Jésuites Anglais*, installé, nous l'avons vu, rue Saint-Bertin, à la fin du xviᵉ siècle, prit une nouvelle extension au xviiᵉ siècle. En 1608, il comptait déjà quinze religieux et près de cent pensionnaires. — Le Recteur, *Gilles Scondoncq*, de 1600-1617, donna une forte impulsion aux études latines et grecques, sans négliger les autres branches d'enseignement, et la renommée du collège s'étendit jusqu'à Rome, d'où le *Pape Paul V* envoya ses félicitations à l'éminent Recteur. — La chapelle étant devenue trop étroite, avec l'appui de *Mgr Blasœus* auprès des archiducs, un nouveau sanctuaire, avec pignon sur rue, à l'endroit où se trouve maintenant l'arsenal, rue Saint-Bertin, fut inauguré solennellement, le 8 septembre 1610, et dédié à *Notre-Dame des Anges*. L'édifice avait son abside au midi, et l'autel du côté droit fut consacré à *saint Thomas de Cantorbéry*. Le nom de Jésus, encadré de deux anges, en pierre blanche, ornait le fronton. — *La dédicace de la chapelle* se fit en grande solennité ; un des exercices religieux qui attirait surtout la population audomaroise chez les Jésuites anglais, consistait dans le *chant des litanies* de la Très Sainte-Vierge, avec grand accompagnement d'orchestre, vers le soir.

Le 14 septembre 1610, pendant le Chapitre général des Cordeliers, une grand'messe fut célébrée chez les Jésuites Anglais, en présence du Nonce et des Abbés de Saint-Augustin-lès-Thérouanne, d'Auchy-lès-Moines et de Saint-Bertin. C'est ce dernier qui, à la procession, portait la statue d'argent de Notre-Dame de Sichem, spécialement honorée chez les Jésuites Wallons, et les louanges de la Vierge furent tour à tour chantées par les élèves des Pères, en vingt langues différentes, y compris l'hébreu. La supplication finale redisait « Sainte Marie, priez pour l'Angleterre ».

La ville entière prend part à ses solennités.

L'historien audomarois *Hendricq*, contemporain des débuts du Collège anglais, nous rappelle, en 1611, le souvenir d'une procession solennelle faite, le 15 août, par les Pères, dans le quartier qu'ils habitaient. — En 1612, les fêtes de la canonisation des saints Jésuites *Ignace* et *François Xavier*, deux âmes apostoliques par excellence et toutes embrasées de l'amour de Dieu et des âmes, et de celle de *saint Philippe de Néri*, de *saint Isidore d'Espagne*, et de *sainte Thérèse*, âmes d'une sainteté non moins éminente, donnèrent lieu à la célébration de grandes fêtes populaires tant chez les Jésuites anglais que chez les Jésuites wallons. Messes solennelles, sonneries de cloches, prédications, illuminations, bûcher de fagots et de poix allumé par *Jehan Liot*, le lieutenant du mayeur, lui-même, tout fut mis en œuvre, en signe de réjouissance.

Le 19 juin, les Jésuites anglais établirent un *théâtre populaire* dans leurs jardins, qui furent envahis par une foule avide de s'instruire et de s'édifier. Bien avant dans la nuit, une brillante illumination clôtura ces solennités religieuses, qui marquèrent dans les fastes audomorois. En 1613, un service funèbre, très solennel, fut célébré, chez les Jésuites, pour une dame de la haute aristocratie anglaise.

La maison des jeunes anglaises.
Si les jeunes anglais exilés et réfugiés à Saint-Omer avaient trouvé un asile providentiel chez les Jésuites de leur nationalité, de leur côté, les jeunes anglaises furent recueillies par les religieuses anglaises dites « *Filles de Sainte-Agnès* », qui vinrent s'établir, en 1612, dans la Grosse Rue (rue Carnot), avec la permission de Mgr Blasœus. En 1619, *Mgr Paul Boudot*, évêque de Saint-Omer, donna la confirmation dans la chapelle de cette Communauté. La maison de Saint-Omer, après avoir fourni un certain nombre d'excellentes recrues aux maisons anglaises de Gravelines et de Liège, n'eut qu'une existence éphémère, faute de ressources financières, et, en 1642, nous voyons les religieuses anglaises de Gravelines, elles-mêmes, se retirer à Rouen. C'est aux Pères Jésuites anglais que l'autorité épiscopale avait confié la direction spirituelle des « Filles de Sainte-Agnès ».

Renommée universelle du Collège.
Sous le rectorat du Père *William Baldwin* (1622-1632), le nombre des élèves du collège s'éleva jusqu'à deux cents pensionnaires. — La renommée du Collège s'étendit jusqu'en Allemagne, et, au milieu du xviie siècle, on répétait sans cesse que, pour faire de solides et complètes études, il fallait venir étudier à Saint-Omer. — Le Père *Henry More* fut recteur à deux reprises (de 1647 à 1652 et de 1657 à 1660) et laissa une « Histoire de la mission

anglaise » et d'autres volumes de piété. — En 1635, on vit les élèves des Jésuites Wallons et Anglais s'unir pour travailler aux fortifications nécessaires à la défense de la ville, et une grande cérémonie religieuse eut lieu, à cette occasion, en présence de cinq échevins et au milieu des fanfares militaires, sur le rempart où étaient exposées les statues de la Sainte-Vierge, de saint Ignace et de saint François-Xavier.

L'année 1684 fut une année de grande épreuve pour le Collège anglais qui, fut complètement détruit par *un incendie*, sauf la chapelle ; mais, dans l'espace de trois ans, l'énergie et l'activité du *Père Warner* avaient tout réparé. Ce fut *Mgr Louis-Alphonse de Valbelle*, évêque de Saint-Omer, qui posa la première pierre du nouvel édifice sur laquelle on grava le nom de Jésus. Le lieutenant du Roi, en l'absence du Gouverneur, plaça la seconde aux armes de France. Enfin, l'Abbé de Saint-Bertin *Benoît de Béthune*, le doyen de la Cathédrale *Jacques de Lières* et le Recteur du Collège en posèrent chacun une, marquée à leur nom. Le Père Warner devint ensuite le conseiller et le confesseur du roi d'Angleterre *Jacques II*, célèbre par son exil et ses infortunes que l'éminent Jésuite partagea courageusement. A la mort du Roi, en 1701, son cœur fut déposé dans la chapelle de Saint-Omer ; il devait être profané en 1793 par les Vandales révolutionnaires.

Incendie et reconstruction immédiate de l'établissement.

CHAPITRE XIII

Les confréries de « Notre-Dame de Charité » et de la « Rédemption des
captifs » à la paroisse Sainte-Marguerite. — Saint Fiacre et les jardiniers. — Visite canonique de Mgr Louis-Alphonse de Valbelle. —
Destinées de la maison des Dominicaines de Sainte-Marguerite. —
Souvenirs de la vie paroissiale à Saint-Jean-Baptiste. — Origines et
histoire de la « Maison de Notre-Dame du Jardin ». — Le « Refuge »
des Jésuites anglais de Watten, rue Saint-Bertin. — Les dames de
Wœstine et leur « refuge » place Saint-Jean. — L'œuvre populaire
dite « du Bouillon », rue du Tambour.

Les Confréries
de « *Notre-Dame
de Charité* »
et de
la « *Rédemption
des Captifs,*
à la paroisse
Sainte-Marguerite.

Nous résumerons, dans ce chapitre, les faits les plus
marquants se rattachant, au xviie siècle, à l'histoire
des trois paroisses de Sainte-Marguerite, de Saint-Jean-
Baptiste et de Saint-Martin-en-l'Ile. En 1611, *Mgr Blasœus*
procéda à la bénédiction de huit nouvelles cloches destinées au beffroi de Sainte-Marguerite. Depuis 1523, par
suite de la décision de *Florys d'Egmond*, lieutenant
général de l'empereur, aux Pays-Bas, le guet du jour se
faisait sur cette dernière tour au clocher si remarquable,
tandis que la tour Saint-Bertin servait au guet nocturne.
— En 1626, un religieux de Saint-Bertin, *Charles Delattre*, fonda à Sainte-Marguerite, un obit annuel, dit de
Saint-Charles, auquel deux religieux de l'abbaye assistaient régulièrement. — En 1648, Mgr Christophe de
France, approuva la Confrérie dite de *Notre-Dame de
Charité*, dont une bulle du Pape Innocent XI avait
confirmé, en 1647, l'érection dans la chapelle consacrée

à sainte Anne. — Cette confrérie avait, jadis, placé une
statue de Notre-Dame et un tronc dans la rue du Mortier (rue Guillaume-Cliton). Le règlement fut imprimé,
en 1648, sous le titre de « La couronne des douze étoiles
de Notre-Dame ». Les confrères récitaient un chapelet
spécial à 12 grains. L'année 1657 vit l'établissement par
Robert Roberti, curé de la paroisse, de la *Confrérie de la
Très Sainte Trinité*, pour la rédemption des captifs. Les
confrères portaient le scapulaire, aux trois couleurs,
encore en usage aujourd'hui, et professaient une dévotion spéciale aux saints *Jean de Matha* et *Félix de Valois*,
fondateurs de l'ordre dit de « la Merci », qui a tant
contribué à la disparition de l'esclavage. Les indulgences
à gagner étaient considérables. — Vers 1675, une communauté de Carmes chaussés demanda à s'établir au *Haut-
Pont*, mais le Magistrat, d'accord avec les curés de Sainte-
Marguerite et de Saint-Martin, refusa l'autorisation.

En 1678, par une commune entente entre les administrateurs de la Confrérie paroissiale de Saint-Fiacre
et les maraîchers des faubourgs, les statuts de cette
confrérie furent révisés. C'est cette même confrérie qui a
été transportée dans l'église du Haut-Pont au XIXe siècle.
— Les jardiniers du XXe siècle, célèbrent aussi la fête,
annuelle de Saint-Fiacre, nous le dirons plus loin, à
Saint-Denis. Bien que la fête de l'Adoration perpétuelle
n'ait été établie définitivement qu'en 1682, par Mgr Louis-
Alphonse de Valbelle, dans le diocèse de Saint-Omer,
chaque paroisse ayant cinq jours d'adoration, nous
voyons déjà le Pape Sixte-Quint accorder, en 1598, des
indulgences à la Confrérie du Très Saint-Sacrement,
dont le siège était à Sainte-Marguerite. — La Confrérie
du Saint-Sacrement, érigée à Saint-Sépulcre, en 1551,
était la plus ancienne de la région.

*Saint Fiacre
et les jardiniers.*

Visite canonique
de
Mgr Louis-Alphonse
de Valbelle.

Enfin, le 12 août 1696, *Mgr de Valbelle,* qui avait le titre de conseiller du Roi en ses conseils privés et d'Etat, et celui de maître de l'oratoire de Sa Majesté Louis XIV, fit la *visite solennelle et canonique* de l'église Sainte-Marguerite. A cette occasion, on inaugura un nouveau tabernacle, on plaça le banc des marguilliers sous le jubé et les portes du cimetière, autour de l'église, furent renouvelées.

Destinées
de la maison
des Dominicaines
de
Sainte-Marguerite.

Nous avons vu, au XVIe siècle, les Religieuses Franciscaines de Sainte-Marguerite adopter la règle de Saint-Dominique. Le 27 mars 1629, *Mgr Pierre Paunet*, évêque de Saint-Omer, révisa le règlement de cette Communauté et fit prononcer à ses membres le vœu de pauvreté absolue. De son côté, *Mgr Morlet*, en 1633, établit la clôture pour les religieuses et se chargea des dépenses entraînées par cette nouvelle mesure. *Mgr de France* encouragea également beaucoup la Communauté de Sainte-Marguerite, mais, malgré leur désir de s'affilier au grand ordre dominicain, les religieuses durent rester sous la juridiction épiscopale, conformément à la décision du Concile de Trente. Jusqu'à la Révolution, *les Pères dominicains* continuèrent, toutefois, à être les aumôniers de la maison. On ensevelit, en 1638, dans la chapelle, Agnès de Wissocq, religieuse professe, décédée à l'âge de 19 ans.

Parmi les nobles sépultures de la paroisse Sainte-Marguerite, nous citerons celle de Thomas Liot et de Jeanne de Moncheaux, son épouse, qui firent construire, en 1528, la chapelle dite de « *Sainte-Croix* », dont le vitrail reproduisait les noms et les armoiries des fondateurs — et celles d'*Anne Liot de Walle* et d'*Antoinette Vaillant*, épouse de *Jacques-Bernard Liot d'Eglegatte*, inhumées dans la même chapelle de famille, « *Sainte-Croix* ».

La paroisse Saint-Jean-Baptiste vit s'établir, sur son territoire, au XVIIᵉ siècle, différentes communautés ou « Refuges » de maisons religieuses, que nous avons le devoir de signaler à l'attention du lecteur.

Rappelons, d'abord, que *Guillaume Lœmel*, 72ᵉ abbé de Saint-Bertin, bénit, le 1ᵉʳ août 1618, plusieurs cloches destinées à l'église Saint-Jean-Baptiste. — En 1649, *Mgr Christophe de France* y érigea la confrérie des Saints Anges gardiens. — En 1655, avec l'approbation du Magistrat, on décida la restauration d'une petite chapelle dédiée à l'*Immaculée Conception*, qui se trouvait dans le cimetière. On célébrait la messe dans cet oratoire, aux cinq principales fêtes de la Très Sainte-Vierge, avec obit du lendemain. C'est à Saint-Jean-Baptiste qu'eut lieu, le jour de la Visitation, en 1616, la première procession autour de l'église, que Mgr Blasœus ordonna à l'occasion de l'érection d'une confrérie de la Sainte-Vierge dans chacune des six paroisses de la ville. La paroisse Saint-Denis avait sa procession, avec le Saint-Sacrement, à « l'Assomption », Sainte-Marguerite, à « l'Immaculée Conception », et Saint-Martin-en-l'Ile, à « l'Annonciation ».

Aucun événement mémorable, se rattachant à cette dernière paroisse de Saint-Martin, au XVIIᵉ siècle, n'est parvenu jusqu'à nous. — Signalons, cependant, l'entrée de son curé, Jérôme Dufour, en 1647, comme moine à l'abbaye de Clairmarais et son remplacement par Eloi Monstrelet. Les sépultures de l'église Saint-Jean-Baptiste, à cette époque, sont celles de *Marie Denis*, femme de *Jehan Richebé*, conseiller principal de la ville de Saint-Omer, décédée en 1626, et de *Jeanne Laurin* (1656), ensevelies près de l'autel de Notre-Dame.

A l'exemple de Gérard d'Haméricourt qui avait fondé,

Origines et histoire
de la
« Maison de Notre-
Dame du Jardin ».

en 1561, l'ancien Collège Saint-Bertin pour les jeunes garçons pauvres, *Marie Aubron*, fille d'Antoine Aubron, conseiller pensionnaire de la ville de Saint-Omer, établit, de son côté, en 1615, une maison d'éducation et d'instruction gratuites pour les jeunes filles sans ressources, qui prit le nom de « *Maison de Notre-Dame du Jardin* ». — Mgr Blasœus encouragea la généreuse fondatrice, et lui assura un revenu de 1.400 florins pour son œuvre. Cette maison, située dans la rue actuelle « du Jardin », fut occupée par les Religieuses Ursulines, au XIXᵉ siècle, nous verrons plus loin, en quelles circonstances. La rue du Jardin portait, autrefois, le nom de Scoendrewicq, on y honorait une statuette, dite la « *blanche Notre-Dame* », et, à son extrémité sud, un pont de bois était jeté sur la rivière Sainte-Claire, aujourd'hui couverte. — Sous la direction des évêques de Saint-Omer, la maison du Jardin Notre-Dame, sauf un moment de crise qu'elle traversa sous l'épiscopat de Mgr Louis de Valbelle au sujet d'un incident provoqué pour la nomination d'une sous-maîtresse, ne tarda pas à entrer en pleine prospérité et un pensionnat qui passait, à juste titre, pour l'une des meilleures institutions du pays, fut adjoint, pour les demoiselles de la société, à la catégorie des vingt-quatre boursières de la fondation. — En 1770, il fut question de confier l'établissement aux Sœurs de la Providence de Rouen, mais le projet ne put aboutir. — En 1792, le personnel enseignant ayant refusé de prêter le serment civique révolutionnaire, la maison fut définitivement fermée et les boursières furent envoyées à l'Hôpital général qui, profita des revenus de la fondation de « Notre-Dame du Jardin ».

La *Prévôté de Wallen* qui, avait été incorporée à la mense épiscopale, lors de l'institution de l'évêché de

Saint-Omer, après avoir traversé bien des vicissitudes, fut donnée par *Mgr Blasœus* aux Pères Jésuites qui, après de nombreux pourparlers entre le Souverain-Pontife, les Archiducs d'Autriche et le gouvernement anglais, y installèrent *un noviciat* destiné à former de jeunes religieux anglais, en vue de la conversion de l'Angleterre. — Cette maison, complètement relevée de ses ruines, put accomplir, en paix, son apostolique mission jusqu'en 1763, date néfaste, à laquelle elle fut fermée, lors de l'expulsion générale des Pères de la Compagnie de Jésus, de la terre de France.

De nos jours, il ne reste plus d'autres traces de l'ancienne Prévôté de Watten, qu'*une ferme à l'ombre d'une tour*, dont les ruines, encore majestueuses, dominent le pays compris entre Calais et Saint-Omer. *Cette tour*, placée au sommet de la colline de Watten, servit, pendant quelque temps, de sémaphore ou *télégraphe aérien*, en communication avec l'instrument du même genre posé, au xixe siècle, sur la tour de l'église Notre-Dame à Saint-Omer et les points culminants des environs.

Les Jésuites Anglais de Watten possédaient, sur la paroisse Saint-Jean-Baptiste, un « Refuge » dans la rue Saint-Bertin, à côté du « Refuge » des religieux de l'Abbaye de Saint-Augustin-lès-Thérouanne. Ces deux « Refuges » s'étendaient du no 54 au no 62 actuels. Celui des Prémontrés de Thérouanne, fut tout particulièrement utile à ces religieux à la suite de l'incendie, en 1614, de leur communauté, dans l'ancienne capitale de la Morinie.

La *Communauté de Wœstine*, de la paroisse de *Renescure* (Nord), sur les limites de la forêt de Rihoult-Clairmarais, avait également établi son « Refuge », en 1630, le long du cimetière de Saint-Jean-Baptiste. — Son

Le « Refuge » des Jésuites anglais de Watten, rue Saint-Bertin.

Les dames de Wœstine et leur « Refuge », place Saint-Jean.

emplacement est aujourd'hui occupé par la maison paroissiale du Rosaire, ayant une porte de sortie rue du « Lion Blanc ». Jadis le « *Refuge* » avait une troisième issue, rue Sainte-Marguerite. — *Les dames de Wœstine,* religieuses Bernardines, étaient placées sous la direction spirituelle d'un chapelain, moine de Clairmarais. *De 1217 à la Révolution,* on compte *une vingtaine d'Abbesses ;* tous les bâtiments furent aliénés en 1791 et il n'en reste plus rien aujourd'hui. Seul, le buffet d'orgues de la chapelle fut transporté dans la paroisse flamande de Blaringhem (Nord). Le monastère de Wœstine, étant donnés son isolement et la proximité de la forêt de Clairmarais, avait reçu le nom de « *Notre-Dame du Désert* ».

L'œuvre populaire dite « du Bouillon », rue du Tambour.

Il nous reste enfin à signaler, toujours sur la paroisse Saint-Jean-Baptiste, une fondation charitable, non moins intéressante, dite des « *Sœurs du bouillon* », chargées de porter des secours aux malades pauvres, à domicile. C'est à *Mgr Louis-Alphonse de Valbelle* que la ville de Saint-Omer doit cette nouvelle œuvre de charité. Le généreux prélat fit venir de Paris, en 1695, *deux Filles de Saint-Vincent de Paul* et il les installa, à ses frais, d'abord, dans la rue du Saint-Sépulcre, près de l'ancien Collège des Bons Enfants, dirigé par les Chartreux et devenu ensuite l'Hôpital Général. En 1705, il acheta la maison située à l'angle ouest de la rue Saint-Bertin et de l'ancienne ruelle de Saint-Jean, et que l'on appelait « *la maison du Tambour* », d'où encore, au xxᵉ siècle, la rue du « Tambour », et il l'affecta à la fondation du « Bouillon ». Cet établissement ne tarda pas à voir ses ressources s'augmenter, et le nombre des pauvres secourus s'étant par suite considérablement accru, il fallut augmenter aussi le nombre des Sœurs

de charité qui étaient sept, à la fermeture de la maison,
en 1791. L'œuvre avait, à cette époque, 8.000 livres de
rente. Les pauvres de Saint-Omer virent avec regret la
Révolution lui enlever ses chères « *Sœurs du Bouillon* »
et les biens de l'Œuvre du « Tambour » furent affectés
à l'Hôpital Général, dans la maison donnant sur la rue
des Corroyeurs, puis à la Maladrerie.

CHAPITRE XIV

Désastre de 1705, entraînant la reconstruction de l'église Saint-Denis. — Aménagements intérieurs. — La chaire et ses instructives inscriptions. — Grand émoi en 1739. — Installation des orgues en 1751. — Nouvelle refonte de la cloche du « Guet ». — Inhumations et marbres funéraires. — Souvenirs archéologiques encore existants au xxᵉ siècle.

Désastre de 1705, entraînant la reconstruction de l'église Saint-Denis.

Au début du xviiiᵉ siècle, *l'année 1705* est restée mémorable dans les archives de la paroisse de Saint-Denis. C'est, en effet, le 31 décembre de cette année, qu'à l'heure de midi, un épouvantable ouragan d'ouest qui sévissait depuis la veille, renversa de fond en comble sur la nef principale de l'église, *le clocher pyramidal de pierre* qui surmontait, alors, la tour du xiiiᵉ siècle. Sous cette avalanche qui produisit une formidable poussée, *la nef s'effondra* tout entière et, quelques jours après, les nefs latérales, profondément ébranlées, eurent le même sort. Il n'y eut heureusement aucun accident de personnes, mais *l'église du xivᵉ siècle* que nous avons décrite plus haut, fut irrémédiablement perdue, sauf la tour, le chœur, une gracieuse colonne de la nef gauche, et les deux chapelles qui forment encore le transept actuel. *La croix du clocher*, pénétrant à travers la voûte, vint briser une pierre sépulcrale au milieu du chœur et l'on établit une pierre commémorative de l'accident avec le chronogramme suivant (DeCeMbre CorrVo). Sans se décourager, le curé *François Caron* entreprit immédiate-

ment la réédification de son église, mais suivant les
goûts du xviiie siècle, dédaigneux du style gothique, il
procéda à *une reconstruction en plein cintre*, et les élégantes colonnes du xive siècle furent remplacées par les
lourds piliers, sans style, que l'on voit encore, au
xxe siècle. — Les travaux qui s'étendirent aux trois nefs
et aux quatre chapelles latérales furent exécutés en
briques jaunes. *On ne peut que vivement regretter* la disparition du gracieux clocher de Saint-Denis, le rival en
élégance et en hauteur de ceux des paroisses de Sainte-
Marguerite, de Sainte-Aldegonde et du Saint-Sépulcre.
Grâce à la générosité de NN. SS. Louis et François de
Valbelle, de la Municipalité qui vota mille écus, des
Marguilliers et des paroissiens, tout était terminé en
1714. Pendant quelque temps « *Marie* », la cloche du
« guet », fut transportée à l'église Sainte-Aldegonde.

En 1712, les Marguilliers qui étaient alors nommés
par la Municipalité, réclamèrent, auprès de cette dernière, pour obtenir que le Curé de Saint-Denis leur
présentât l'eau bénite, dans leurs bancs, au chœur, aux
offices solennels, avant l'aspersion générale des fidèles.
— L'année 1715 vit la nomination d'un second vicaire.
— Les Marguilliers qui, en 1678, avaient restauré, dans
l'enclos Saint-Denis, une maison à l'usage de presbytère,
aliénèrent, au début du xviiie siècle, différentes parties
du cimetière entourant l'église, en faveur de plusieurs
propriétaires. — La voûte de la nef centrale fut décorée
par les figures des trois vertus théologales, que l'on
distingue encore, bien modelées, mais engorgées par la
chaux des badigeonnages successifs ; dans la chapelle
de la Vierge (aujourd'hui du Sacré-Cœur), c'est l'Assomption qui fut représentée au plafond, tandis qu'aux frais
du Prince Philippe de Rubempré, héritier de la famille

Aménagements
intérieurs.

d'Avroult, le sujet de la Sainte-Famille était placé sur la voûte de la chapelle de la Sainte-Famille (actuellement du Rosaire). Les Marguilliers promirent, en retour, d'ajouter les armoiries des Rubempré à celles des d'Avroult, les bienfaiteurs séculaires de cette chapelle. De cette époque, date également la décoration toujours existante de la chapelle de Saint-Pierre, par la *Confrérie des Poissonniers*, — Au-dessus de l'autel, la *statue du Prince des Apôtres* en habits pontificaux et, la boiserie en forme de niche surmontée d'un baldaquin, forment un ensemble assez agréable à la vue. — Au xixe siècle, la corporation des Poissonniers a fait paver cette chapelle en marbre de Boulogne. — Les *fonts baptismaux* se trouvaient, autrefois, sous la tour même de l'église, mais le porche actuel n'existant pas, deux porches en bois avaient été construits, à l'intérieur, pour éviter les inconvénients des courants d'air. C'est au-dessus du porche de gauche qu'on voyait un *saint Georges, à cheval*, de grandeur naturelle, et armé de toutes pièces pour combattre le dragon infernal. Cette statue était en bois, mais l'armure de l'Archange était en fer.

La chaire et ses instructives inscriptions.

En 1720, nous voyons apparaître, au milieu de la nef, la chaire actuelle qui, sans avoir comme travail artistique, la valeur des chaires de la Basilique Notre-Dame et du Saint-Sépulcre, n'est pas cependant sans mérite. Le Sauveur enseignant occupe le panneau central entre les deux apôtres Pierre et Paul. — On voit saint Jean au quatrième panneau. — Saint Denis décapité est sculpté sur la porte où aboutit l'escalier. Un ange, sonnant de la trompette, domine l'abat-voix, sur l'architrave duquel on lit, en capitales dorées, le chronogramme suivant qui, dans ses trois lignes, reproduit le millésime 1720.

VobIs DaT ChrIstVs sVa nosCere MysterIa
reCIpIte VerbVM DeI aC VerItatIs (1720)
serIo aVDIte pIe CVstoDIte ILLVD

que nous traduisons « Jésus-Christ vous réserve la
connaissance intime de ses mystères, Chrétiens recevez
donc le Verbe de Dieu et de vérité, écoutez-Le avec
recueillement et gardez-Le avec amour ».

Grand émoi en 1739, la petite tourelle renfermant
l'escalier extérieur de la tour, étant venue à se détacher,
la solidité de la tour elle-même parut gravement com-
promise. La *Municipalité* fit venir, comme experts, deux
maîtres maçons d'Aire-sur-la-Lys et le Frère Adrien
Canlers, architecte, religieux de l'abbaye de Saint-
André-au-Bois, et très heureusement ce dernier prit
l'engagement de rendre à la tourelle et à la tour leur
première solidité, par la construction d'un contrefort.
Les travaux réussirent pleinement, mais nous devons
regretter qu'on ait caché, à la même époque, le bas de
la tour par le portique de mauvais goût, qui subsiste
encore avec son millésime de 1742. Ce portique qui
dérobe en effet à la vue, une entrée gothique de style
xiiie siècle très pur, est appelé à disparaître dans une
intelligente restauration.

C'est en 1751 que le Curé et les Marguilliers de Saint-
Denis, qui disposaient d'une somme de 6.400 livres,
décidèrent de construire le *buffet d'orgues* actuel.
Le travail fut exécuté par Maître *Antoine-Joseph Pielle,*
sculpteur audomarois qui, de concert avec *Jean-Henry
Pielle* et *Jacques Baligant* avait déjà, en 1715, réalisé la
merveille de menuiserie des grandes orgues de l'ancienne cathédrale de Saint-Omer. L'artiste s'inspira du
même plan, mais nous ne retrouvons pas, à la base de
l'orgue de Saint-Denis, comme à Notre-Dame et à Saint-

*Grand émoi
en 1739.*

*Installation
des orgues, en 1751.*

— 142 —

Sépulcre, les statues de *saint Pierre* et de *saint Paul*.
Antoine Piette fut gêné par le manque d'élévation de la
voûte et le volumineux massif de maçonnerie des deux
piliers de la tour où il dut encastrer son œuvre et qu'on
revêtit d'une boiserie, dont l'effet n'est guère heureux.
Néanmoins, comme le fait remarquer *Monsieur Jérôme
Decroos* qui, en 1899, a retrouvé la minute de l'acte
passé, en 1751, devant Mes Vanheeckout et de Croix,
notaires à Saint-Omer, *l'ensemble du buffet* est d'une
belle ordonnance et les tourelles y dominent nettement
les faces planes. Les grandes lignes se dessinent agréa-
blement et la menuiserie et les panneaux sculptés ont
été très soignés ; en un mot, l'œuvre fait honneur au
maître qui l'a exécutée. La balustrade de la tribune des
orgues et de l'ouverture circulaire, de très bon effet, qui
en occupe le centre, en bois de chêne sculpté, mérite
également l'attention. M. *François Leclercq*, curé de
Saint-Denis pendant 34 ans, fut enseveli en 1771 sous
les orgues dont il avait doté son église paroissiale. —
En 1764, on célébra, solennellement, le *centenaire* de
l'Association de la Sainte-Famille. — *Les jolies boiseries*,
style Louis XV, que l'on voit encore autour du chœur,
datent de 1765.

Nouvelle refonte
de
la cloche du « Guet ».

La même année eut lieu la refonte de « *Marie* », la
cloche municipale du « *Guet* » et de l' « *Œuvre* », dont
nous avons plusieurs fois déjà, entretenu le lecteur.
Chargée non seulement d'annoncer les offices paroissiaux, mais de sonner aussi l'ouverture et la fermeture
des portes de la ville, la retraite bourgeoise et l'heure
du travail des ouvriers, cette cloche, ayant été fêlée, la
Municipalité se chargea de couvrir la moitié des frais de
la refonte, comme l'atteste l'inscription qu'elle porte
toujours, au xxe siècle.

« *J'appartiens à la paroisse de Saint-Denis ; Messieurs les Marguilliers m'ont fait refondre en 1665, et je suis de nouveau refondue cette année 1765, aux frais tant de la paroisse que de la Ville, pour avoir été accidentée à l'usage précaire auquel on me fait servir pour la Ville. J'ai été fondue par Etienne Jaussaud et François Henriot, l'an 1765.* »

Cette cloche pèse environ 900 kilogrammes, et porte gravé un crucifix au pied duquel se trouvent sainte Marie-Madeleine et les témoins de la mort du Sauveur. — *Les boiseries* qui forment le fond de l'autel actuel *du Rosaire* furent placées, en 1780, et le groupe de la Sainte Famille occupait la niche derrière le tabernacle. Celles de la chapelle moderne *du Sacré-Cœur* sont de la même époque et sur les gradins de l'autel qu'elles entouraient se trouvaient sculptées différentes scènes de la vie de la Sainte Vierge.

La *dernière inhumation* qui eut lieu dans l'église, fut, en 1786, celle de la veuve Carlier, enterrée dans la chapelle de la Sainte-Vierge, et la dernière sépulture dans le cimetière autour de l'église, fut, la même année, celle de Madame Druelle. A la fin du xviiie siècle, nous voyons *Mgr de Bruyères Chalabre*, évêque de Saint-Omer, appelé à trancher le différend qui s'était élevé entre les paroisses de Saint-Denis et du Saint-Sépulcre au sujet du territoire paroissial où se trouvaient établies, une nouvelle maison de la rue actuelle « du Plomb » et, une autre maison rue « du Damier », aujourd'hui rue « Guillaume Cliton ». De 1700 à la Révolution, la paroisse Saint-Denis eut, successivement, pour pasteurs Messieurs *François Caron, François Leclercq, François Dallesnes et Rose.*

Parmi les marbres funéraires placés dans l'église

Inhumations
et
marbres funéraires.

Saint-Denis, au xviii⁰ siècle, et aujourd'hui disparus, nous citerons, dans le chœur, en 1705, le marbre de *M. de Senlis,* mayeur de Saint-Omer, dans la chapelle Notre-Dame, ceux de *Mathieu Geouffré de Chabrinac* (1735), chevalier de Saint-Louis et major de la Ville, et de *Marie-Anne de Cosnac,* son épouse (1720) — près du petit portail nord, celui d'*Albert-Adrien d'Anthin* (1730), écuyer du Roi et capitaine au régiment de Berry, époux d'*Antoinette de Layens* — enfin, dans le chœur, ceux de *François Baert* (1739), écuyer du roi et seigneur de Hollant, époux d'*Adrienne Scacht* (1739) et de *Charles Baërt* (1779), veuf d'*Anne-Catherine Van Cappel.*

Souvenirs archéologiques encore existants au xx⁰ siècle.

Voici maintenant, l'énumération des monuments archéologiques du xviii⁰ siècle que l'église possède encore, au début du xx⁰ siècle. — Dans le transept nord, entre la boiserie du mur et les marches de l'autel du Sacré-Cœur, la pierre bleue de *Jean-Baptiste Titelouze* (1701), conseiller pensionnaire de la Ville, de *Jeanne Jerosme,* son épouse, et de ses deux fils — le marbre de *Josse Maes,* échevin (1703), et de *Marie Stemmer,* sa femme, dans la chapelle de Saint-Pierre — l'inscription de *Fiacre Stemmer* (1700), d'*Ursule Desgardin* (1715), et de leur fille Ursule (1752), derrière le tableau de saint Folquin, à côté de la chapelle de l'Ange gardien — en haut du cinquième pilier de la grande nef, le marbre blanc, encadré de chêne, rappelant le souvenir de *Jean-Louis Deslions,* vicaire général et doyen du chapitre cathédral, et des fondations qu'il établit dans l'église Saint-Denis, en faveur de différents défunts de sa famille (1717) — la pierre bleue de *Louis Jacob* et de sa famille, dans la basse nef septentrionale — dans la chapelle du Rosaire, sur le mur occidental, le marbre blanc du médecin *Pierre Moronval* qui, laissa sa fortune aux paroisses et

aux hôpitaux de la ville (1726) : ce marbre était, autrefois, dans la chapelle dite de Notre-Dame de Milan, à
l'abbaye Saint-Bertin — le marbre des familles *Weuglart,
Daman* et *de Raismes* (1689-1745), sur le mur de la
même chapelle du Rosaire — dans la chapelle du Sacré-
Cœur, la dalle bleue de *Marie Devulder*, dame de Salperwick (1744), avec ses seize quartiers généalogiques,
en bordure — au pilier gauche des orgues, l'inscription
de *Maître Guillaume Hasembergues* (1746), charpentier,
et de *Jeanne Caron*, son épouse — contre la boiserie de
la basse-nef septentrionale, les inscriptions de *Pierre
Ricouart*, manufacturier de draps (1753), et celle de
Nicolas Marcotte, échevin (1757) et de sa famille — dans
la basse-nef méridionale, sur la boiserie du mur, l'inscription de *François de Vissery*, chapelain du prieur de
l'abbaye de Saint-Bertin (1758) — dans la basse-nef
occidentale, sur la boiserie, le marbre blanc de *Bertin
de Vissery* (1767), archiviste de l'abbaye de Clairmarais,
qui a laissé une chronique très intéressante sur son
monastère — dans la grande nef, à la sixième travée, le
marbre blanc de *Marie-Jeanne du Wicquel*, veuve *Piéron*
(1772) et de son fils — dans la basse-nef méridionale,
sous la troisième fenêtre, l'inscription d'un religieux de
Clairmarais *Barthélemy du Neufpré*, décédé, en 1776, au
« Refuge » que cette abbaye possédait en ville — dans la
chapelle de Saint-Pierre, le marbre commémoratif *des
trois demoiselles Lefrançois* (1774-1789) — dans celle de
Saint-Hubert, sous deux panneaux peints, représentant
sainte Barbe, se trouvent inscrits les noms des maîtres
maçons *Nicolas et Adrien Herbert* (1729 et 1779) — entre
le cinquième et le sixième pilier, sur la lisière de la
grande nef et de la basse-nef méridionale, le marbre
blanc de l'échevin *Joseph Legrand* et de *Philippine Mar-*

10

cotte, son épouse — *quantité de carreaux épigraphiés,* disséminés çà et là dans le sol de l'église, comme à la Basilique Notre-Dame et portant, avec une croix, une simple date ou une inscription très brève — enfin, signalons, sur le mur, à l'entrée de la chapelle de l'Ange gardien, *le marbre blanc* posé en losange, dont l'inscription rappelle le *souvenir de la chapelle de Notre-Dame de Lorette,* jadis établie sur le plateau des « *Bruyères* », et dont nous avons retracé l'histoire au chapitre onzième de ce volume.

CHAPITRE XV

Les Communautés paroissiales et la tourmente révolutionnaire. — Chez
les Récollets. — L'église Franciscaine et son noble ossuaire. — Disparition du couvent des Dominicains. — Les derniers Abbés Bertiniens. — Les premières mesures révolutionnaires. — Le curé constitutionnel de l'église de l'Abbaye devenue paroisse. — Adieux solennels
des Religieux. — Fermeture de l'Abbaye. — Le Collège anglais devient
« Collège royal ». — Le Rectorat d'Alban Butler et celui de Georges
Stapleton. — O'Connel au Collège anglais. — Fin du Collège et sa
transformation en Hôpital militaire. — Etablissement des Frères des
Ecoles chrétiennes, en 1719, à Sainte-Marguerite. — Les Frères
grands bienfaiteurs de la classe ouvrière. — Derniers souvenirs des
trois Paroisses de Sainte-Marguerite, de Saint-Jean-Baptiste et de
Saint-Martin-en-l'Ile. — Leur territoire est définitivement attribué à
la Paroisse Saint-Denis, en 1802.

Nous rappellerons, une dernière fois, dans ce cha- **Les Communautés**
pitre, le souvenir des Communautés religieuses de la **paroissiales**
paroisse Saint-Denis que le courant dévastateur de la **et la tourmente**
Révolution de 1789, devait entraîner à leur ruine lamen- **révolutionnaire.**
table, à la fin du XVIIIᵉ siècle. Nous y relaterons, également, les douloureuses circonstances au milieu desquelles disparurent aussi, sous la pioche sacrilège des
vandales de 1793, les églises paroissiales de Sainte-
Marguerite, de Saint-Jean-Baptiste et de Saint-Martin,
dont nous avons retracé l'histoire au cours du présent
volume.

La *Communauté des Récollets*, qui était la plus nom- **Chez les Récollets.**
breuse de la ville, fut souvent, au XVIIIᵉ siècle, l'objet

des libéralités particulières de la Municipalité pour la restauration de son couvent. Un vitrail du cloitre fut ainsi réparé, à la condition que les armes de la Ville figureraient sur ce vitrail. — En 1729, de grandes fêtes eurent lieu à l'occasion de la canonisation des saints religieux franciscains *Jacques de la Marche* et *François de Solano,* tous deux illustres missionnaires. En 1748, les mêmes solennités se renouvelèrent pour la canonisation de *saint Pierre Régalat,* restaurateur de la discipline régulière franciscaine, dans les couvents d'Espagne, au xv⁰ siècle. — En 1770, le 23 juin, eut lieu à Saint-Omer un *Chapitre général* des franciscains de la Province Saint-Antoine, dont faisait partie l'Artois. Il fut présidé par le R. P. *Maurice Miet,* Gardien des Gardiens de la Province de Saint-Denis en France. *Les Récollets* s'occupaient de la prédication et des confessions et surtout du *Tiers-Ordre* qui était, alors, très florissant. — Ils étaient, aussi, *aumôniers des Clarisses,* des Conceptionnistes, des Sœurs grises, des Sœurs de Sainte-Catherine de Sion et des Sœurs dites du Soleil.

L'église franciscaine et son noble ossuaire.

Voici quelques-uns des monuments funéraires que l'on remarquait encore dans l'église des Récollets, au xviii⁰ siècle. — Au maître-autel, les armoiries de *Philippe de Licques* et de la *dame de Wavrins,* son épouse. — Au chapitre des Cordeliers, les tombes de *Philippe de Sus-Saint-Léger* (1480), mayeur de Saint-Omer et de sa femme *Antoinette Caillette.* — Près de la chapelle Saint-François, l'inscription de *Gordian Gilleman,* écuyer et conseiller de l'empereur (1526) et de *Jacqueline Ruffault* (1538) le monument de *Baudrain de Fiennes* et de *Marguerite du Grospré* (1545) — celui de *Bernard de Rebecque* (1537) et d'*Anne du Jardin du Coustre* (1581), près de la chapelle de Notre-Dame, avec leurs portraits en

marbre — les monuments de *Nicolas Destienbecque*
(1566), écuyer du roi et de *Catherine de Bersacques* (1596)
et celui de *Marie Basine*, veuve de *Jehan de Mametz* (1511)
qui, en 1498, fit don d'un vitrail avec ses armoiries —
près de l'autel de Saint-François, se trouvait l'épitaphe
de *Jehan Sohier* et d'*Anne Destienbecq* (1530 et 1525) et
de Robert d'*Abelaiñ Fourmestraux*, mayeur de Saint-
Omer (1550) — devant le grand autel, les marbres de
Pierre de la Vieville, conseiller du duc de Bourgogne,
capitaine général de Picardie, tué à la bataille de Saint-
Riquier (1421), d'*Eustache de la Vieville*, seigneur de
Watou (1614) et de *Michelle de Blondel*, son épouse (1621)
— devant l'autel de Notre-Dame, la pierre bleue des
quatre seigneurs de Renty, d'*Antoinette de Renty* et de
Bertin de Renty, Père gardien du couvent de Saint-Omer
— au chœur, la pierre bleue de *Philippe de la Vieville*,
seigneur de Steenvoorde — dans la grande nef, la sépulture de *Guillaume-Bernard Marcotte*, écuyer et secrétaire
du roi et de *Anne-Isabelle Cochart*, son épouse — devant
l'autel de Saint-Antoine de Padoue, la pierre bleue de
Philippine de la Motte, épouse d'*Antoine le François* (1608)
enfin, dans le cloître, près de la porte d'entrée, on remarquait la tombe de *Jean Marcarelli*, premier vicaire
provincial, adjoint à saint Bernardin, pour la réforme
des Franciscains.

A la fermeture de la maison, en 1792, le nombre des
Récollets était de 45 ; leur bibliothèque comprenait
3.356 volumes.

De leur côté, les Dominicains célébrèrent, en 1714, la
fête de la canonisation de *saint Pie V*, qui était religieux
de leur Ordre. *Mgr François de Valbelle* et l'Abbé de
Saint-Bertin y prirent part et, pendant l'octave, plusieurs processions eurent lieu avec stations à la cathé-

Disparition
du Couvent
des Dominicains.

drale et à l'abbaye. Les *Frères Prêcheurs* étaient encore au nombre de 26, quand on ferma leur maison, le 16 août 1791, pour les punir de ne pas avoir voulu rendre les honneurs à l'évêque constitutionnel *Porion*, qui était venu faire station dans leur chapelle. Les exilés s'établirent provisoirement à Béthune. *Leur jolie et vaste chapelle gothique*, à trois nefs, décrite plus haut au XVIIᵉ siècle, ne tarda pas à être démolie, et leur couvent fut vendu, à l'encan, par pièces et morceaux. — La rue actuelle « Alphonse de Neuville », formait la limite nord du cloître ; une voûte, encore existante, donnait accès sur la Grosse Rue (rue Carnot) et au-dessus du portique, du côté de la rue actuelle « Allent », on lisait cette phrase latine « *Laudare, benedicere, prædicare* ». « *Louer Dieu, bénir et prêcher* », trois mots qui résumaient la vie apostolique des Pères Dominicains.

Les derniers Abbés Bertiniens.

Les derniers Abbés de Saint-Bertin furent *Benoît Petit-Pas* (1723-1744) qui, pendant vingt et un ans, fut le défenseur intrépide de tous les privilèges de l'Abbaye, et combattit vigoureusement les tendances jansénistes, — *Charles de Gherbode* (1744-1763), membre des Etats d'Artois et député à la Cour, — *Antoine, cardinal de Choiseul*, abbé commendataire qui, ne parut jamais à l'Abbaye et se fit suppléer par le Grand Prieur *Dom Ambroise Pelet*. Ce dernier fit les honneurs du « *Quartier des princes* » au *roi de Danemarck Christian VII*, de passage à Saint-Omer et, à la réception duquel le maréchal duc de Levis, gouverneur d'Artois, voulut présider lui-même. Enfin, c'est à *Dom Joscio d'Allesnes*, quatre-vingt-troisième et dernier Abbé, que devait être réservé la grande douleur de voir l'Abbaye se fermer et les Religieux Bertiniens être obligés de prendre la route de l'exil. Dom d'Allesnes obtint l'agrégation de sa Commu-

nauté à l'Ordre de Cluny et assista aux Chapitres généraux de cet Ordre. — Il étudia le projet de publier, à ses
frais, les nombreuses et importantes archives du monastère, et habile orateur, il sut, en toute circonstance, et
tout particulièrement, comme *député aux États d'Artois*,
défendre chaleureusement les intérêts qui lui étaient
confiés. Il fut aidé dans sa charge par *Dom Ambroise
Pelet* et *Dom François Verdevoye*, grands Prieurs, et
conclut, en 1783, un concordat avec *Mgr de Bruyères
Chalabre*, le dernier Évèque de Saint-Omer, pour régler
une union bien tardive entre l'Évèché et l'Abbaye.

Bientôt l'Assemblée nationale DÉCRÉTA, LE 7 NOVEMBRE
1789, que tous les bénéfices ecclésiastiques et les titres
mobiliers des églises, chapitres, monastères et communautés religieuses étaient mis à la disposition de la
Nation et, le 13 février 1790, parut le *décret définitif de
la suppression* des ordres religieux et des vœux monastiques. *Un inventaire* eut lieu à Saint-Bertin, le 28 mai
de la même année. Les religieux de Saint-Bertin expri-
mèrent hautement leur droit et leur désir de continuer
à vivre en communauté, selon leurs vœux solennels.
Dom Joscio d'Allesnes présida, pour la dernière fois, la
procession de la Fête-Dieu, en l'absence de l'Évèque, le
3 juin, puis il se retira en Hollande et ensuite en Allemagne. Pendant que le *Clergé paroissial* audomarois,
malgré l'intronisation de *Porion, le nouvel évèque schismatique* et constitutionnel, refusait de prêter le serment à
la Constitution civile du clergé qui, équivalait à une
sorte d'apostasie et bouleversait l'antique discipline de
l'Église, *les Religieux Bertiniens* refusaient, de leur côté,
de reconnaître l'*Abbé Michaud*, vicaire de Calais, constitutionnel et intrus, comme curé de Saint-Bertin, nouvelle paroisse que Porion venait de créer pour rempla-

Les premières
mesures
révolutionnaires.

Le Curé
constitutionnel
de l'église
de l'Abbaye
devenue paroisse.

cer les paroisses de Saint-Jean, Saint-Martin et Sainte-Aldegonde supprimées. Ils furent cependant obligés, la mort dans l'âme, de lui abandonner leur superbe église abbatiale qui, à partir du 1er juin 1791, servit au nouveau culte schismatique. Un des premiers actes du curé intrus, fut de faire démolir le splendide Jubé, décrit plus haut, sous le prétexte que ce Jubé empêchait de voir les cérémonies liturgiques. Par contre, il fit ajouter, à gauche, au pied de la tour, une bâtisse semi-circulaire en briques jaunes, qu'on voit encore debout aujourd'hui dans toute sa laideur, pour. servir de baptistère à sa nouvelle paroisse.

Tout cela n'empêcha pas l'*Abbé Michaud* d'être envoyé à l'échafaud, à Arras, en 1793, par l'exécrable conventionnel *Joseph Lebon*, ancien prêtre défroqué et délégué du Gouvernement révolutionnaire, sous le prétexte de refus de livrer au fondeur les cloches de son église.

Adieux solennels. des Religieux.

Enfin, au *mois d'août 1791*, les Religieux qui étaient alors encore quarante et un, se réunirent dans leur salle capitulaire, et là, avec une édifiante unanimité qui toucha profondément les habitants de Saint-Omer, ils déclarèrent qu'obligés de céder à la force et désireux de vivre et de mourir dans la fidélité à leurs vœux et à leur règle monastiques, ils se résignaient à se retirer à l'*Abbaye d'Arrouaise*, près Bapaume, où on leur offrait un refuge.

Fermeture de l'Abbaye.

Ce dernier asile leur fut lui-même bientôt enlevé et, après quelques mois de vie commune passés avec d'autres religieux réfugiés des Abbayes d'Hénin-Liétard, Ruisseauville et Marœuil, sous la direction du *Grand Prieur François Verdevoye*, ils furent contraints de se disperser définitivement. *C'en est fait, l'orage révolutionnaire, châtiment divin* du xviiie siècle corrompu par le

LE SOUVERAIN PONTIFE PIE X

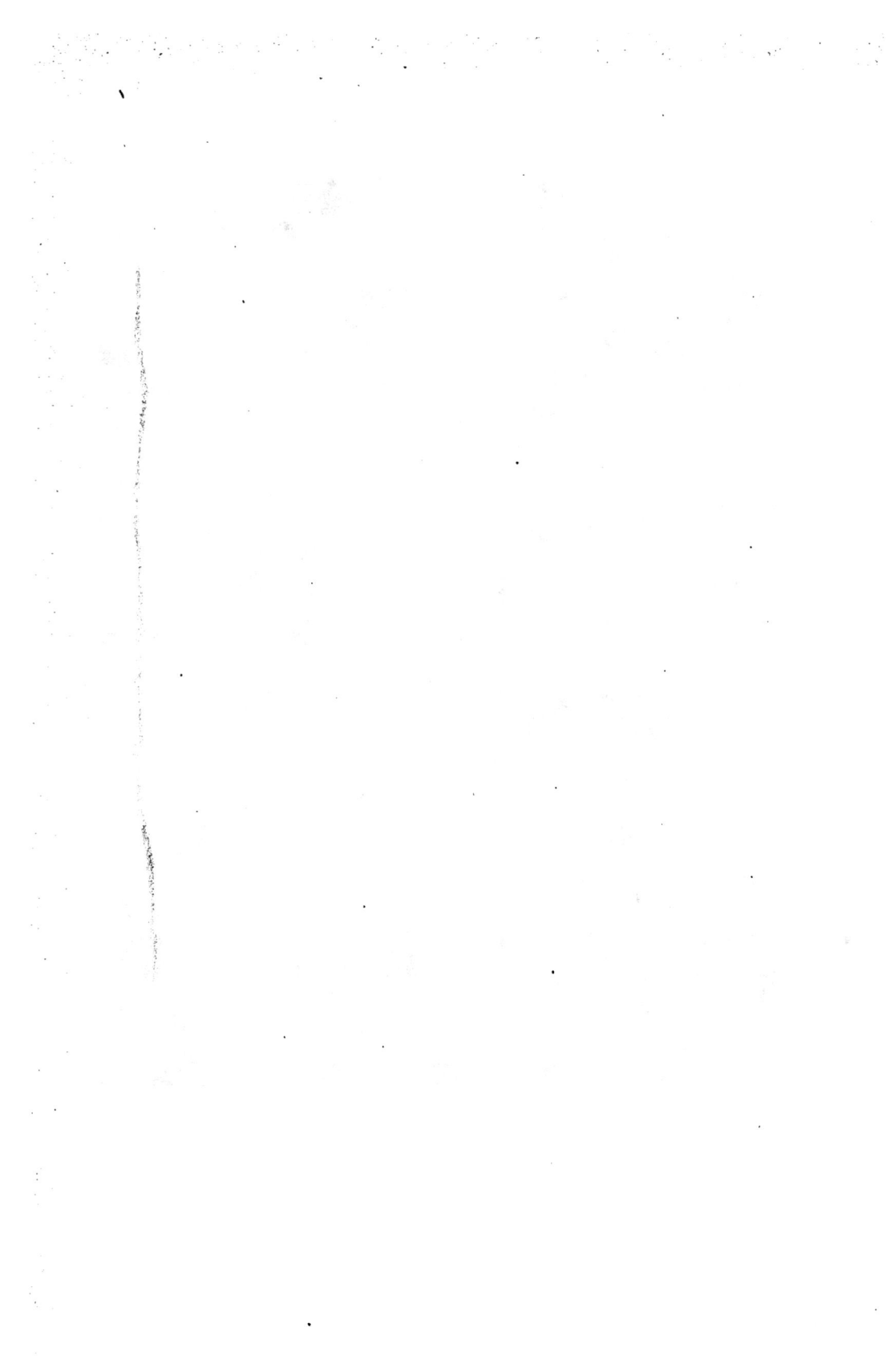

libertinage et le scepticisme des philosophes, a tout emporté à la fois, les justes et les coupables, et il en sera toujours ainsi, ici-bas, car, pour le relèvement des nations les réparations ou même le sang des coupables ne suffisent pas à la Justice divine qui, sait donner aux innocents le courage surhumain du sacrifice résigné ou du martyre, d'ailleurs largement récompensés dans l'éternité. *L'illustre Abbaye de Saint-Bertin, après douze siècles d'existence*, voit tout à coup s'éteindre la glorieuse lignée de ses quatre-vingt-trois Abbés dont le gouvernement rappelle, nous venons de le voir, tant de bienfaits et de mémorables souvenirs pour la Ville de Saint-Omer.

De l'année de sa fondation, en 628, jusqu'à l'année de sa fermeture, en 1791, l'Abbaye compta 1298 religieux bénédictins.

Le collège des Jésuites anglais que nous avons laissé, en pleine prospérité, au XVIIe siècle, eut à subir un nouveau désastre matériel, en 1726. Le 4 octobre, *un vaste incendie* réduisit, en effet, en cendres, tous les nouveaux bâtiments reconstruits, en 1684, sauf la chapelle et l'infirmerie. Il n'y eut heureusement aucun accident de personnes et, deux ans après, *Richard Plowden*, le 22e recteur, d'une ténacité et d'une résignation d'âme remarquables, avait réédifié complètement le Collège sur le plan monumental que nous admirons encore, au XXe siècle, à l'Hôpital militaire, rue Saint-Bertin.

En 1752, le *Parlement de Paris* voulut s'emparer du Collège anglais, mais l'opposition énergique du Père Darrel arrêta cette prétention injustifiable. — En 1760, *Louis XV* accorda à l'établissement le titre de « *Collège royal* » que les Jésuites français n'avaient pas réussi à obtenir pour leur propre collège. Malgré cela, les Jésuites anglais durent s'incliner devant l'arrêt du Parlement du

Le Collège anglais
devient
« Collège royal ».

6 août 1762, et prendre, eux aussi, le chemin de l'exil.

La Municipalité de Saint-Omer, reconnaissante de tous les services que ces éminents religieux, ainsi que leurs collègues les Jésuites Wallons, avaient rendu à la Ville, leur délivra *un certificat* constatant qu'ils étaient restés étrangers aux intrigues dont on les accusait, et s'étaient renfermés, exclusivement, dans leur rôle d'éducateurs de la jeunesse qu'ils avaient rempli, à la plus grande satisfaction de tous.

Le Rectorat d'Alban Butler et celui de Grégoire Stapleton.

Le Collège royal resta ouvert sous la direction de *l'Abbé Thomas Talbot*, auquel succéda bientôt, en 1763, le célèbre recteur *Alban Butler* qui, maintint la haute réputation traditionnelle de la maison. — Mgr de Montlouet, évêque de Saint-Omer, nomma vicaire général le nouveau recteur qui, émule du savant Mabillon, rendit également de grands services à l'Abbaye de Saint-Bertin dont il étudia, avec soin, les chartes primitives.

O'Connel au Collège anglais.

Signalons, enfin, le nom du recteur *Grégoire Stapleton* qui eut pour élève *l'illustre O'Connell*, l'infatigable défenseur et libérateur de l'Irlande. Ce dernier passa, au Collège de Saint-Omer, les années 1791 et 1792. (On trouvera dans la brochure, publiée en 1867, par M. le baron Louis Cavrois, un résumé de la vie de l'incomparable « *leader* » irlandais qui, après s'être vaillamment dépensé, toute sa vie, pour reconquérir la liberté de sa patrie, a laissé, comme testament, ces courtes et profondes paroles « *Mon âme au ciel ! mon corps à l'Irlande, mon cœur à Rome* ».)

Fin du Collège et sa transformation en Hôpital militaire.

La Révolution de 1793, ferma définitivement *le Collège royal anglais* qui, s'établit en Angleterre, avec le recteur Stapleton, au Collège de Saint-Edmond, à *Ware* (comté d'Hartford), où le souvenir de la maison de Saint-Omer reste encore vivant, au xxe siècle. *Grégoire Stapleton* fut ensuite nommé évêque « *in partibus* » de Hiéro-Césarée, et revint mourir à Saint-Omer en 1802. Il fut enterré au cimetière de Saint-Martin-au-Laërt. — *Les archives si précieuses du Collège royal* ont, malheureusement, été détruites par les fanatiques administrateurs de *Morin-la-Montagne*, nom donné à la ville de Saint-Omer, sous le régime de la Terreur. — Quant aux bâtiments du Collège, ils furent transformés en un *hôpital militaire provisoire*, le 8 septembre 1793, à la suite de la bataille d'*Hondschoote*. L'hôpital prit le nom d' « *Hospice de l'humanité* », le 3 mai 1796, et Bonaparte le transforma définitivement, en 1803, en *hôpital militaire*, où cinq cents malades peuvent être, au besoin, hospitalisés. — L'église dont nous avons parlé au xviiᵉ siècle, ayant façade sur la rue Saint-Bertin, à l'endroit de l'arsenal actuel, tomba sous la pioche des démolisseurs en 1804. — Le 12 juillet 1826, *un dernier incendie* se déclara dans le bâtiment principal et, dévora le gracieux campanile qui en décorait le centre et qui n'a pas été remplacé depuis. En 1723, la Municipalité avait voté une somme de 500 livres pour augmenter la sonorité du timbre de l'horloge qui occupait le campanile, construit par les Pères Jésuites. — Enfin, le 30 mars 1834, une ordonnance royale faisait rentrer l'hôpital militaire dans le domaine de l'Etat, moyennant la somme de 250.000 frs versés aux prêtres anglais, restés jusque-là propriétaires de l'immeuble et alors expropriés pour cause d'utilité publique. Un dernier détail, *la chapelle actuelle* de l'hôpital militaire, fut établie le 8 décembre 1841, dans la salle de rhétorique de l'ancien collège, jadis sanctuaire de l'art oratoire, dont les leçons avaient si bien profité au vaillant et incomparable *O'Connell*.

C'est sur le territoire de la paroisse Sainte-Marguerite,

Etablissement
des Frères
des
Écoles chrétiennes
en 1719,
à Sainte-Marguerite.

dans une maison bâtie sur une partie du cimetière de cette paroisse, que *le Frère Barthélemy*, premier supérieur général des Frères des Ecoles chrétiennes vint établir, en 1719, quatre de ses religieux, *les Frères Bernardin, Clément, Hyacinthe* et *Zozime*. La population fit un chaleureux accueil à ces éducateurs modèles qui, pendant près de deux siècles, furent chargés de l'enseignement de la jeunesse ouvrière à Saint-Omer. Aux deux premières écoles, l'une à Sainte-Marguerite et l'autre dans le cloître de la cathédrale, sous la salle capitulaire, portant le nom d'école de Sainte-Aldegonde, l'on dut bientôt ajouter une troisième école de Frères, sur la paroisse du Saint-Sépulcre. Les Frères comptaient déjà *600 élèves,* en 1725, et les Evêques de Saint-Omer, de concert avec la Municipalité, encouragèrent toujours les fils dévoués de Saint Jean Baptiste de la Salle dans leur admirable mission, toute gratuite, auprès des enfants du peuple. Bientôt les Frères construisirent également un pensionnat payant, pour les jeunes gens de la classe aisée de la ville et des environs. En 1765, un incendie ayant détruit cette maison, maîtres et élèves trouvèrent un refuge provisoire au Collège anglais, rue Saint-Bertin.

Le pensionnat et l'école des Frères de Sainte-Marguerite

Les Frères
grands bienfaiteurs
de
la classe ouvrière.

bientôt reconstruits, retrouvèrent, sans tarder, une nouvelle prospérité. Leurs services appréciés de tous, et leur popularité universelle ne devaient pas sauver cependant les Frères, du naufrage révolutionnaire. Comme le fait justement remarquer *Monsieur le chanoine Bled,* dans sa brochure publiée en 1906 sur « *les Frères des Ecoles chrétiennes* », la même haine de l'Eglise et de Dieu qui inspire, au xxe siècle, les promoteurs des lois proscriptives et sectaires contre l'enseignement congré-

ganiste, animait, il y a plus de cent ans, les grands
ancêtres dans leurs lois iniques de confiscations, d'exil
et de mort. Comme les prêtres et les autres religieux,
les Frères refusèrent de prêter le serment schismatique
et durent quitter leurs écoles. *Ils étaient dix-sept* au moment de leur départ pour l'exil, en 1792. Cet exil devait
durer douze ans, au plus grand détriment de la jeunesse
audomaroise. La maison des Frères de Sainte-Marguerite resta propriété communale.

Les derniers curés de la paroisse Sainte-Marguerite
furent MM. Roty, Isaert et Sockeel. — Le 10 août 1790,
les Administrateurs du district procédèrent à l'inventaire de la maison des Sœurs de Sainte-Marguerite. A la
fermeture de cette communauté paroissiale, les religieuses étaient au nombre de vingt-trois. — Nous signalerons parmi les dernières sépultures de l'église Sainte-
Marguerite, avant sa démolition, celle de *Jacqueline-
Isabelle Robins* (1732), de *Guillaume de Boyaval*, écuyer
du roi et capitaine, son époux (1720) et de leur fille
Anne-Françoise de Boyaval (1757), veuve d'*Henry Tellier*,
échevin (1736). — La Ville de Saint-Omer a élevé, en
1884, sur la place du Vinquai, une statue de bronze,
œuvre d'Edouard Lormier, à *Jacqueline Robins*, ardente
royaliste qui, rendit de grands services pour le ravi-
taillement de la ville, alors qu'elle était chargée de
l'entreprise des barques allant de Saint-Omer à Watten-
dam et à Dunkerque. — Signalons encore les épitaphes
de *Jacques-Joseph* et de *Hermant-Joseph Tahon* (1749 et
1785), fils du peintre audomarois *Pierre-Louis Tahon*
enterré, lui-même, en 1727, dans l'église Saint-Jean-
Baptiste — et celles de *Jacques Liot d'Eglegatte* (1703),
de *Marie-Françoise* et *Marie-Angeline Liot d'Eglegatte*
(1737 et 1740), et, enfin, *Louis-François Liot*, marquis

Derniers souvenirs
des
trois paroisses
de
Sainte-Marguerite,
de
Saint-Jean-Baptiste,
et de
St-Martin-en-l'Ile.

d'Eglegatte (1764), époux de *Rosalie des Lyons* de *Fonte-nelle* (1778), tous inhumés dans leur caveau de famille de la chapelle *Sainte-Croix*. Le dernier curé de Sainte-Marguerite, M. *Sockeel*, mourut, au Haut-Pont, en 1807, après avoir rempli les fonctions de vicaire général. La Révolution rasa complètement son église paroissiale dont nous avons reproduit une gravure dans ce volume, d'après le plan, en relief, de la ville de Saint-Omer, moulé par les ingénieurs du roi, à la fin du xviiie siècle et, présentement, encore exposé dans les combles de l'Hôtel des Invalides, à Paris. On reconnaîtra que la véritable place de ce plan est au musée de Saint-Omer, puisse la Municipalité obtenir, bientôt, son retour dans son vrai milieu.

Dans l'église Saint-Jean-Baptiste, également disparue sous la pioche des vandales révolutionnaires, on relevait, au xviiie siècle, au chœur, les tombes de *Philippe de Beaufort, seigneur de Mondicourt,* et de *Marie Quæ-tionck* (1706), celles de *François-Louis* (1731) et *Charles-Antoine de Beaufort* (1743), et de *Isabelle-Dorothée,* leur sœur (1749) — la pierre sépulcrale de *Marie de Vulder,* dame de Salperwick (1744) — devant la table sainte, la pierre tombale des trois sœurs, *Madeleine, Dorothée* et *Lucie de Fiennes,* filles de *Guislain de Fiennes,* vicomte de Fruges — l'épitaphe d'*Antoine de Poucques,* ex-capitaine de dragons au régiment d'Artois (1712), de *Marie Duchasteau,* dame de la Vallonie, son épouse (1740), et de *Robert Duchasteau,* chevalier, frère de cette dernière (1712) ; l'épitaphe de *Philippe de Vitry,* seigneur de Malfiance (1757), de *Louise-Marie de Poucques,* dame de Beaurietz (1768) et de leurs enfants — la pierre tombale de *Nicolas Van der Woestine* (1704) et de *Marie de Vissery,* son épouse (1719), dont trois enfants furent appelés à l'honneur du sacerdoce, l'un à la collégiale d'Hesdin, l'autre au couvent des Capucins, le troisième à l'abbaye de Saint-Bertin dont il fut le régent — enfin, devant l'autel de l'Ange gardien, on remarquait la pierre bleue de dame *Béatrix de Bersacques* (1732), épouse d'*Alexandre de Guernonval*, ancien mayeur de Saint-Omer, et celle de *Marie-Joachime*, leur fille (1711). — Les derniers pasteurs de Saint-Jean-Baptiste furent MM. *Cuvelier, Morage, Hurache* et *Mullet*.

L'église Saint-Martin-en-l'Ile subit le même sort que celles de Saint-Jean-Baptiste et de Sainte-Marguerite. Ses derniers curés furent MM. *Florent, Sockeel* et *Delerue,* celui-ci fut, jusqu'au bout, le vaillant défenseur des droits de sa paroisse devant les administrateurs du district. — La confrérie du Saint-Viatique de Saint-Martin-en-l'Ile fut, après la Révolution, transportée dans la paroisse *Sainte-Elisabeth du Haut-Pont*. La vente des orgues de Saint-Martin produisit 275 livres, celles de Sainte-Marguerite furent acquises pour 350 livres et celles de Saint-Jean-Baptiste pour 108 livres.

Comme l'Abbaye de Saint-Bertin, dont les splendeurs elles-mêmes ne trouvèrent point grâce devant le fanatisme idiot du vandalisme révolutionnaire, les trois paroisses de Sainte-Marguerite, de Saint-Jean-Baptiste et de Saint-Martin-en-l'Ile disparurent donc, avec la fin du XVIIIᵉ siècle. Le nom de *Sainte-Marguerite* a été donné à la place moderne, plantée de tilleuls, dont elle occupait jadis le centre, celui de *Saint-Jean* a été conservé au terrain où fut construite, au XIXᵉ siècle, la Salle des Concerts ; quant au souvenir de *l'église Saint-Martin*, il se retrouve seulement dans la rue « *Saint-Martin* », au faubourg de Lysel, rue fréquentée, autrefois, par ses paroissiens. Son ancien emplacement ne laisse plus aux

Leur territoire est définitivement attribué à la paroisse Saint-Denis, en 1802.

regards du passant, que l'inesthétique perspective des
cloches géantes de la moderne usine à gaz, doublement
disgracieuses au pied de notre incomparable *Tour
Saint-Bertin*. *Le Clergé constitutionnel* essaya bien de
créer une nouvelle paroisse avec l'église de l'Abbaye de
Saint-Bertin, pour remplacer les trois sanctuaires disparus, mais nous avons vu plus haut, que les destinées
de cette paroisse furent bien éphémères, et qu'elle ne
réserva que des déboires au curé constitutionnel *Michaud*. — *Le rétablissement du culte catholique par le*
«*Concordat*»attribua, définitivement, *à la paroisse Saint-
Denis*, les territoires des anciennes paroisses de Saint-
Jean-Baptiste et de Saint-Martin *(intrà muros)* et lui
laissa partager, avec la paroisse du Saint-Sépulcre, celui
de *Sainte-Marguerite*. Nos concitoyens nous sauront gré,
nous en avons la confiance, d'avoir remis au jour, une
partie de l'histoire de leur antique cité, si intéressante
et cependant, jusqu'ici, presque complètement ignorée.

CHAPITRE XVI

Le 23 janvier 1791, la Municipalité audomaroise, ayant convoqué tous les prêtres de la ville, au nom du Gouvernement révolutionnaire, pour leur faire prêter, solennellement, le serment schismatique dans l'église de Sainte-Aldegonde, aucun membre du clergé paroissial ne se rendit au rendez-vous officiel. Nous aimons à transmettre, ici, à la postérité, les noms des vaillants ecclésiastiques qui surent sacrifier généreusement leur situation, afin de rester fidèles à la foi catholique dont ils avaient à défendre l'intégrité devant les fidèles de leurs quatre paroisses. Le curé de Saint-Denis était alors M. *Rose*, ses vicaires MM. *Séguier* et *Aclocq*, le prêtre habitué M. *Annocque* — à Sainte-Marguerite, M. *Sockeel* était curé avec MM. *Degrave* et *Dufour* comme vicaires, et trois prêtres habitués, MM. *Soinne, Verbrecque* et *Warenghenghe* — le curé de Saint-Jean-Baptiste, M. *Mullet*, avait pour vicaire M. *Crépy* et M. *Guermont*, comme prêtre habitué — enfin, la cure de Saint-Martin était entre les mains de M. *Delerue*, aidé par M. *Delangle*, son vicaire. Tous ces prêtres, véritables pasteurs des âmes,

11

signèrent une déclaration collective, avec le reste du clergé audomarois, pour protester contre la « *Constitution civile du clergé* », comme attentatoire à la liberté imprescriptible de la Sainte Eglise Catholique, Apostolique et Romaine.

Il est remplacé par un Clergé constitutionnel.

L'inévitable conséquence fut la nomination par la Municipalité elle-même, de deux Pères Carmes assermentés et renégats, à la cure de Sainte-Marguerite et de deux Pères Récollets, également apostats, à chacune des cures de Saint-Denis, de Saint-Jean-Baptiste et de Saint-Martin. — Le 26 mars 1791, l'*Abbé Porion*, ancien curé de Saint-Nicolas-sur-les-Fossés, à Arras, évêque intrus et constitutionnel, fut sacré par *Talleyrand*, à Paris, et envoyé en résidence à Saint-Omer, comme évêque du Pas-de-Calais. Ce fut Porion qui divisa la ville de Saint-Omer en quatre paroisses, la *Cathédrale, Saint-Denis, Saint-Sépulcre* et *Saint-Bertin*, avec l'église *Sainte-Elisabeth* des faubourgs comme succursale, et c'est à cette occasion que M. *Séguier* fut nommé curé de Saint-Denis, pendant que l'Abbé Michaud, curé de Bomy, était chargé de la nouvelle **paroisse Saint-Bertin**, dont nous avons rappelé, plus haut, la durée éphémère. Quant aux **églises** paroissiales de Sainte-Marguerite, de **Saint-Jean-Baptiste** et de Saint-Martin, elles ne devaient pas tarder à tomber sous la pioche barbare et sacrilège des démolisseurs et à avoir leur mobilier pillé et vendu à l'encan. Les chapelles des communautés religieuses d'hommes et de femmes furent également fermées en 1791. Nous n'aurons plus donc, désormais, à suivre, dans ce volume, que les destinées de la seule paroisse Saint-Denis, jusqu'au XXe siècle.

Au milieu de ces pénibles circonstances, *Mgr de Bruyères Chalabre*, le dernier évêque légitime de Saint-

Omer, réfugié à Milan, en Italie, écrivit le 1er février 1791, une lettre pour dénoncer l'*élection de l'Abbé Porion* comme irrégulière et scandaleuse et tracer le devoir de ses diocésains au milieu de la tourmente révolutionnaire. — Le départ des pasteurs légitimes pour l'exil fut, pour les vrais paroissiens de Saint-Denis, le *signal* de *la désertion des offices religieux*, et malgré les menaces et les moyens légaux qu'ils essayaient d'employer tour à tour, les prêtres intrus en furent pour leur peine. Les parents cessèrent de leur amener leurs enfants pour le baptème, les mourants refusèrent de recevoir les sacrements des mains du clergé schismatique et demandèrent à ne plus être enterrés par lui, même gratuitement. — Aussi, méprisé des fidèles, le clergé constitutionnel ne devait pas tarder à disparaître, à son tour, sous la poussée révolutionnaire. — En 1793, l'*évêque renégat Porion* eut le malheur de livrer, publiquement, ses lettres de prêtrise et de renoncer à son sacerdoce en contractant un coupable mariage et en devenant fournisseur des armées républicaines. Cette apostasie du Chef des prêtres *jureurs*, entraîna la défection d'un grand nombre d'ecclésiastiques constitutionnels et les églises furent définitivement fermées au culte en 1793. Nous voyons Porion reparaître dans *les fêtes civiles, dites décadaires*, qui eurent lieu, en 1797 et 1798, à la Cathédrale et à Saint-Denis, églises devenues, tour à tour, *temple de la loi*. Ce triste personnage alla ensuite cacher sa honte à Paris où il vécut encore jusqu'en 1830. Espérons que Dieu lui a accordé, à l'heure de la mort, la grâce d'un repentir sincère et expiateur.

On pourra lire dans notre « Histoire de la paroisse du Saint-Sépulcre », page 39, *les odieuses saturnales* qui profanèrent cette église, en 1793 et 1794, alors qu'elle

L'avilissement du culte sous l'évêque renégat Porion.

était devenue,- successivement, le temple de la « *déesse Raison* », celui de la « *Nature* » et enfin de l' « *Être suprême* ».

Destinées
de
l'Eglise Saint-Denis
et
de son mobilier
pendant
la « Révolution ».

L'église Saint-Denis échappa heureusement à ces profanations sacrilèges dont elle fut préservée, grâce à sa transformation provisoire en *hôpital militaire*, à la suite de la bataille d'Hondschoote, puis en magasin au bois. De son côté, l'église cathédrale servait, à la même époque, de magasin d'effets de campement, et aux fourrages pour les armées du Nord. Cette destination lui valut, aussi, d'éviter quantité de mutilations qui eussent été à jamais funestes aux nombreux monuments si remarquables de son mobilier, qui font encore aujourd'hui, sa parure et son honneur.

La *Société populaire de « Morin-la-Montagne »*, nom donné par les Jacobins à la ville de Saint-Omer, pendant la « *Terreur* », essaya bien, le 22 octobre 1794, de transporter à l'église Saint-Denis le culte de l' « Être suprême », mais le projet n'aboutit pas. — En 1792, nous trouvons dans un compte du 20 octobre, le détail des objets d'argenterie, provenant de Saint-Denis, qui furent vendus, publiquement, à l'hôtel de Sandelin, sous la présidence des démagogues Coffin et Caron. On y remarquait, le *buste de Saint Denis*, enrichi de rubis et de perles, pesant 14 marcs — *6 chandeliers* d'argent, 52 marcs, — *une lampe* et ses chaînes, 21 marcs, — *un encensoir*, 9 marcs, — *une vierge d'argent* à figure d'émail, 8 marcs, — *une statue de la Vierge-mère*, 24 marcs, — *une figurine de saint Denis*, 1 marc. Le 12 juillet 1799, le buffet d'orgues, décrit plus haut, fut compris dans le mobilier national et fut ainsi préservé de la vente à l'encan. Déjà en mars et en juin 1797, un grand nombre d'Audomarois avaient adressé une supplique au Gou-

vernement, pour obtenir le rétablissement du culte
catholique, mais ce n'est qu'en 1800 que leur vœu fut
exaucé et c'est l'église Saint-Denis qui, le 13 juillet de
cette même année, fut la première rouverte au culte
légitime. Pendant ce temps, les églises de Notre-Dame
et du Saint-Sépulcre, restaient encore à la disposition
du clergé constitutionnel ayant à sa tête l'évêque Asselin, curé du Saint-Sépulcre qui, démissionna en 1802 et
envoya, à cette occasion, *un acte* de filiale soumission,
au Souverain Pontife Pie VII, lors du « *Concordat* »
conclu avec Bonaparte.

.Pendant la période néfaste de la « *Terreur* », le culte
catholique fut obligé de se cacher, comme le Christianisme naissant, à l'époque des « *catacombes* », mais
durant les mauvais jours, le zèle du clergé pour continuer à procurer aux nombreux Audomarois restés fidèles
à leur foi, les secours de la religion, ne se ralentit pas
un instant. Après le départ du clergé de Saint-Denis
pour l'exil, un certain nombre de prêtres demeurés
cachés en ville ou qui y revenaient de temps en temps,
se chargèrent de l'administration des sacrements, même
au péril de leur vie. — Tous ces prêtres séculiers ou
religieux, avaient soin de remettre aux familles, des
certificats témoignant qu'ils exerçaient leur saint ministère en communion avec la sainte Eglise Catholique,
Apostolique et Romaine. Ils tenaient en effet leurs
pouvoirs, très étendus en raison des circonstances, de
Mgr *de Bruyères Chalabre,* en exil à Milan, puis à Bar-
celone, ou des vicaires généraux, M. *d'Aumale,* ancien
doyen du Chapitre et M. le chanoine *Rollet,* désignés
par lui. A la mort de Mgr *de Bruyères Chalabre,* le
22 novembre 1796, les trois nouveaux vicaires généraux
élus par Rome, MM. *Sockeel,* ancien curé de Sainte-

Dévoûment
du Clergé
sous la « Terreur ».

Marguerite, *Vandorne*, curé de Morbecque, et *Dodin*,
curé de Robecq, confirmèrent les nombreux pouvoirs
des prêtres fidèles et leur tracèrent la ligne de conduite
à suivre à l'égard des prêtres intrus et assermentés,
désireux de se réconcilier avec l'Eglise leur mère, qu'ils
avaient lâchement abandonnée pendant la période révolutionnaire. Ils réclamèrent également des prières pour
l'évêque défunt et l'offrande du Saint-Sacrifice de la
Messe, pour la fin du schisme en France. Toute solennité religieuse devait rester interdite jusqu'au moment
où le Gouvernement républicain serait venu à résipis-
cence, en reconnaissant de nouveau, officiellement, le
culte catholique et ses traditions séculaires.

Réouverture officielle de l'église paroissiale.

L'église de Saint-Denis, à la fois magasin de fagots et
temple de la loi, en 1797, rouverte officiellement au
culte catholique, en juillet 1800, eut encore à traverser
une période difficile qui ne prit fin qu'avec le « *Concordat* » de 1801. En effet, la Municipalité ayant autorisé le
clergé constitutionnel schismatique à partager la jouis-
sance de l'église avec le clergé resté fidèle à l'intégrité
de sa foi, on comprend que *les deux clergés* défendant
leurs droits respectifs eurent beaucoup de peine à s'entendre pour fixer, chacun de leur côté, leurs heures
réservées aux messes et aux catéchismes.

La statue séculaire de N.-D. des Miracles est installée à Saint-Denis de 1799 - 1803.

Une grande consolation devait cependant être réservée
à la paroisse Saint-Denis, au milieu de cette époque
troublée, ce fut celle de posséder pendant quelque temps
la statue vénérée de Notre-Dame des Miracles. Cette dernière, que l'on continua à honorer à la cathédrale,
même en 1793, fut ensuite cachée dans les combles
pendant les plus mauvais jours. En 1797, le clergé
constitutionnel installé à Saint-Denis, fit une première
démarche par l'organe du chanoine renégat Royer et de

Pierre Roland, pour obtenir la translation de la « *Madone miraculeuse* » dans cette église, mais le transfert n'eut lieu qu'en 1799 et cela, malgré les instantes réclamations des paroissiens du Saint-Sépulcre, qui voulaient, eux aussi, posséder la statue dans leur église, devenue alors la cathédrale schismatique avec l'évêque Asselin. — A cette occasion, l'église fut complètement nettoyée et appropriée et les paroissiens mirent tous leurs soins à préparer à leur Vierge bien-aimée un autel digne d'elle, et à reconstituer la garde-robe de Notre-Dame et de l'Enfant-Jésus, alors habillés selon l'usage du temps et la coutume espagnole. La paroisse de Saint-Denis aurait bien voulu toujours conserver son trésor, mais après la signature du Concordat, en 1802, Mgr de La Tour d'Auvergne, de concert avec les administrateurs des deux paroisses Notre-Dame et Saint-Denis, décida le retour de la statue dans l'ancienne cathédrale et, pour éviter toute protestation publique, la Vierge des miracles fut clandestinement ramenée dans son sanctuaire, à l'heure du repas de midi. Elle y fut replacée, le 3 mars 1803, sur l'antique autel provenant de la chapelle de la Grand'Place, que Mgr Blasœus avait fait construire pour elle, au début du xviie siècle. Depuis 1875, la précieuse statue, honorée par toutes les générations audomaroises depuis le xiiie siècle, domine le nouvel autel du transept droit, en attendant qu'elle reprenne sa véritable place, dans la chapelle absidale, au nom des principes de l'archéologie et de la sainte liturgie. La Municipalité avait même menacé la paroisse Saint-Denis de lui enlever son titre de succursale si, elle ne restituait pas la statue.

CHAPITRE XVII

La Paroisse Saint-Denis, sous le pastorat de M. le chanoine Ferdinand Ducrocq, de 1802 à 1825. — L'ancien et monumental « rétable » des Dominicains est placé au fond du chœur. — Description du sanctuaire. — Les tableaux provenant de l'Abbaye de Saint-Bertin, des Dominicains et des Récollets. — La chapelle de Notre-Dame du Rosaire et son mobilier. — A quand le retour du « tableau bertinien » exilé à Blaringhem (Nord). — Grande influence des religieuses Ursulines, sur la Paroisse Saint-Denis, au xixᵉ siècle. — Leur exil provisoire à Tournai, en Belgique, en 1907.

La Paroisse
Saint-Denis
sous le pastorat
de M. le chanoine
Ducrocq
de 1802 à 1825.

C'est le 6 juin 1802, *le jour de la Pentecôte*, que le culte catholique fut définitivement et solennellement restauré à Saint-Omer et qu'un « *Veni Creator* » d'inauguration fut chanté, à cette occasion, à la paroisse Notre-Dame, par *M. le vicaire général Sockeel*. Le 24 du même mois, M. l'Abbé Delerue, ancien curé de Saint-Martin-en-l'Ile, était établi desservant provisoire de Saint-Denis avec M. *Séguier* comme vicaire. Ce dernier, qui avait fait cause commune avec l'évêque constitutionnel Asselin, remplit également les fonctions de desservant pendant quelque temps et eut pour successeur M. *Ferdinand Ducrocq* qui dirigea sagement la paroisse Saint-Denis jusqu'en 1825, époque où il fut lui-même transféré à la paroisse Saint-Sépulcre avec le titre de « *doyen* ». — Récemment reconstruite, comme nous l'avons exposé plus haut, solide, dotée d'une tour précieuse au guet, et d'une cloche servant aux sonneries civiles, *l'église de*

La Tour Saint-Bertin
XVme siècle

Saint-Denis avait obtenu grâce devant les vandales révolutionnaires. Elle eut beaucoup à souffrir d'un *terrible
ouragan* le 9 novembre 1800, et servit d'abri pendant
quelque temps, en 1804, à un parc d'artillerie, d'après
les ordres de *Bonaparte*. — Ayant perdu son titre de
succursale le 4 octobre 1808, elle resta simple annexe de
la paroisse Notre-Dame jusqu'au 29 décembre 1809 où,
d'après le vœu général des habitants, elle redevint *succursale*. Enfin, en 1826, renfermant une population de
5.000 âmes, elle obtint, définitivement, le titre de *cure
de deuxième classe*, qu'elle possède encore, au xxᵉ siècle.
L'église Saint-Denis mesure près de 60 mètres de longueur, sa nef principale a 16 mètres de hauteur et
11 mètres 50 centimètres de largeur, les nefs latérales
mesurent 4 mètres 30 centimètres et le sommet de sa
remarquable *tour gothique* atteint 37 mètres. Elle
possède *trois portails,* celui qui se trouve sous la tour,
a été, nous l'avons dit plus haut, augmenté d'un porche,
en 1742, les deux autres, portent dans leur tympan, orné
de feuillage, l'un au nord, le monogramme (IHS), l'autre
au sud, les attributs du sacerdoce.

Au sortir de la néfaste période révolutionnaire, *M. le
Curé Ducrocq* travailla avec zèle à la reconstitution du
mobilier de son église. Une de ses premières acquisi-
tions fut celle de *la boiserie monumentale* qui domine
encore, aujourd'hui, le fond du chœur, et provenait de
l'ancienne chapelle des *Dominicains*. Fait vraiment
providentiel, les dimensions du chœur de cette chapelle
coïncidaient, parfaitement, avec celles du chœur de
l'église de Saint-Denis, auquel la boiserie s'adapta sans
difficulté. *De style grec,* ce fond de menuiserie très bien
ouvragé et sculpté d'ornements blanc et or, forme un
immense baldaquin au sommet et au centre duquel

L'ancien
et monumental
« rétable »
des Dominicains
est placé
au fond du chœur.

président Dieu le Père, et Jésus-Christ rédempteur, portant sa croix, unis par la céleste colombe, image évangélique du Saint-Esprit. *Les colonnes corinthiennes* qui le soutiennent et, les panneaux qui en occupent la base, avec les médaillons des quatre évangélistes et les attributs eucharistiques, constituent un ensemble tout à fait imposant ; enfin, *les draperies du baldaquin* développées, de chaque côté, par des chérubins aux ailes d'or, produisent un très gracieux effet.

Description du sanctuaire. Malgré tout, nous ne pouvons nous empêcher de regretter la disparition, derrière ce rétable géant, des *jolies fenêtres gothiques du xıvᵉ siècle,* du fond du chœur, que leurs quatre sœurs éclairant encore le sanctuaire, semblent toujours appeler pour l'harmonie de l'ensemble architectural. On voit au bas de chacune de ces fenêtres, deux piédestaux qui supportaient, jadis, différentes statues, animant l'ensemble. De nos jours, on remarque, au bas des fenêtres en plein cintre du rétable, quatre bustes en bois doré, qui ne sont pas sans valeur artistique et représentent saint Augustin, saint Ambroise, saint Grégoire et saint Jérôme, les quatre illustres docteurs de l'Eglise latine. Au-dessus de la boiserie du chœur, on aperçoit aussi les bustes, également en bois, de saint Denis et de saint Bertin, ce dernier rappelant le modèle du célèbre buste de vermeil remontant à Guillaume Fillastre, au xvᵉ siècle, qui existait à l'Abbaye de Saint-Bertin et, enfin, le « *fac-simile* » de l'église abbatiale, telle qu'elle était dans sa splendeur au xvıııᵉ siècle, et celui de l'église paroissiale de Saint-Denis, alors que l'ouragan de 1705 n'avait pas encore abattu le clocher de sa remarquable tour du xıııᵉ siècle. Le tout est complété par une majestueuse statue, en bois doré, du saint évêque Denis, mitre en tête et crosse à

Les tableaux
provenant
de l'Abbaye
de Saint-Bertin,
des Dominicains
et
des Récollets.

la main, ornant le fond du sanctuaire auquel il préside.

C'est grâce à *Dom Joseph Poot,* ancien religieux de Saint-Bertin, décédé en 1831, chanoine d'Arras, sur la paroisse Saint-Denis, que cette dernière possède un certain nombre d'épaves artistiques provenant du grand naufrage bertinien de 1791. Nous avons déjà parlé, plus haut, au siècle de leur origine, de la statue en marbre du Sauveur portant sa croix, du buste du saint abbé Bertin et du monument en faïence, de Guillaume Fillastre, ajoutons ici, *un tableau tout à fait remarquable du peintre Devie,* représentant *saint Benoît* et sa sœur *sainte Scholastique,* tous deux absorbés par les contemplations divines, pendant qu'au dehors un violent ouragan obtenu par les prières de la sainte, fait rage, empêchant ainsi son frère de la quitter et de rentrer à son monastère. Ce tableau, aujourd'hui dans le bas de la nef latérale gauche, provient de Saint-Bertin, de même que le morceau de sculpture, en albâtre, représentant à l'un des piliers de la grande nef, des cardinaux, des évêques et des abbés, processionnant avec leurs attributs. — Une plaque de marbre, faisant face à l'autel du Sacré-Cœur, rappelle encore, aujourd'hui, le souvenir du vénéré Dom Joseph Poot, uni à celui de *Dom Joscio d'Allesnes,* le dernier abbé de Saint-Bertin. *Citons également plusieurs tableaux anciens,* — *Jésus flagellé* — un « *Ecce homo* » — une *Sainte Madeleine* — un tableau de l'école flamande représentant le *Baptême de N.-S.,* dans la nef latérale gauche. — L'église Saint-Denis possède aussi plusieurs *souvenirs de la chapelle des Dominicains,* tout d'abord, un grand tableau placé en face de l'autel actuel de la Sainte-Vierge, rappelant la scène où *saint Dominique* reçut, des mains de la Reine du Ciel, son merveilleux instrument de régénération sociale, *le rosaire* — puis un tableau de *saint Louis Bertrand,* grand thaumaturge de la famille dominicaine, au milieu de la nef latérale gauche, avec le calice d'où s'échappe un serpent, attribut rappelant l'un de ses principaux miracles, et au bout de la même nef, un tableau de *saint Thomas d'Aquin,* l' « *Ange de l'Ecole* », en extase. Comme dernier souvenir dominicain, figure enfin, dans la nef latérale droite, un tableau de *sainte Catherine de Sienne,* avec une ancre et la barque symboliques qui, rappellent l'intervention efficace de cette âme d'élite pour décider le Souverain Pontife, alors exilé à Avignon, à rentrer par voie de mer, à Rome, la seule vraie capitale de l'univers catholique. — Les statues dorées, du xviiie siècle, de *saint Antoine de Padoue* et de *sainte Brigitte,* toutes deux placées dans des niches vitrées, et que la dévotion populaire entoure encore, au xxe siècle, d'une grande vénération, proviennent, probablement, *de la chapelle des Récollets,* ainsi que le tableau de *saint Antoine de Padoue,* en prières, et les deux statues en bois de l' « *Ecce homo* » et de la « *Mater dolorosa* »*,* présentement, dans le haut de la nef latérale gauche. Comme œuvre d'art conservée, du xviiie siècle, signalons enfin *le tabernacle du maître-autel* qui était, avant la Révolution, à la paroisse *Saint-Jean-Baptiste.* — Deux anges en bois doré, portant l'encensoir, se tiennent de chaque côté, pendant qu'au sommet de l'exposition deux autres petits anges soutiennent une couronne dorée sous laquelle on place l'ostensoir, au milieu d'une gloire composée de nuages et de deux anges adorateurs. Sur la porte du tabernacle, on a sculpté un calice avec les épis de blé et les grappes de raisin traditionnels.

C'est dans la chapelle actuelle du *Rosaire,* que fut

exposée à la vénération des paroissiens de Saint-Denis, de 1799 à 1803, l'antique statue de Notre-Dame des Miracles. Cette statue fut substituée au groupe de la Sainte-Famille qui existait, au-dessus de l'autel, avant la Révolution, et fut elle-même remplacée d'abord par une statue de Notre-Dame du Mont-Carmel provenant de l'ancienne chapelle des Carmes après avoir été honorée, un moment, à la cathédrale, et ensuite par la statue actuelle, en bois doré, en 1835. — La chapelle de Notre-Dame du Rosaire n'a subi, depuis cette époque, que des modifications de détail. Le groupe de la Sainte-Famille continue à y figurer à la voûte, la Sainte-Vierge est placée dans une gloire au-dessus de l'autel et est accostée de deux anges. La boiserie, de style grec, et datant d'avant la Révolution, est ornée de deux grandes peintures, l' « *Annonciation* » et le « *Mariage de la Sainte-Vierge* », dues à l'habile pinceau d'un artiste audomarois, M. *Auguste Deschamps de Pas*. On y voit, aussi, les statuettes de l'Enfant-Jésus, de Marie et de Joseph et d'une sainte martyre, ainsi que les médaillons de saint Pierre et de saint Paul, l'un, avec la croix renversée, l'autre, avec une épée, instruments respectifs de leur martyre. Le Bon Pasteur, un calice avec les attributs eucharistiques et deux anges adorateurs, dans l'attitude de la prière, composent l'ornementation du tabernacle où le Saint-Sacrement est ordinairement conservé. — Un confessionnal, aux colonnes torses, orné d'une colombe, symbole de l'Esprit-Saint, inspirateur du confesseur, complète le mobilier, avec une rangée de stalles, dans la boiserie desquelles ont été sculptés les quatre médaillons des Evangélistes et ceux de la Vierge et de l'Enfant-Jésus.

Il est à souhaiter que, dans un avenir prochain, cette

La chapelle de Notre-Dame du Rosaire et son mobilier.

À quand le retour
à Saint-Denis
du
« tableau bertinien »
exilé
à Blaringhem ?
(Nord).

même chapelle du Rosaire puisse posséder, en même temps que le tableau de la Confrérie provenant des Dominicains, une œuvre d'art également précieuse par les souvenirs qui s'y rattachent, et qui est encore, en 1912, la propriété de l'église de Blaringhem (Nord). Nous voulons parler d'un tableau du xviiie siècle qui était, avant la Révolution, au-dessus de l'autel élevé dans l'abside de l'église abbatiale de Saint-Bertin, à la mémoire d'un jeune novice nommé Joscio, fervent serviteur de Marie et favorisé, par cette dernière, du « miracle des roses », en 1163. Le culte de ce saint religieux était très suivi, chaque année, le 29 novembre à l'Abbaye, par la Communauté et les habitants de Saint-Omer. Le tableau en question, de grande dimension, et d'une bonne exécution, représente le Bienheureux novice miraculé, sur sa couche funèbre, au milieu du chœur, ayant à ses côtés, son Abbé et de nombreux Religieux entourant trois Evêques en chape rouge, venus tout exprès à Saint-Omer, pour la constatation officielle de la faveur extraordinaire, dont le pieux serviteur de la Reine du Ciel avait été l'objet. La paroisse de Saint-Denis, gardienne au xxe siècle, nous le dirons plus loin, des précieuses reliques du saint Abbé Bertin, rentrera bientôt, nous l'espérons, à titre d'ancienne paroisse de l'Abbaye, en possession de cette intéressante œuvre d'art qui, à tous égards, mérite une place d'honneur dans la cité audomaroise. Une autre peinture de l'Abbaye de Saint-Bertin, « *l'Adoration des bergers* », attribuée au « *Barsan* », se trouve également, en exil, à *Blaringhem*, et il ne tiendra qu'à la générosité des paroissiens de Saint-Denis, de voir les deux tableaux revenir dans leur vrai milieu historique.

C'est dans la maison de Notre-Dame du Jardin, qu'au

mois d'août 1803, *Mademoiselle Marie-Joseph Guillioto*, ancienne élève de cette communauté, avant la Révolution, puis religieuse Ursuline exilée en Belgique et en Allemagne, rétablit heureusement *le couvent des Ursulines*. Ces dernières établies régulièrement par *Mademoiselle Agnès de Mailly de Mametz*, en 1625, avec la protection de *Mgr Blasœus* et de la *Municipalité* rendirent les plus grands services, jusqu'à la Révolution, aux jeunes filles de Saint-Omer, comme institutrices et éducatrices, dans un florissant pensionnat et des classes gratuites. Leur pensionnat dont on trouvera l'histoire, dans notre volume sur la « *Paroisse Notre-Dame* », occupait un vaste emplacement donnant sur la rue des Conceptionnistes et sur le haut de la rue actuelle « Gambetta », longeant la rue du « Griffon » et comprenant *le nouveau patronage de saint Louis de Gonzague* ainsi que l' « *Ecole industrielle* », dirigée successivement par le cher Frère *Ebert*, des Écoles chrétiennes, et M. *l'Abbé Bar*.

Mademoiselle Guillioto, rentrée d'exil, le jour de l'Ascension, le 22 mai 1800, établit d'abord une école dans différents locaux provisoires, puis, entourée des anciennes Ursulines, *les Mères Saint-Paul, Saint-Pierre, Saint-Jean-Baptiste, Sainte-Dorothée, Sainte-Barbe, Sainte-Marguerite, Sainte-Austreberthe* et *Saint-Michel*, elle reprit, dans le local de Notre-Dame du Jardin et sous le nom de *Mère Sainte-Agnès*, la direction de la Communauté reconstituée, où une reprise d'habit générale eut lieu le 26 avril 1807. L'ancien curé de Sainte-Aldegonde M. *Revol*, M. l'Abbé *Macrez* et M. l'Abbé *Denissel*, plus tard vicaire général d'Arras, furent, avec M. l'Archiprêtre *Coyecque*, les premiers protecteurs de la Communauté renaissante. Les aumôniers des religieuses Ursulines ont été, au cours du XIXe siècle, MM. les Abbés *Denissel, Bourdon, Libersal, Boulan*,

Grande influence des religieuses Ursulines, sur la Paroisse Saint-Denis, au XIXe siècle.

Eloy, Mangot, Perche, François, Hermant, Wintrebert, Albert Depotter, Oudin et Ringard. Les supérieures qui ont succédé à *la vénérée Mère Sainte-Agnès* sont, les Mères *Sainte - Thérèse, Sainte - Publicie, Saint - Omer, Saint - François de Sales, des Anges, Saint -Louis,* de *l'Assomption, Saint-Bertin, Sainte-Ursule* et *Sainte-Agnès.*

Cette dernière, à l'instar de l'intrépide *Mère Sainte-Agnès,* en 1792, obligée de prendre la route de l'exil, en 1907, a présidé, jusqu'en 1909, à la fondation de l'*établissement modèle* que les filles de sainte Angèle et de sainte Ursule possèdent désormais, aux portes de *Tournai, en Belgique,* et c'est à *Mère Marie de Gonzague* qui lui a succédé, que reviendra, nous le demandons au Ciel, le bonheur de réintégrer sa chère communauté et l'élite de nos jeunes filles audomaroises dans la maison de Notre-Dame du Jardin, à laquelle tant de consolants souvenirs les rattachent toujours. En 1816, la *Communauté des Ursulines* fut reconnue par une ordonnance du Roi *Louis XVIII,* et la Commission des hospices céda définitivement le « *Jardin Notre-Dame* » aux religieuses, à la condition qu'elles entretiendraient, perpétuellement, deux classes gratuites pour les petites filles pauvres. Cette clause du contrat a été fidèlement remplie par ces excellentes maîtresses, pour le plus grand bien de la jeunesse ouvrière, jusqu'au moment de la laïcisation des écoles communales, dont nous parlerons plus loin. En 1826, *une ordonnance* du 26 juillet, rattacha la Communauté de Saint-Omer à celle des Ursulines d'Amiens. *Les supérieurs ecclésiastiques* des religieuses furent, à partir de 1807, MM. les chanoines *Coyecque, Deron, Bernard Ducrocq, Barnabé Dumetz, Bérault des Billiers, Portenart* et *Graux,* et les filles de sainte Angèle ont toujours progressé dans la ferveur, sous leur sage direction.

CHAPITRE XVIII

Dès 1801, le *Conseil municipal de Saint-Omer* s'était
occupé du rétablissement des anciennes écoles primaires, et, à l'unanimité, il exprima le désir de les
confier aux Frères des Ecoles chrétiennes, dont la population audomaroise avait si vivement regretté le départ,
en 1792. En 1804, *le Frère Lysimaque Patin* et quatre de
ses collègues reprirent donc leur mission d'instituteurs
populaires et, c'est *l'école Sainte-Marguerite* qui redevint,
comme avant la Révolution, leur premier centre d'action.
La chapelle de cette école fut rouverte au public, en 1808,
par décision de *Mgr de la Tour d'Auvergne*, évêque d'Arras,
et elle rendit de grands services aux pauvres du quartier, comme *chapelle de secours*, car les fidèles ont tou-

La Municipalité
selon le vœu général
des Audomarois,
rétablit les «Frères»,
à l'Ecole
de Sᵗᵉ-Marguerite.

12

jours protesté contre la disparition de la paroisse Sainte-
Marguerite, sous l'abominable pioche révolutionnaire.
En 1842, avec le concours des membres dévoués de la
Conférence de Saint-Vincent de Paul, fondée à cette
époque à Saint-Omer, les Frères établirent *quatre classes
du soir,* pour les jeunes apprentis dont l'instruction était
loin d'être complète, et ces classes d'adultes obtinrent
immédiatement le plus grand succès. *Les ouvriers audomarois* tinrent à prouver à leurs maîtres combien ils
appréciaient l'inaltérable dévoûment de leur apostolat
prolongé pendant des heures qu'ils avaient bien le droit
de consacrer à un légitime repos, après une journée
d'enseignement déjà fatigante. *La République de 1848* se
montra tout particulièrement bienveillante pour les fils
de Saint-Jean-Baptiste de la Salle et, les encouragea
dans leur noble mission si fructueuse pour les enfants
du peuple de Saint-Omer.

La Confrérie
du Saint-Viatique.

M. l'abbé Ferdinand Ducrocq, desservant de Saint-
Denis, transféra, en 1803, dans sa paroisse, la *Confrérie
du Saint-Viatique,* jadis établie dans la paroisse Saint-
Jean-Baptiste et dont toutes les indulgences furent de
nouveau confirmées, en 1845, par Rome et le cardinal
de la Tour d'Auvergne.

Les reliques
de saint Bertin
sont retrouvées.

C'est également par ses soins que fut érigée, en 1806,
la *Confrérie de Saint-Bertin* qui, devait durer jusqu'en
1870. Pendant que la paroisse de Notre-Dame rentrait
en possession du « Chef » vénérable de saint Omer, en
1803, la paroisse de Saint-Denis, de son côté, retrouvait,
en 1806, le précieux trésor des reliques du saint abbé
Bertin. En 1792, la châsse renfermant le corps du saint
et datant de 1237, ayant été mise aux enchères, fut
achetée par un Audomarois, *Célestin Leclercq,* demeu-
rant rue Saint-Bertin, qui la céda à la veuve *Coulon,* sa

voisine. C'est, chez cette dernière, que les ossements du saint avec leurs bandes, lettres et parchemins furent conservés dans un petit coffret pieusement paré et soigneusement cacheté. Le 10 décembre 1805, *une première reconnaissance des reliques* eut lieu, en la présence de M. l'archiprêtre Coyecque, assisté de MM. Lamy, Poot et Vantroyen, anciens religieux de l'Abbaye, et de Mᵉ Cadel, notaire. Dans le coffre scellé on trouva des ossements, de deux provenances, deux parchemins et une croix pectorale, en argent, avec l'indication en lettres capitales « *Sanctus Bertinus Abbas* ». Ces pieuses reliques se trouvaient sous le maître-autel de l'Abbaye, comme les anciens religieux en prêtèrent le serment. — Le premier parchemin indiquait que les ossements, d'abord trouvés dans un cercueil de plomb, sous le maître-autel, par saint Folquin, avaient été placés en 1052, avec la croix d'argent, dans un autre cercueil, puis déposés en 1237, dans une châsse précieuse, par Pierre, évêque d'Arras et plusieurs autres prélats. — Le second parchemin rappelait que le 10 août 1655, *Benoît de Béthune des Plancques*, 77ᵉ abbé de Saint-Bertin, avait ouvert la châsse pour donner quelques reliques à la Prévôté de Poperinghe, aux Bénédictins de cette ville et à d'autres églises. — L'acquéreur Leclercq témoigna que la châsse qu'il avait achetée était en bois, plaquée de cuivres et ornée de saints et d'anges. Trois médailles en cuivre y étaient jointes, et sur les parchemins, on voyait un sceau avec un évêque, mitre en tête, et un autre sceau avec figurine indéchiffrable. Le coffret fut alors de nouveau scellé et un procès-verbal signé par les témoins.

Le *24 mars 1806*, ce coffret fut de nouveau ouvert officiellement en présence de Mgr *de la Tour d'Auvergne*, et de ses vicaires généraux d'Arras et de Saint-Ömer, du chanoine *de Bertrandy*, de M. l'archiprêtre *Coyecque*, des anciens religieux bénédictins, *Cuvelier*, *Lamy*, *Poot*, *Vantroyen* et *Dufour*, du clergé et des marguilliers de Saint-Denis et des Administrateurs de la nouvelle Confrérie de Saint-Bertin. Deux vertèbres et deux métatarses furent, alors, mis à part par le chirurgien-major Descamps, pour être envoyés à l'évêché d'Arras. Enfin les ossements, enveloppés dans une étoffe de soie blanche et rouge, furent scellés de cinq sceaux avec un ruban aux armes de l'évêque d'Arras, qui plaça le tout dans un nouveau coffre avec le double du procès-verbal, signé par toutes les personnalités présentes. — Une procession solennelle, qui se déroula depuis la maison de la veuve Coulon, rue Saint-Bertin, jusqu'à la paroisse, l'exposition des reliques au milieu du chœur de l'église Saint-Denis, une messe et un salut solennel, avec prédication par M. l'abbé Delattre, vicaire, complétèrent cette mémorable journée. C'est donc sous l'autel latéral de gauche que reposent, désormais, les reliques de saint Bertin, dans une châsse en bois et vitrée, confectionnée aux frais du fidèle bénédictin Dom Poot. — Ajoutons qu'une nouvelle ouverture officielle de la châsse bertinienne fut faite à la fin du xixe siècle, en la présence de Dom L'huillier, bénédictin du couvent de Wisques et des délégués de Mgr Williez, évêque d'Arras, qui firent deux parts des ossements des deux provenances, renfermés dans le coffre depuis les origines. Une part fut placée dans une boîte spéciale à la sacristie, et quelques reliques furent aussi réservées pour la famille Bénédictine.

La boiserie actuelle, de style grec, portait en son milieu la châsse en bois et le buste en marbre de saint

Bertin, provenant de l'Abbaye et la figure sculptée, en bois doré, du saint patron mitré fut mise dans le tympan central, où elle est encore, bien que l'autel ait été dédié, depuis, au Sacré-Cœur de Jésus. — Deux statues de vierges martyres, des écussons fleurdelisés, deux anges porte-flambeaux, et différents reliquaires en bois renfermant les reliques de *saint Maxime*, de *sainte Isbergue* et des saintes martyres, *Reparata* et *Fortissima*, complètent l'ameublement de la chapelle du Sacré-Cœur. Les boiseries qui dominent les stalles faisant face à l'autel, comportent *trois médaillons* anciens, très finement sculptés et représentant les bustes de saint Omer, de saint Bertin et de saint Momelin. Une statue de saint Omer, avec ses attributs épiscopaux et décoré du « *pallium* », œuvre du sculpteur audomarois Louis Noël et datant de 1860, a été placée entre les deux fenêtres, au-dessus du confessionnal. Quant à la statue artistique, en marbre, de Jésus rédempteur, elle provient de l'Abbaye de Saint-Bertin. Enfin, un tableau représente la scène du martyre des cinq sculpteurs chrétiens, compagnons des quatre saints couronnés, condamnés par l'empereur Dioclétien à être ensevelis vivants dans des cercueils en plomb et jetés à la mer, pour avoir refusé de sculpter la statue du dieu païen Esculape.

La chapelle dont nous venons de décrire le mobilier devint, en 1806, le siège d'une nouvelle confrérie de Saint-Bertin destinée à continuer et à perpétuer le souvenir de l'antique Association dite, des « *Charitables de Saint-Bertin* », établie à l'Abbaye, en 1336. *Cette antique confrérie* avait pour but spécial, de faire avancer ses membres dans les voies de la divine Charité trop oubliées des gens du monde. Les confrères avaient droit, à leur décès, à des prières particulières, et à leur ensevelissement à l'Abbaye, avec la permission du clergé paroissial. De plus, les défunts étaient assurés d'avoir un souvenir particulier devant Dieu, dans tous les monastères de l'Ordre Bénédictin, grâce à des envoyés dits « Roligères », porteurs de parchemins ou rouleaux des morts, chargés de solliciter, périodiquement, pour eux, les suffrages de tous les religieux en relations avec l'Abbaye Bertinienne.

Ses administrateurs et ses statuts. *La Confrérie du XIXᵉ siècle* s'inspira beaucoup, pour la rédaction de son nouveau règlement, de celui de la Confrérie de Notre-Dame des Miracles qui, elle, remontait à l'année 1344, comme nous l'avons exposé, dans notre travail sur la Vierge, protectrice séculaire de la cité audomaroise.

Voici les noms de ses douze premiers administrateurs : M. l'*Abbé Podevin*, MM. *Dessaulx-Lebrethon, Lecointe, de Facieu, Bachelet, Caffieri-Masse*, M. l'*Abbé Delattre*, M. *Legrand-Masse*, M. l'*Abbé Libersal*, MM. *Dupuis* et *Enlart de Guémy* et M. l'*Abbé Ducrocq*, curé de Saint-Denis. — MM. les *Abbés Pool* et *Vantroyen*, furent aussi nommés membres de droit, à titre d'anciens religieux de Saint-Bertin.

La fête annuelle de la translation des reliques se célébrait le dernier dimanche de juillet, avec panégyrique du Saint et octave solennelle. Les confrères se réunissaient le mardi de cette octave dans un banquet annuel dont le menu était rigoureusement réglé, à l'avance, par les statuts de la Confrérie. — M. l'*Abbé Pool* fut le premier président, et MM. les *Abbés Portenart* et *Binet* en furent les dévoués aumôniers. — Une messe et un salut se célébraient également, solennellement, le cinq septembre, jour de la fête du saint patron, avec obit du lendemain. — Le but de la Confrérie était 1° d'honorer d'un culte spécial saint Bertin, comme l'un des premiers apôtres de la foi dans nos contrées, 2° d'encourager le développement, sous sa protection, de l'enseignement chrétien donné aux jeunes adultes dans des *catéchismes de persévérance* que, la Confrérie prenait sous son patronage, 3° d'obtenir par la puissante intercession du Saint, la grâce de vivre de la foi, le désir de la propager et le courage de la défendre. Les jeunes gens qui fréquentaient les catéchismes dont les frais étaient couverts par la Confrérie, étaient tenus d'assister aux processions solennelles du Très-Saint-Sacrement.

La Confrérie de Saint-Bertin, créée en 1806, cessa d'exister, en 1870, et M. *le Chanoine Toursel*, directeur au Collège Saint-Bertin, fut son dernier secrétaire. De nos jours, la paroisse Saint-Denis célèbre saint Bertin le jour de sa fête, le 5 septembre, et, pendant l'octave, son buste-reliquaire est exposé, dans le chœur, à la vénération des fidèles.

Le Culte de saint Hubert, patron des Chasseurs, et des « Quatre Saints Couronnés », patrons des sculpteurs.

C'est aussi, en 1806, que M. le Curé Ducrocq présida au rétablissement de l'*antique Confrérie de Saint-Hubert*. — Les statuts portaient que la fête serait célébrée, chaque année, en octobre, avec une neuvaine de saluts et un obit du lendemain pour les malheureuses victimes de la rage. — L'ornementation de la chapelle fut renouvelée, en 1811, *sainte Barbe* y était aussi honorée, comme en font foi deux petits panneaux peints représentant sa condamnation et sa décapitation et, exécutés à la mémoire des maîtres maçons Herbert, décédés en 1729 et 1779. Les quatre « *Saints couronnés* » *Sévère, Sévérien, Carpophore* et *Victorien*, martyrs, et patrons d'une confrérie très florissante avant la Révolution, possèdent encore, dans la chapelle actuelle de Saint-Hubert, leurs quatre petites statuettes avec l'équerre, le

compas et le fil à plomb, attributs des maçons, entrepreneurs de bâtiments et sculpteurs, dont ils sont les
protecteurs. Il est à souhaiter que les réunions de cette
intéressante corporation, interrompues depuis quelques
années, reprennent bientôt leur cours. La scène de
martyre, signalée plus haut dans la chapelle moderne
du Sacré-Cœur, était placée, avant 1812, au-dessus de
l'autel du sanctuaire de Saint-Hubert, jadis consacré
aux quatre « Saints couronnés », afin de perpétuer le
souvenir des cinq sculpteurs chrétiens, *Claude, Nicos-
trate, Symphorien, Castorius* et *Simplicius,* cruellement
mis à mort par l'empereur Dioclétien pour avoir vaillamment refusé de sculpter une idole païenne. — Au
xxᵉ siècle, *un tableau* signé du peintre amateur audomarois, *Debune,* se trouve au-dessus de l'autel, et représente, saint Hubert à genoux devant le cerf miraculeux
ayant un crucifix lumineux entre les bois. Ce sujet est
également reproduit dans un groupe en bois, exposé,
pendant l'octave annuelle, à la vénération des fidèles.
Une autre petite peinture sur le mur, face à l'autel,
retrace une scène de la vie du saint évêque Hubert,
guérissant un malade. La statue du saint évêque, sous
laquelle est sculpté un cor de chasse, domine également
le rétable, et une de ses reliques est exposée, à droite, à
l'entrée de la chapelle, dans un édicule en bois doré.
Sur les gradins de l'autel figurent des reliques insignes
des *saints Folquin, Silvin, Innocent* et *Priminianus.* Une
statuette de saint Eloi et une autre de saint Hubert, en
bois, ornent aussi cette chapelle. Si, de nos jours, les
admirables découvertes du savant catholique *Pasteur,*
permettent d'enrayer, scientifiquement, dans l' *« Institut »*
qui porte son nom, à Lille, le cours du terrible virus de
la rage, la dévotion à saint Hubert n'en est pas moins

chère aux fidèles, et le thaumaturge continue, comme aux siècles passés, à obtenir d'efficaces guérisons à ceux qui l'invoquent avec confiance.

Saint Hubert reste également le patron des chasseurs, et nos bouillants Nemrod, paroissiens des messes matinales, pendant l'époque de la chasse, ont tout intérêt à lui confier le succès de leurs intrépides randonnées hélas, on le sait, trop souvent infructueuses.

L'année 1812, vit l'établissement de *la confrérie des Saints Anges gardiens*, dans la première chapelle de la nef latérale droite encore consacrée, aujourd'hui, à l'« Ange gardien », dont le gracieux tableau est dû au pinceau de *Lebour*, peintre audomarois. L'ornementation actuelle de cette chapelle, jadis consacrée à *saint Julien*, puis à *Notre-Dame de Lorette*, comme nous l'avons exposé, au xviiie siècle, comprend un autel, privilégié chaque lundi, jour des saints anges, et surmonté d'une gloire avec l'Assomption de la Reine des anges. — On y remarque les médaillons sculptés des apôtres Pierre et Paul et des quatre Evangélistes, ainsi que les reliques de *saint Quirin*, martyr, et des *compagnons de saint Maurice*, l'un des chefs de la légion Thébaine. La « Chapelle de Lorette » est représentée sur le mur, face à l'autel, entourée d'une peinture reproduisant le panorama du plateau des « Bruyères » et encadrée de deux grands reliquaires en bois et de forme pyramidale, renfermant les reliques insignes de *saint Silvin* et de *saint Folquin*. La boiserie porte les médaillons sculptés de la « Mère des douleurs », de l'Ange gardien, et de deux autres anges portant la colonne de la flagellation et l'échelle du crucifiement. Enfin, *trois statues* en bois doré, l'une, de *saint Nicolas*, donnée par l'Abbé *Delvar*, au début du xixe siècle, l'autre, de

La Chapelle de « l'Ange gardien » et de « N.-D. de Lorette ».

l'*Ange gardien*, et la troisième, de *sainte Catherine*, complètent l'ameublement intérieur, pendant que la statue de saint Michel, offerte par M. Fasquelle, distillateur sur la place Saint-Jean, et paroissien de Saint-Denis, au XIXe siècle, se trouve, au-dessus de la boiserie, en regard de la nef latérale.

Installation du « Petit Séminaire de Saint-Omer », sur la Paroisse Saint-Denis.

Le lecteur trouvera dans l'ouvrage très documenté de *M. le chanoine Guillemant*, vicaire général d'Arras, l'attachante histoire du *Petit-Séminaire de Saint-Omer*, qui vint s'établir, en 1813, sur le territoire de la paroisse Saint-Denis, dans l'ancienne maison des Pères Récollets, dont nous avons souvent parlé au cours de ce volume. Nous nous contenterons de signaler, ici, les grandes étapes de cette institution, remplacée officiellement, en 1850, par l'important Collège Saint-Bertin.

C'est à M. *l'abbé Joyez*, dont, par reconnaissance, le nom a été donné *au Séminaire de philosophie*, obligé de se réfugier, en 1906, dans l'ancien Carmel de Saint-Omer, sur la même paroisse Saint-Denis, qu'en est due la fondation, d'abord installée dans la maison actuelle, 7, rue du « Poirier ». La prospérité du Petit-Séminaire, sous l'habile direction de son supérieur, ne tarda pas à désigner ce dernier à l'attention des pouvoirs publics qui, en 1818, nommèrent M. Joyez, *Principal* au Collège de Saint-Omer, ancien collège des Jésuites et aujourd'hui « Lycée » de Saint-Omer. Puissamment aidé par MM. les abbés *Félicien Dumetz* et *Delahaye*, au Petit-Séminaire, et par un personnel laïque d'élite, au Collège, M. Joyez sut merveilleusement conduire, à la fois, son Collège et son Petit-Séminaire, dont les classes supérieures furent communes, jusqu'au vote tant désiré de la *loi Falloux* sur la liberté de l'enseignement, en 1850. Malheureusement la Révolution de 1830 força le dévoué et éminent

Principal à prendre la route de l'exil, et à son retour, de grosses difficultés administratives l'obligèrent, en 1835, à transformer le *Petit-Séminaire de Saint-Omer* en un *Pensionnat universitaire*, qu'il plaça sous la direction de la Société des prêtres de Saint-Bertin, dont nous parlerons plus loin.

La *chapelle de Saint-Joseph*, dans le bas de la nef latérale gauche, était réservée à la *Confrérie des Charpentiers*, et son dernier doyen fut, il y a quelques années, M. Leclercq, entrepreneur. Une plaque de marbre blanc, placée derrière la statue du saint patron, rappelle le souvenir des doyens de la Confrérie, depuis 1810 jusqu'à 1878. — Ces derniers furent *Jacques Devaux, Louis Collet, François Lefebure, Pierre et Charles Collet, François Deron, Etienne Carnet, Augustin Gay, Gabriel Jonet, Joseph Legris, Hippolyte Devaux, Alexandre Lequien, Charles Leclercq* et *Liéfard Jude.* Le *tableau* de l'autel, très détérioré, a été peint par *Henri Gérard*, artiste audomarois du xixᵉ siècle. *L'autel* lui-même, sous lequel on voit une « fuite en Egypte », est orné d'attributs eucharistiques et de fleurs de lys et des inscriptions « *Vir Justus* » et « *Vir Mariæ* ». Dix petits panneaux peints, d'assez bonne facture et du xviiiᵉ siècle, reproduisent, dans la boiserie de la chapelle, les scènes de l'Annonciation, du mariage de saint Joseph, du songe de saint Joseph, de l'adoration des bergers, de l'adoration des Rois mages, de la fuite en Egypte, de la Présentation au temple, de Jésus docteur à 12 ans, de l'intérieur de Nazareth et de la mort de saint Joseph. — Signalons enfin deux statuettes de la sainte Vierge et de saint Joseph, et celle de sainte Apolline dont les reliques sont exposées en permanence à l'entrée de la chapelle.

La corporation des « Charpentiers » et sa Chapelle de Saint-Joseph.

Cette dernière sainte, vierge romaine, qui eut la mà-

La dévotion
à sainte Apolline.

choire fracassée dans le martyre qu'elle subit pour la foi, est très invoquée par la légion des nombreux patients qui viennent chercher, auprès d'elle, le soulagement que l'art dentaire, pourtant bien perfectionné, au xxᵉ siècle, ne peut pas toujours leur procurer.

Au côté gauche, à l'extérieur de cette même chapelle de saint Joseph, une statue de *sainte Brigitte,* patronne des laitiers, dans une niche vitrée, avec la vache et la baratte traditionnelles, et entourée d' « *ex-voto* », est aussi l'objet d'un culte suivi comme celle de saint Antoine de Padoue qui, lui fait face dans la nef latérale droite, également au milieu d' « *ex-voto* » offerts par la dévotion reconnaissante des fidèles, et entr'autres, d'un certain nombre de décorations de la Légion d'honneur.

Les
fonts baptismaux.

L'année 1825, vit la construction de la chapelle actuelle des fonts baptismaux ; la porte, en sculpture à jour, représente le baptême de N. S. J.-C. par saint Jean-Baptiste, et rappelle, sans en avoir la valeur, le modèle de la porte à deux battants du baptistère de l'église du Saint-Sépulcre qui, provient de la Chartreuse de Longuenesse.

L'Hospice
communal
de « Saint-Louis »,
de 1823
au xxᵉ siècle.

L'hôpital civil de la Maladrerie qui existait, rue d'Arras, fut transféré, en 1823, sur la paroisse Saint-Denis, dans les bâtiments de l'ancien collège Saint-Bertin, rue des Béguines, et prit désormais le nom d' « *Hospice Saint-Louis* ». Ses aumôniers, jusqu'en 1877, furent MM. Ducrocq, curé de Saint-Denis, Delvar, Lemaire, Binet et Duvivier. La direction de cette maison resta confiée, jusqu'en 1864, aux *Sœurs Dominicaines de Sainte-Marguerite,* dont nous avons retracé l'histoire avant la Révolution, pour passer ensuite entre les mains des *Sœurs Augustines du précieux sang* qui, établies d'abord à Arras par *Mgr de la Tour d'Auvergne* sous le nom de

« *Filles-Dieu* », furent réunies en une seule congrégation, en 1854, par *Mgr Parisis*. Le noviciat des Augustines se trouve encore, présentement, à Arras, et si la persécution a dispersé leurs maisons d'enseignement, elles ont, heureusement, conservé toutes leurs maisons hospitalières. MM. les vicaires généraux Proyart et Leuillieux, MM. les vicaires généraux Roussel, Labouré, Leleu et Mgr Liénard ont été, tour à tour, les supérieurs de la Congrégation. L'hospice Saint-Louis, depuis la construction de sa *nouvelle chapelle* dont la première pierre a été posée, en 1875, et qui a été consacrée, en 1877, avec son autel, par Mgr Lequette, a eu, depuis lors, pour aumôniers, MM. les Abbés *Caron, Perche, Lesenne*, M. le chanoine *Hermant*, curé de Saint-Denis et ses dévoués vicaires ; MM. les Abbés *Devaux* et *Habourdin*, professeurs à Saint-Bertin, remplissant aussi la fonction de chapelains auxiliaires. — La gracieuse chapelle possède des vitraux et des statues rappelant le souvenir des saints Louis, Augustin, Bertin, Omer, Antoine de Padoue, Roch, Dominique, Benoît et Michel, de Notre-Dame de Pitié et des saintes Monique et Philomène, un chemin de croix, don de Sœur Austreberthe, et une cloche, don de Sœur Françoise Bonnières. En 1822, l'une des religieuses dominicaines *Sœur Bertine Bouquillion*, décédée en 1850, fut favorisée le vendredi, de l'impression miraculeuse des stigmates du Sauveur et des traces de la couronne d'épines, cet événement fit, alors, grand bruit à Saint-Omer.

De 1823 à 1864, *les Dominicaines* de l'hospice Saint-Louis ont eues pour supérieures les Sœurs *Louise Lagniez, Cécile Lefebvre* et *Bernardine Fréville ; les Augustines*, depuis 1864, les Sœurs *Nathalie Delelis, Thérèse de Jésus Sonneville* et *Aimée de Jésus Delgorgue*. Dix-sept

Le « livre d'or » de ses Religieuses infirmières et de ses Chirurgiens et Médecins.

religieuses de chœur et deux sœurs converses président, avec un admirable dévouement, du jour et de la nuit, aux différentes sections des fiévreux, des blessés, de la maternité et des incurables, sans oublier les petits enfants, obligés parfois de suivre leurs parents à l'hôpital. Nous sommes heureux de rappeler également ici, les noms des docteurs chirurgiens et médecins qui, ont été la providence des membres de la classe ouvrière hospitalisés à Saint-Louis, depuis 1823, où leur mémoire reste en bénédiction : MM. *Descamps, Evrard, Mantel père et fils, Dervaux* et *Eugène Pley.* — MM. *Daman, Coze, Cuvelier, Delepouve, Lardeur, Wintrebert, Bachelet* et *Poulain.* — Nous enregistrons également volontiers, au « livre d'or », les noms de MM. les Administrateurs spécialement attachés à l'Hospice : MM. *Boudry, Pley, Lefebvre, Auguste Deschamps de Pas, Nadal, Constant Duméril, Eudes, Charles Hermant* et *Victor Nicolle,* successivement chargés de gérer les biens considérables, laissés spécialement aux hospices de Saint-Omer, par NN. SS. les évêques de Valbelle, pour le plus grand avantage du peuple audomarois. Un dernier détail, digne de remarque : c'est, dans le vestibule de la Communauté des religieuses Augustines, que se trouve le *tableau* peint par l'artiste audomarois *Lemaire,* au xviiie siècle, où est représenté l'*ancien autel de la Vierge des Miracles* tel qu'il existait dans la Chapelle de la Grand'Place, jusqu'en 1785 ; nous avons reproduit la gravure de cet intéressant souvenir dans notre ouvrage sur « *Notre-Dame des Miracles* ».

CHAPITRE XIX

Nomination de M. l'abbé Annocque à la cure de Saint-Denis. — La « Grande Mission » de 1828. — L'intéressante inscription métrique de l'ancienne chapelle des Poissonniers. — M. le chanoine Chevalier succède à M. le chanoine Annocque. — Etablissement des Confréries du Sacré-Cœur de Jésus et du Saint-Cœur de Marie. — Fondation du Pensionnat Saint-Denis. — Mlle Steven reprend, quelque temps, sa succession. — La « Maison des Apôtres » véritable ruche industrieuse. — Pastorat de M. le chanoine Villy. — Nouveaux tableaux placés dans l'église. — L'aventure des vitraux. — M. l'abbé Binet fait construire la chapelle dite actuellement de « Saint-François ». — M. le chanoine Villy retourne à Fouquières. — Prospérité de l' « Ecole de dessin » des Frères de Sainte-Marguerite. — La Société des « Prêtres de Saint-Bertin ». — Son influence régionale. — Ses Supérieurs et Directeurs. — Le Collège Saint-Bertin. — Description de sa gracieuse chapelle et de ses remarquables vitraux. — Fondation du monastère des Carmes en 1859. — Destinées de cette communauté jusqu'en 1880.

Par ordonnance royale du 29 janvier 1826, la paroisse Saint-Denis fut élevée au rang des cures de deuxième classe, et son desservant, *M. le chanoine Ferdinand Ducrocq*, étant devenu curé de la paroisse du Saint-Sépulcre et doyen du canton nord de Saint-Omer, ce fut *M. l'abbé Annocque* qui fut appelé à le remplacer. Le nouveau pasteur, ancien vicaire à l'église Notre-Dame et aumônier de la prison, alors établie sur le mont Sithiu, était un excellent prédicateur, un prêtre zélé et d'une charité sans bornes. La paroisse de Saint-Denis ne devait malheureusement le posséder que quelques années, et le 27 avril 1832, le digne curé partait pour un monde

Nomination
de
M. l'Abbé Annocque
à la Cure
de Saint-Denis.

meilleur, laissant tout ce qu'il possédait aux mains des pauvres et des prisonniers dont il avait été l'aumônier. C'est à l'occasion de son installation, que le trésor de l'église s'enrichit d'une croix de procession, d'un calice en argent avec ses burettes, et d'un nouvel ornement. — Une réparation de 900 francs fut faite aux orgues, à cette époque.

La Grande Mission de 1828.

Parmi les nombreuses *missions* célébrées au cours du xixe siècle, celle de 1828 prêchée, dans toute la ville, par *les Pères Missionnaires de France*, a laissé un souvenir ineffaçable dans les âmes. La paroisse de Saint-Denis, évangélisée par le *R. P. Radel* et ses dévoués confrères, recueillit sa large part de fruits spirituels. Pendant qu'à la paroisse Notre-Dame, on élevait, à l'extérieur, sur le côté sud de l'église, le « *Grand Calvaire* », la paroisse Saint-Denis établissait un « *chemin de la croix* » comme éloquent souvenir du « *grand pardon* » de 1828.

L'intéressante inscription métrique de l'ancienne Chapelle des Poissonniers.

En 1831, M. *Fiolet* fit don, à l'église, d'un crucifix qui occupait la place d'honneur dans la salle des séances du Tribunal de Commerce, et se trouve, actuellement, face à l'autel, dans la chapelle dite, de Saint-Pierre, dans la nef latérale droite. C'est sous ce Christ en croix qu'on aperçoit un cadre portant une inscription métrique qui, doit appartenir au xviiie siècle. Les lettres des 1re et 6e lignes sont dorées ; celles des 3e et 4e sont noires ; la couleur rouge a été employée pour les lignes 2 et 5 et pour la lettre terminale du mot interrompu.

```
Pendent   ,   Chri    cav     renov     dol
        is          sti     eas       are      orem.
Demon         infe    ut val    vit      fur
Pece          viv     gene      crim     mort
        ator        ens       ravit      ine      em.
Salv          mori    repa      sangu    sort
```

Les lignes 1 et 3 se lisent à l'aide de la ligne 2, les lignes 4 et 6 à l'aide de la ligne 5. Nous traduisons pour les lecteurs, trop nombreux hélas ! qui, ignorent la langue latine, d'où cependant est sortie notre remarquable langue française.

> Du Christ sur la Croix, prends garde de renouveler la douleur, afin d'éviter la fureur du démon néfaste.
>
> Le pécheur, en vie, a engendré la mort par son péché, mais le Sauveur, par son sang, lui a rendu la vie.

Sous cette inscription, un *rétable* peint, représente la scène du *Sauveur* marchant sur les eaux et, soutenant *saint Pierre* qui va sombrer. *Un autre rétable*, également peint, reproduit *la sortie de prison* de saint Pierre conduit par un ange, pendant que les soldats qui le gardaient, sommeillent. Une *statue du Prince des Apôtres*, couronné de la tiare, domine un curieux autel flanqué des quatre symboles des Évangélistes, un livre à la main, en plein relief de chêne. Les attributs pontificaux sont aussi reproduits à la voûte ; enfin, on aperçoit, au-dessus de la boiserie, une humble statuette de *saint Fiacre, patron des jardiniers*, le rateau symbolique égalitaire, à la main. Nous avons exposé, plus haut, l'importance de la *Confrérie des Poissonniers* de mer qui, entretenaient cette chapelle depuis le xve siècle, et nous appelons de tous nos vœux, son rétablissement corporatif en faveur des poissonniers de mer et des poissonniers d'eau douce, réunis dans une même et cordiale fraternité.

En 1829, *l'horloge* actuelle de la tour de l'église et ses deux cadrans furent réparés, et en 1832, la Municipalité fit établir, à l'entrée de l'enclos Saint-Denis, *une fontaine*, aujourd'hui supprimée, contre un piédestal lourd et inesthétique, portant à son sommet une coupe non moins rudimentaire et, dont on ne peut que souhaiter la prochaine disparition, en faveur de la perspective générale.

M. l'abbé Delattre, vicaire de Saint-Denis, décédé en 1832, laissa à la Fabrique de l'église une somme de 4.000 francs dont les rentes devaient être affectées à des prix et des récompenses pour les enfants des catéchismes.

C'est sous le pastorat de M. le chanoine Chevalier, successeur de M. le chanoine Annocque, qu'eut lieu, en 1833, l'établissement canonique de la *Confrérie du Sacré-Cœur*, et c'est la même année que furent célébrées, pour la première fois, dans l'église Saint-Denis, les prières des quarante heures. L'année 1834 vit construire, adossée au bas de la nef latérale droite, une vaste *salle spéciale réservée aux catéchismes* qui, a rendu, depuis lors, les plus grands services au clergé paroissial. — En 1835, on procéda à une restauration du rétable et des boiseries du chœur et au badigeonnage de l'église.

La plupart des indulgences de toutes les confréries paroissiales furent, de nouveau, authentiquées par Rome en 1840, et c'est de 1843 que date la *Confrérie du Saint-Cœur de Marie*, établie pour obtenir la conversion des pécheurs et affiliée à l'archiconfrérie du même nom, installée dans l'église Notre-Dame des Victoires à Paris. Les statuts de cette association peuvent se lire à l'un des piliers, en haut de la nef latérale droite ; de nombreuses indulgences sont à la disposition des associés et la fête principale de la Confrérie se célèbre, le dernier dimanche après l'Epiphanie.

En 1841, M. l'abbé Podevin et ses sœurs qui, tenaient, depuis de longues années, un pensionnat de jeunes filles, rue du Commandant, ayant cédé leur maison aux religieuses Bénédictines du Saint-Sacrement d'Arras, une partie de leur personnel vint fonder, rue des Bleuets, une nouvelle institution qui prit le nom de *Pensionnat*

Saint-Denis. Le nom était parfaitement choisi, car ses fondatrices, Mlles *Berthier,* Mlle *Ferguson* et Mlles *Tartar,* auxquelles s'adjoignit, plus tard, Mlle Vanheulle, furent toujours des paroissiennes modèles. La maison compta jusqu'à 120 pensionnaires et 250 élèves qui, y reçurent une éducation choisie en même temps qu'une formation foncièrement chrétienne, auxquelles ses anciennes élèves restèrent profondément attachées. La régularité aux offices de la paroisse où le pensionnat occupait la grande nef, à partir de la chaire, fit toujours l'édification des fidèles. Les élèves des classes supérieures constituèrent même, pendant longtemps, une sorte de *Conférence de Saint-Vincent de Paul,* pour la visite et le secours à domicile, des pauvres de la paroisse. Continuant les anciennes traditions audomaroises, les Directrices du Pensionnat Saint-Denis réservèrent aussi leurs soins à une section de jeunes filles anglaises.

Quand le Pensionnat dût fermer, en 1878, Mlle *Steven,* ancienne maîtresse chez Mlles *Dewismes* qui, dirigeaient un petit pensionnat dans l'enclos Notre-Dame, reprit une partie des élèves de Saint-Denis dans la maison où se trouve actuellement l'Ecole paroissiale Saint-Clément, rue Carnot. Cet établissement, malgré l'adjonction de cours spéciaux, faits par des professeurs de l'Etat, n'eut qu'une durée éphémère, comme le *Lycée de filles* établi, pendant quelque temps, à la même époque, dans l'enclos Saint-Bertin et également sur le territoire de la paroisse Saint-Denis.

C'est dans la « *Maison des Apôtres* », dont nous avons retracé, plus haut, l'histoire, que *les dévouées Filles de la Charité de Saint-Vincent de Paul,* furent chargées, par le Bureau municipal de bienfaisance, en 1847, de visiter les pauvres à domicile, pour leur porter les secours et

Mlle Steven reprend, quelque temps, sa succession.

La « *Maison des Apôtres* » véritable ruche industrieuse.

au besoin les remèdes, que réclame leur état. La première Supérieure fut *Sœur Madeleine Concaix* qui, resta en charge jusqu'en 1884, et fut remplacée par *Sœur Marie Gamel*. A leur premier ministère de charité auprès des pauvres, les zélées religieuses ne tardèrent pas à joindre une *école primaire* très prospère, un *orphelinat* et un *ouvroir* pour les jeunes filles, et enfin une *œuvre de préservation* pour les jeunes ouvrières travaillant en ville, mais trouvant l'hospitalité et la table chez celles que les jeunes pensionnaires regardent, avec raison, comme leurs secondes mères. Le chœur de chant de l'orphelinat est très apprécié dans la part qu'il prend aux offices paroissiaux. C'est aussi dans la « *Maison des Apôtres* », rue Alphonse de Neuville, que se tiennent, très régulièrement, les réunions mensuelles des «*Enfants de Marie* » de la paroisse, dont nous reparlerons à la fin de ce volume.

Pastorat de M. le chanoine Villy. Le 24 février 1848, M. le chanoine Villy, curé de Fouquières-lès-Béthune, était nommé par le cardinal de La Tour d'Auvergne à la cure de Saint-Denis, en remplacement de M. le chanoine Chevalier, décédé, et universellement regretté de tous ses paroissiens. Ses trois vicaires étaient alors, M. *l'abbé Binet*, déjà en charge depuis 1833, et MM. les *abbés Samier* et *Haudiquet*. Ce dernier avait succédé à M. *l'abbé Portenart* devenu, plus tard, supérieur du Grand Séminaire d'Arras et vicaire général du diocèse. — A la suite d'une réorganisation du Conseil de Fabrique, en 1850, M. le *chanoine Paschal*, ancien curé de la paroisse Sainte-Elisabeth dans le Haut-Pont, et retiré, comme prêtre habitué, sur la paroisse Saint-Denis, devint membre de ce Conseil. Signalons, en 1852, une importante réparation aux orgues ; — en 1854, les nominations de deux nouveaux vicaires, MM. les abbés *Diennart* et *Roussel* : — en 1856, une visite officielle de Sa Grandeur Mgr Parisis.

C'est à M. le *chanoine Villy* que la paroisse Saint-Denis doit l'acquisition d'*un certain nombre de tableaux*, qu'il fit placer dans un encadrement uniforme, or et velours rouge, ainsi que les toiles, de réelle valeur, provenant de l'abbaye de Saint-Bertin ou de la chapelle des Dominicains, que nous avons déjà décrites plus haut. Ces tableaux représentent, dans la nef latérale droite : 1º la mort héroïque de *Mgr Denis Affre* sur les barricades, à Paris, en 1848, où comme le disait Pie IX dans le consistoire de la même année, « tandis qu'il s'efforçait de rappeler, avec amour, les citoyens armés les uns contre les autres, à des sentiments de paix, il reçut une blessure mortelle et donna son âme pour ses brebis ». En mourant, Mgr Affre s'écria « *Que mon sang soit le dernier versé* ». Un petit reliquaire, renfermant un souvenir de l'illustre martyr, a été placé sous le tableau, au milieu des écussons de Pie IX, de l'archevêque de Paris et de Mgr Parisis. Un seul de ces écussons a été achevé. 2º *Saint Folquin, évêque de Thérouanne*, à genoux, et décoré du pallium. Ce tableau, comme le précédent, a été exécuté par *le peintre Ducornet*, de Lille, né en 1806, sans bras, et qui peignait avec le pied. 3º Le *martyre de saint Boniface*. 4º Une *Sainte Famille*. 5º Une *Vierge-Mère*. 6º Enfin, au fond ouest des deux nefs latérales, on aperçoit, à droite, un *Moïse* et à gauche, un *saint Pierre*, tous deux, œuvre du peintre *Lécurieux*, au xixe siècle. Deux tables de marbre blanc, où sont gravés les commandements de Dieu et de l'Eglise, ont été placées sous ces deux personnages de taille gigantesque qui, symbolisent l'ancien et le nouveau Testament.

Nouveaux tableaux placés dans l'église.

L'aventure
des vitraux.

En 1860, fut entrepris, par souscription, le grand travail du *renouvellement des vitraux du chœur*. Malheureusement, le peintre verrier, M. Régnier, de Paris, n'était pas à la hauteur de sa tâche et les vitraux restent encore, au xx⁰ siècle, tout à fait sans valeur au point de vue de la composition des sujets et du coloris. Une décision judiciaire réduisit le prix de 16.308 francs demandé par l'artiste, à la somme de 11.000 francs. — A droite de l'autel, on voit *saint Paul* convertissant saint Denis, et *saint Denis* parcourant les Gaules. — A gauche, le *Pape saint Clément* envoyant saint Denis en mission dans les Gaules, et le martyre de saint Denis. Puisse la générosité des paroissiens, permettre au Clergé de la paroisse, de faire bientôt ressortir, à nouveau, dans des verrières impeccables, ces scènes si intéressantes de notre histoire nationale.

M. l'Abbé Binet
fait construire
la Chapelle
dite, actuellement,
de
« Saint-François ».

C'est en 1861 que *M. l'abbé Binet*, vicaire de Saint-Denis depuis près de trente ans, fit don à la Fabrique paroissiale d'*une chapelle* qu'il avait fait construire à ses frais, au chevet de l'église, *pour les catéchismes* et pour y réunir quelques fidèles associés du *Tiers-Ordre de Saint-François*, constitués, plus tard, *en fraternité*, par M. le curé Roger.

Le vénéré vicaire mourut en 1866, son apostolat auprès des délaissés et des âmes difficiles à convertir est resté légendaire à Saint-Omer.

M. le chanoine Villy
retourne
à Fouquières.

L'année 1861 vit également le retour de *M. le chanoine Villy* dans sa paroisse de *Fouquières* et son remplacement comme curé de Saint-Denis par M. l'abbé François Roger. M. le chanoine Villy manifesta lui-même le désir de retrouver un ministère plus obscur mais non moins fructueux pour les âmes, et il vécut à Fouquières jusqu'à un âge très avancé, aimé de tous les siens pour lesquels il ne cessa de se dévouer, jusqu'à l'heure de son départ pour le Ciel, heure hâtée par une indigne tentative d'assassinat dont il fut l'objet, en 1888, dans son humble presbytère de campagne.

M. Villy, homme d'étude et prédicateur apostolique, a laissé un « *Recueil d'homélies* » dont ses paroissiens de Saint-Denis et de Fouquières ont été les auditeurs privilégiés. Son ouvrage en deux volumes in-8º a pour titre « *Instructions pastorales sur les épîtres et les évangiles de l'année* ».

Dans la période qui s'étend de 1852 à 1871, l'*Ecole communale de Sainte-Marguerite*, dirigée par les Frères des Ecoles chrétiennes, connut la plus grande prospérité. Encouragé par *le Gouvernement impérial* et *la Municipalité*, les Frères fondèrent à Sainte-Marguerite, en 1853, *une école de dessin* qui réunissait, en 1864, jusqu'à *trois cent cinquante élèves*. Cette école obtint des succès remarquables dans tous les concours, jusqu'à sa fermeture, par le sectarisme, en 1877. Elle avait, a dit M. le chanoine Bled, facilité à plus de deux cents jeunes audomarois, l'accès à des carrières aussi honorables que lucratives, pendant ses *vingt-trois années d'existence :* de là étaient sortis presque tous les entrepreneurs de la ville.

Une nouvelle école libre de dessin fut reconstruite, également, dans un local voisin de l'école municipale de Sainte-Marguerite, jusqu'en 1880, époque où elle fut transférée dans la nouvelle *école libre de la rue d'Arras.* Les Frères des écoles chrétiennes, et, entre tous, les *Frères Fulgence, Eloy* et *Eon* maintinrent, brillamment, sa vieille renommée jusqu'en 1906, date néfaste de la fermeture de toutes les écoles congréganistes à Saint-Omer. *Dès 1852*, les Frères avaient, également, ouvert à l'Ecole

Prospérité de l' « Ecole de dessin » des Frères de Sainte-Marguerite.

de Sainte-Marguerite, *des cours du soir gratuits*, pour les jeunes soldats illettrés et les apprentis. L'âme vaillante de cette admirable organisation charitable fut *le cher Frère Estève*, rappelé à Dieu le 2 avril 1879. L'école de Sainte-Marguerite resta entre les mains des Frères jusqu'en 1885, époque où elle fut laïcisée avec *Monsieur Dumont* comme premier directeur.

La Société des « Prêtres de Saint-Bertin ».

On trouvera dans l'« *Histoire du Collège Saint-Bertin* » publiée par M. l'*Abbé Lehembre*, directeur à l'Institut Joyez, à l'occasion du centenaire de ce collège, en 1913, tous les détails désirables sur les glorieuses destinées de cette importante maison d'enseignement secondaire. La plume distinguée de l'auteur, à la fois audomarois et bertinien, était désignée, plus que toute autre, pour remplir, à souhait, cette délicate et intéressante mission.

Nous avons vu, précédemment, en quelles circonstances le *Petit-Séminaire de Saint-Omer*, situé sur la paroisse Saint-Denis, était devenu, grâce à M. *le chanoine Joyez*, le Pensionnat universitaire de Saint-Bertin. En 1834, de concert avec MM. les abbés *Félicien Dumetz, Delahaye, Pierre Crèvecœur* et, en 1835, avec M. l'abbé *Eugène Dumetz*, M. le chanoine Joyez constitua une société dite, des « *Prêtres de Saint-Bertin* », en vue de travailler, plus efficacement, à l'éducation de la jeunesse.

Son influence régionale.

C'est cette société qui, depuis 1834, a été appelée à diriger les maisons d'enseignement suivantes : *Saint-Louis*, à Dohem, de 1834-1892 — *Saint-Bertin*, à Saint-Omer, depuis 1834 — *Marcq-en-Barœul* (Nord), de 1840-1899 — *Bergues* (Nord), de 1850 à 1873 — *Saint-Joseph*, de Lille, de 1851 à 1872 — *Aire-sur-la-Lys*, de 1852-1870 — le *Petit-Séminaire*, d'Arras, depuis 1852 — *Saint-Joseph*, d'Arras, depuis 1863 — *Châlon-sur-Saône* (Saône-et-Loire), de 1872 à 1886 — *Laon* (Aisne), de 1873 à 1882

M. LE CHANOINE VILLY

M. LE CHANOINE ROGER

M. LE CHANOINE HERMANT

— *Saint-Vaast*, de Béthune, depuis 1887. — Ses supérieurs généraux ont été successivement, MM. les chanoines *Louis Joyez, Félicien Dumetz, Antoine Delahaye, Eugène Dumetz, François Leprêtre, Eugène Marin* et *Henri Graux*. A partir de 1892, Mgr l'Evêque d'Arras s'est réservé la haute direction des maisons encore existantes. Malgré les encouragements de l'autorité ecclésiastique et surtout ceux de Sa Grandeur *Mgr Parisis*, et malgré la création d'un noviciat de 1860 à 1867, les « *Prêtres de Saint-Bertin* » n'ont jamais constitué une congrégation religieuse et ils sont encore, au xxᵉ siècle, de simples prêtres séculiers relevant directement de leur Evêque. *La loi Falloux* sur la liberté d'enseignement, apporta, en 1850, au Collège Saint-Bertin à Saint-Omer, une prospérité qu'il a toujours heureusement conservée. Nous aimons à rappeler, ici, les noms des prêtres éminents aimés non seulement des Bertiniens mais encore de tous les audomarois qui, à titre de supérieurs ou de directeurs, ont été l'âme de cette maison modèle d'enseignement, depuis cent ans, l'honneur de la Ville de Saint-Omer.

Ses Supérieurs
et Directeurs.

Citons, comme supérieurs, depuis un siècle, M. Joyez 1812-1830, — M. Félicien Dumetz 1830-1846, — M. Leprêtre, avec M. Toursel comme titulaire 1846-1850, — M. Eugène Dumetz 1850-1856, — M. Poulet 1856-1869, — M. Graux 1869-1877, — M. Joseph Depotter 1877-1882, — M. Leleux 1882-1885, — M. Cochet 1885-1893, — M. Emile Vasseur 1893-1907, — M. Leclercq, en 1907. — Comme directeurs, depuis 1850, MM. Crépin, Jules Doublet, Zéphyrin Liénard, Jules Deseille, Henri Graux, Louis Réniez, Jean-Baptiste Caron, Jules Deswarte, Albert Depotter, François Riquier, François Bracquart, Edouard Hermant, Jean-Baptiste Cochet, Oscar Bled, Alfred

Cathelain, Joseph Monet, Jean-Baptiste Défontaine, Léon Vasseur et Gaëtan Verne.

Le Collège Saint-Bertin.

Le collège Saint-Bertin occupe l'emplacement de l'ancien couvent des Récollets. L'achat successif de différentes maisons particulières, en bordure sur la rue Saint-Bertin, a permis, en 1856, de construire l'immense bâtiment en briques et d'aspect monumental, tenant bon rang parmi les autres édifices de la ville. Il serait à souhaiter que, dans un avenir prochain, et à l'occasion du centenaire, *une statue artistique du saint Abbé Bertin* fût inaugurée au sommet du donjon central qui constituerait un superbe piédestal à celui qui est resté, avec saint Omer et saint Erkembode, l'un des trois grands protecteurs de la ville de Saint-Omer et le patron particulier de la paroisse Saint-Denis.

Description de sa gracieuse chapelle et de ses remarquables vitraux.

L'aile droite renferme une gracieuse chapelle gothique, élevée en 1863, et qui mesure environ 30 mètres de longueur sur 10 mètres de largeur et de hauteur. L'autel et les orgues ont été offerts par les « *Anciens élèves* » de la maison et *les vitraux* sont tout à fait remarquables, non seulement par la richesse de leur coloris et de leurs merveilleux dessins, mais surtout par l'histoire de l'Abbaye contenue dans des médaillons aux formes les plus variées. On y voit en effet *les armoiries* des *quatre-vingt-trois Abbés*, et comme l'écusson armorié n'apparut à l'Abbaye qu'au xive siècle avec *Henri de Coudescure*, avant cette époque on a utilisé les symboles les plus expressifs résumant avec précision, d'après les vieilles estampes des manuscrits, les principaux événements particuliers à chaque Abbé. — Le médaillon du saint fondateur commence la série, au bas de la dernière fenêtre de la tribune, à gauche, au fond de la chapelle. La *grandiose rosace* qui domine l'ensemble est spéciale-

ment réservée aux *armoiries des vingt-deux évêques de
Saint-Omer*, et elle porte, à son centre, l'écusson de Gérard
d'Haméricourt. Quant à la petite galerie du fond de la
chapelle, sous la tribune, elle renferme les médaillons
des principaux saints du pays : *saint Omer, saint Mommelin, saint Vinocq, saint Silvin, saint Venant, saint Jean
de Thérouanne, sainte Berthe, sainte Isbergue, sainte Austreberthe* et *sainte Godelive*. Tous ces vitraux, placés en
1863, sortent des ateliers Lusson, à Beauvais. Les statues
de la sainte Vierge, de saint Joseph, de saint Bertin et
de saint Vincent de Paul sont à l'honneur dans le sanctuaire, celles de saint Louis de Gonzague et de Jeanne
d'Arc se trouvent au milieu de la nef. — Nous dirons, à
la fin de ce volume, le rôle prépondérant exercé par le
Collège Saint-Bertin, dans la ville de Saint-Omer et
dans la région entière.

Nous avons exposé, dans notre « Histoire de la paroisse
du Saint-Sépulcre », en quelles circonstances *les Pères
Carmes* déchaussés de la Flandre Wallonne s'étaient
établis, au début du xviie siècle, grâce à la puissante
influence de l'*Infante Isabelle d'Autriche*, sur cette paroisse, et y avaient fondé un couvent très prospère,
dans le haut de la rue de Dunkerque. La Révolution
ferma cette maison, dont quelques tableaux religieux et
la Vierge du Carmel, aujourd'hui à l'église du Saint-
Sépulcre, sont les seuls souvenirs qui nous restent.

Au xixe siècle, c'est sur le territoire de la paroisse de
Saint-Denis, en bas de la rue Saint-Bertin, que la divine
Providence fixa l'établissement d'une nouvelle communauté de Carmes. *Madame veuve Albert Hémart du
Neufpré* qui, fit don de la maison aux religieux, s'était
d'abord adressée au Provincial de France, mais ce dernier n'ayant pas alors suffisamment de sujets, des Pères

*Fondation
du Monastère
des Carmes,
en 1859.*

de Belgique furent désignés pour la fondation de Saint-Omer, que Mgr Parisis approuva immédiatement, de grand cœur, sur les instantes recommandations de M. l'Abbé Lesage, aumônier militaire. En 1860, le couvent fut définitivement placé sous la juridiction du *Définitoire* général français. L'installation très solennelle des Pères eut lieu le 7 décembre 1859 ; à la suite d'une cérémonie à l'église Notre-Dame, où M. le vicaire général *Bérault des Billiers* et le R. P. *Marie-Louis*, l'un des premiers orateurs de l'Ordre prirent la parole, les Carmes furent reconduits, en procession, avec le Très-Saint-Sacrement, jusqu'à leur nouveau domicile, avec tout le clergé de la ville et une escorte militaire de « Chasseurs à pied ».

Destinées de cette Communauté jusqu'en 1880.

La *première pierre de la chapelle* fut posée, en 1860, par M. *Bérault des Billiers*. La bénédiction de l'église terminée, eut lieu le 14 octobre 1862, et la consécration, en 1872, par Sa Grandeur Mgr Lequette. — Le nouveau couvent construit sur la place Saint-Jean fut, de son côté, bénit et inauguré le 15 août 1870. On établit un nouveau « *chemin de croix* », en 1873, dans la chapelle, et la première réunion du *Tiers-Ordre du Carmel* se tint sous la présidence du R. P. *Théodore*, le 14 avril de la même année, avec Mesdemoiselles Wattringue, le Sergeant et Julia Podevin comme dignitaires. Les Prieurs du couvent furent successivement les RR. PP. *Pierre Thomas de Sainte-Marie, Elisée de Saint-Jean, Théodore du Saint-Sacrement, Aimé de Jésus, Xavier de Sainte-Marie, Wenceslas* et *Constantin*. Ce dernier, élu en 1879, resta en charge jusqu'en 1900, époque à laquelle il devint, sur la terre d'exil, provincial jusqu'en 1912. Bien que destinés, par vocation, à la vie contemplative, les RR. PP. Carmes s'occupaient aussi de la *prédication* et du *ministère des confessions.* Dieu seul sait le bien immense qu'ils firent aux âmes et, les réels services qu'ils rendirent au clergé paroissial, en l'aidant au saint tribunal, surtout pendant le temps des « *Pâques* » et la veille des fêtes. La chapelle du couvent où se tenaient les réunions des « *Mères chrétiennes* » et où les cérémonies, toujours très solennelles, attiraient les foules avides d'édification, fut fermée lors de l'exécution des décrets liberticides de 1880, et, depuis lors, les Audomarois, malgré leur entier dévouement à leurs paroisses respectives, regrettent toujours le sanctuaire béni qui fut, pour eux, la source de tant de grâces spirituelles.

Nous dirons, plus loin, comment le cloître du Carmel est devenu le *Pensionnat Saint-Denis.* La *chapelle, de style gothique,* se compose d'une grande nef à abside octogonale et de huit chapelles formant bas-côtés. Elle a 42 mètres de longueur, 17 mètres de largeur et 15 mètres de hauteur. *Son clocher* hexagonal et couvert en plomb, donne à la façade une hauteur totale de 36 mètres. Le portail, la rosace et les baies sont bien dessinés et forment, avec le reste de l'ornementation, un cadre d'une exécution irréprochable. Les vitraux sont sortis des ateliers Lévêque, à Beauvais, et les trois fenêtres de l'abside représentent l'*Immaculée-Conception, saint Elie* et *sainte Thérèse,* l'illustre réformatrice du Carmel, au XVIe siècle. En un mot, l'ensemble porte l'âme au recueillement et l'élève doucement à Dieu.

CHAPITRE XX

Nomination de M. l'abbé Roger à la cure de Saint-Denis. — Érection canonique de la Fraternité du Tiers-Ordre. — L'arbre généalogique franciscain. — Nouvelle exploration du caveau de la Famille d'Avroult. — La Paroisse Saint-Denis, et le Couronnement de la Statue de Notre-Dame des Miracles, en 1875. — Fondation de la Communauté des Carmélites, sur la Paroisse Saint-Denis. — Le Carmel, centre de ferveur. — L'exil provisoire des Filles de Sainte-Thérèse, à Ciney (Belgique). — L'École paroissiale de « Saint-Jean-Baptiste de la Salle », sous l'habile direction des Chers Frères Adelme-Élie et Fortuné. — Bénédiction de deux nouvelles cloches. — Heureux Jubilé de « cinquantenaire sacerdotal » de M. le chanoine Roger. — Charmes artistiques et poétiques de la Tour Saint-Bertin. — Merveilleux coup d'œil de sa complète restauration en cours. — Le cloître et le parvis sont terrain sacré. — Pourquoi le beffroi ne retrouverait-il pas son harmonieux carillon d'antan ?

Nomination de M. l'Abbé Roger à la cure de Saint-Denis.

Le successeur de M. le chanoine Villy, en 1861, à la cure de Saint-Denis, fut *M. l'abbé François Roger*, aumônier du Bon-Pasteur, et précédemment directeur au Petit-Séminaire d'Arras, puis vicaire à la paroisse du Saint-Sépulcre et curé de Wimille. Le nouveau pasteur devait occuper sa charge, pendant 33 ans, jusqu'au 16 juillet 1894, date de sa mort. Homme d'étude et prêtre d'une piété exemplaire, M. Roger fut toujours un curé modèle. Aimant la résidence, il ne quittait guère sa paroisse que pour se rendre à la retraite ecclésiastique annuelle, à Arras. Prédicateur nourri de la Sainte Écriture, il se faisait un devoir de commenter, chaque dimanche, la « collecte » du jour, à la première messe matinale, et rompait volontiers le pain de la parole de Dieu à ses paroissiens qui, étaient toujours sûrs de le trouver au saint tribunal de la pénitence, aux heures régulièrement fixées. En 1863, on restaura de nouveau *le dôme* de l'ancienne chapelle des Dominicains qui, nous l'avons dit, avait pu, providentiellement, s'adapter parfaitement aux dimensions du fond du chœur, et la même année, la Ville procéda à la réfection des fenêtres et des vitraux des deux chapelles du Rosaire et de Saint-Bertin. En 1865, on procéda à une entière réparation des grandes orgues. L'année 1866, vit la disparition du dernier employé d'église, dit « *Serpentiste* », Urbain Barbion, qui, avec son instrument, avait mission de soutenir le chant. Un don anonyme de 3.000 francs permit d'orner et de dorer l'autel du Rosaire et ses boiseries, cette même année.

Le 3 février 1867, M. l'abbé Roger avait la consolation d'établir canoniquement *le Tiers-Ordre de Saint-François*, dans la petite chapelle construite et offerte, en 1861, par *M. le vicaire Binet*. Ce modeste sanctuaire peut contenir une centaine de personnes ; son autel est en bois et de style gothique. Le tabernacle porte l'effigie du Bon Pasteur, et les quatre évangélistes sont sculptés sur les panneaux sous l'autel, orné des statues de sainte Elisabeth, d'un saint franciscain et de celles de deux anges. Au chœur et dans la nef, on remarque également les statues de la *Sainte-Vierge* et de *saint Joseph*, et celles de *saint François d'Assise*, de *saint Louis*, de *saint Antoine de Padoue* et de *sainte Elisabeth*.

Erection canonique de la Fraternité du Tiers-Ordre.

Sur le mur gauche de la chapelle, se trouve *le tableau très curieux de l'arbre généalogique* de l'immense famille Franciscaine. — Les rameaux portent 1° les saints reli-

L'Arbre généalogique franciscain.

gieux *martyrs* des débuts de l'Ordre, 2° les *franciscains
élevés au souverain Pontifical* ou à la pourpre cardinalice,
3° les *évêques* patriarches et saints du Tiers-Ordre, 4° les
religieuses de Sainte-Claire, 5° les religieux illustres
parmi les *Récollets* et les Capucins. Le fond de la chapelle est occupé par trois peintures représentant une
sainte Famille, un saint Sébastien et ses compagnons
martyrs et un saint François d'Assise en extase. Enfin,
un buste de M. l'Abbé Binet, décédé en 1866, rappelle
aux fidèles la pieuse mémoire du fondateur de ce petit
oratoire.

Voici son édifiante épitaphe :

Homme de foi, d'aumônes et de prières,
homme de Dieu, près du lit des mourants,
affable à tous et chéri des enfants,
il a, trop tôt pour nous, quitté la terre.

En 1880, à l'occasion de la visite canonique faite par
le *R. P. Philippe*, capucin de la maison de Calais, la
Fraternité du Tiers-Ordre prit une nouvelle importance,
grâce surtout au zèle de Mlle Amélie Guilbert, sa présidente, dont le souvenir est resté en bénédiction. Les
leçons de son ardente charité et de son inaltérable
dévoûment n'ont pas été perdues et, la fraternité des
femmes qui comprend, au xxe siècle, une centaine de
sœurs recrutées dans les trois paroisses de la ville, a
toujours maintenu sa ferveur sous la sage direction du
Clergé de Saint-Denis, et grâce à la maternelle sollicitude
de ses supérieures, Mme Cortyl et Mlle Nelly Cooche.

Signalons, en 1868, la restauration du maître-autel,
en 1869, l'installation du chemin de croix actuel, en
1873, le don du lustre de la chapelle du Sacré-Cœur,
enfin, en 1874, l'installation de l'éclairage au gaz dans
l'église.

Comme *M. Eudes,* en 1808, *M. Louis Deschamps de Pas,*
en 1875, procéda à une nouvelle *inspection du caveau de
la famille d'Avroult* qui, se trouve, comme nous l'avons
exposé plus haut, dans la chapelle actuelle du Rosaire,
dite autrefois de la Sainte Famille. Long de 2^m50 et large
de 1^m85, voûté en plein cintre, le caveau renfermait les
restes de cinq corps et de leurs cercueils, primitivement
soutenus par des traverses de fer scellées dans la muraille. Les parois de cette crypte offraient une série de
quatre armoiries auxquelles correspondaient quatre
inscriptions, et une cinquième épitaphe, sans quartiers
généalogiques, le tout, paraissant avoir été fait au
xviie siècle par *Adrien du Ruissec,* peintre, qui a signé,
avec la date de 1671. Ce dernier a dû travailler sur les
ordres de *Marie d'Avroult,* comtesse de Vertain, qui,
avant de mourir et d'être ensevelie dans ce même caveau,
a fait peindre les armoiries et les noms de ses ancêtres,
Antoine d'Avroult et Jeanne de Renty, décédés en 1582
et 1585, et Antoine d'Avroult et Marie de Lens, rappelés
à Dieu en 1606 et 1590.

Dans l'inoubliable procession du couronnement de la
statue de Notre-Dame des Miracles, le 18 juillet 1875, la
paroisse Saint-Denis fut dignement représentée par le
Collège Saint-Bertin, les *Religieuses Ursulines,* le *Pensionnat Saint-Denis* et la *Maison des Apôtres.* Ces trois derniers groupes avaient pour mission de représenter les
« *litanies de la Sainte-Vierge* » symbolisées et, furent
remarqués pour la richesse de leurs costumes et la
parfaite exécution des symboles en question. Les deux
« *fac simile* », en bois doré, encore actuellement placés
au-dessus des boiseries du chœur de l'église, représentant, l'un, l'église paroissiale avec son ancien clocher,
et l'autre, l'église abbatiale de Saint-Bertin, surmontée

Nouvelle
exploration
du caveau
de la
Famille d'Avroult.

La Paroisse
Saint-Denis
et le Couronnement
de la Statue
de Notre-Dame
des Miracles,
en 1875.

14

de son tourillon, au transept, figurèrent dans le cortège. La *paroisse Saint-Denis* ne pouvait oublier, dans ce merveilleux triomphe de la Reine du ciel, qu'elle avait eu, au commencement du xixᵉ siècle, au sortir des mauvais jours de la Révolution, le bonheur de posséder son antique et miraculeuse statue, jusqu'en 1803.

Fondation de la Communauté des Carmélites sur la Paroisse Saint-Denis.

Le *projet de fondation d'une Communauté de Carmélites,* sur la paroisse Saint-Denis, au xviiᵉ siècle, et un second projet mûri, en 1849, par les Carmélites d'Abbeville avec le concours de Mademoiselle Bouché, n'avaient pu aboutir. La divine Providence avait réservé son heure. Cette heure sonna, en 1877, et avec l'appui de M. le chanoine Darcque et d'une généreuse tertiaire, Mademoiselle *le Sergeant de Bayenghem,* la *Révérende Mère Euphrasie de Sainte-Thérèse,* encouragée par Sa Grandeur *Mgr Lequette* et *les RR. PP. Carmes,* arriva à Saint-Omer, le 9 octobre, jour de la fête de saint Denis, avec cinq de ses compagnes du *Carmel de Montélimar.* L'installation des *Filles de sainte Thérèse* eut lieu, tout d'abord, au numéro 12 de la rue Edouard-Devaux, mais ce premier local ne pouvant se concilier avec les exigences de la clôture, l'achat du Pensionnat Saint-Denis que Mesdemoiselles *Tartar* et *Vanheulle* venaient de fermer, fut décidé. Le contrat passé entre les religieuses et les anciennes directrices souleva bien les récriminations de quelques sectaires, mais *saint Joseph,* à qui la *Révérende Mère Euphrasie* avait consacré sa fondation, veillait, et, en septembre 1878, les Carmélites entraient dans leur nouveau monastère que M. *le chanoine Graux,* vicaire général, bénit, au mois de mars 1879, en y prononçant la clôture. A peine installée, la Communauté eut la douleur d'apprendre la brutale expulsion des RR. PP. Carmes, à la suite des néfastes décrets du

29 mars 1880, attentat contre la liberté qui, souleva l'indignation de la ville entière, et fut le premier point de départ d'une série d'autres persécutions et tracasseries injustes dont les meilleurs citoyens de Saint-Omer, ont été, depuis trente ans, les victimes, trop résignées, il faut le dire.

En 1882, le *nouveau Carmel* célébra, très solennellement, le troisième centenaire de sainte Thérèse, dans sa petite chapelle provisoire. — Dix ans plus tard, la divine Providence permettait aux Carmélites d'édifier, en 1892, leur *superbe chapelle de style roman*, qui fait l'admiration de tous ses visiteurs. M. *Paul Vilain*, l'architecte des Bénédictins de Wisques, de concert avec MM. Lemaire père et fils, en mena les travaux à bonne fin, et, le 15 juillet 1893, *Mgr Williez*, accompagné de M. *Liénard*, vicaire général, venait en consacrer l'autel principal et bénir les cloches qui, reçurent au baptême les noms d'*Elise* et *Marie-Isabelle*. Enfin, le jour de la *fête du Patronage de Saint-Joseph*, en 1895, Sa Grandeur Monseigneur Williez bénissait le nouveau monastère successivement agrandi et parfaitement approprié à sa nouvelle destination. En 1899, la Révérende Mère Paule de Jésus quittait le Carmel audomarois pour fonder un autre monastère à Aire-sur-la-Lys. — En 1900, M. *le chanoine Graux* présida encore la solennité de la béatification des nouveaux bienheureux *Denys* et *Redempt*, carmes déchaussés et martyrs, élevés sur les autels par le Souverain Pontife *Léon XIII*.

Le 27 septembre 1901, *les Carmélites de Saint-Omer prirent la route de l'exil*, comme quantité d'autres communautés françaises, et, après avoir franchi la frontière belge, s'installèrent dans la petite ville très catholique de *Ciney*, au *diocèse de Namur*, où elles reçurent le plus

Le Carmel centre de ferveur.

L'exil provisoire des Filles de sainte Thérèse à Ciney (Belgique).

parfait accueil. Les *tribunaux* ont reconnu depuis, que les nobles exilées restaient légitimes propriétaires de leur maison, rue des Bleuets, c'est ce qui leur a permis de réserver, à leur tour, une charitable hospitalité *au Séminaire de philosophie*, indignement expulsé d'Arras en 1906, et devenu l'Institut Joyez. Quand, à l'heure providentielle, le Séminaire sera rappelé à *Arras* par l'Autorité diocésaine, dans l'établissement qu'elle lui prépare, les Carmélites pourront donc rentrer chez elles et, y demeurer au même titre que de nombreux Carmels qui, plus heureux que celui de Saint-Omer, n'ont jamais quitté la France, malgré la tourmente.

L'Ecole paroissiale de « Saint-Jean-Baptiste de la Salle » sous l'habile direction des Chers Frères Adelme - Elie et Fortuné.

L'inique laïcisation des écoles communales, expulsant, brutalement, *les Frères*, de *l'Ecole Sainte-Marguerite* qui, s'étaient dévoués si admirablement, *depuis près de deux cents ans*, à l'éducation et à l'instruction des ouvriers audomarois, obligea *M. le chanoine Roger*, merveilleusement soutenu par l'intrépide vaillance de *M. le chanoine Doublet*, et par le Comité du « *Denier des Ecoles catholiques* », à transférer ses classes paroissiales, dans l'enclos Saint-Bertin et dans la rue des Ecoles, pendant que le R. P. Constantin, prieur des Carmes, mettait à la disposition de la Communauté des Frères, son couvent, désert depuis 1880. -- Ce régime provisoire prit heureusement fin, en 1888, par la fondation de *l'Ecole Saint-Jean-Baptiste de la Salle,* dans le local du Pensionnat de Mlle *Steven*, rue Carnot, dont nous avons parlé précédemment. Sous l'intelligente et ferme direction du *Cher Frère Adelme-Elie*, puis sous celle du *Cher Frère Fortuné*, cette école maintint, bien haut, les glorieuses traditions de l'ancienne école de Sainte-Marguerite jusqu'en 1906, époque de la création de *l'Ecole libre paroissiale « Saint-Clément »*. Celle-ci, à son tour, continue l'enseignement séculaire où la Science ne divorce pas d'avec la Religion, pour le plus grand bien des jeunes générations audomaroises.

De concert avec son Conseil de fabrique, M. le chanoine Roger renouvela, en 1884, le matériel des tentures funèbres, servant à orner l'église pour les enterrements. Des oriflammes portant une des strophes du « Dies iræ », à chacune des colonnes de la nef, un vaste dôme au-dessus du catafalque et une immense croix, au fond du chœur, forment un ensemble majestueux et impressionnant. — Le mercredi 11 juillet 1888, Sa Grandeur Mgr Dennel, évêque d'Arras, bénissait solennellement deux des cloches de la tour qui, venaient d'être refondues. Nous avons rappelé, au cours du présent ouvrage, les diverses refontes qu'eut à subir « Marie », la cloche « du guet » ; cette cloche refondue pour la dernière fois en 1765, pèse 900 kilos et reste toujours la plus forte des trois cloches actuelles ; avant la Révolution, la tour Saint-Denis en possédait sept. La seconde, qui pesait 262 kilos et portait la date de 1535, avec l'inscription « Marie suis nommée pour être aimée par dessus tout », pèse désormais 650 kilos et a conservé son nom « Marie ». Son inscription rappelle sa date, le nom de l'évêque consécrateur, et ceux du parrain et de la marraine et des membres du clergé paroissial.

Quant à la troisième qui, avait été donnée, par l'évêque Gérard d'Haméricourt, aux Jésuites Wallons, et consacrée à saint Ignace, en 1577, elle fut offerte à la paroisse Saint-Denis par les échevins, en 1762, après le départ des Jésuites. Refondue, elle pèse désormais 400 kilos et a été consacrée aux saints Louis et Denis. L'inscription porte les détails de son origine ancienne et de sa consécration nouvelle, ainsi que les noms des membres du

Bénédiction de deux nouvelles cloches.

Conseil de fabrique, en charge, en 1888. — Les parrain et marraine furent Monsieur *Louis Deschamps de Pas* et Madame *Mathilde d'Hailly*, née de Servins. Sonnant le *sol* dièze et le *la* dièze, ces deux dernières cloches forment, avec la première qui donne le *fa* dièze, l'accord de seconde et de tierce.

Heureux jubilé de « cinquantenaire sacerdotal » de M. le chanoine Roger.

En 1889, la paroisse Saint-Denis profita, comme les autres paroisses de la ville, de la grande faveur d'une *mission, prêchée par les RR. PP. Rédemptoristes*, et la clôture de cette mission coïncida avec *l'heureux jubilé sacerdotal* de cinquante ans de M. *le chanoine Roger*, auprès de qui M. *Louis Deschamps de Pas* se fit, publiquement, l'interprète de la reconnaissance unanime de tous les paroissiens de Saint-Denis pour leur vénéré Pasteur. De son côté, le *R. P. Stoufflet*, directeur de la Mission, rappela, à la grand'messe, en développant les conclusions apostoliques de la période de grâces que la paroisse venait de traverser, tous les mérites de l'heureux jubilaire.

L'année 1894 vit la restauration *complète des grandes orgues*, par la maison *Bonneau et Béasse*, de Paris. Ces orgues, auxquelles la maison *Arnold* avait travaillé en 1882, furent, définitivement, mises au point pour la partie mécanique et la partie harmonique, et, après un sérieux examen de MM. *Auguste Catouillard* et *Charles Verroust*, il a été reconnu que cet important et délicat travail avait été parfaitement exécuté. Le 16 juillet 1894, M. *le chanoine Roger* trouvait, dans un monde meilleur, la récompense de sa longue et édifiante vie sacerdotale, dont il avait consacré les 33 dernières années, à la paroisse Saint-Denis, qu'il aimait tant et qui, le paya toujours de retour. Le vénérable curé de Saint-Denis eut la consolation de recevoir, avant de mourir, la visite paternelle de *Mgr Williez, évêque d'Arras* qui, présidait, à ce moment, la neuvaine annuelle de Notre-Dame des Miracles. Nous ne séparerons pas le souvenir de M. le chanoine Roger de celui de ses dévoués collaborateurs qui, depuis 1861 jusqu'à 1894, partagèrent avec lui les sollicitudes et les responsabilités de l'administration paroissiale. Ce sont *MM. les Abbés Binet, Warnier, Billot, Dubail, Perche, Duvivier, Bonvarlet, Loy, Fessier* et *Flament.*

Nous ne pouvons passer, ici, sous silence, les travaux importants qui furent exécutés par la Municipalité et l'État, en 1893, pour la restauration de la Tour Saint-Bertin, classée comme monument historique, et qui, *superbe pierre d'attente,* reste toujours un inestimable trésor pour la Paroisse Saint-Denis, dont elle orne si majestueusement le territoire.

Elle est belle, en effet, notre vieille Tour, et, malgré ses cinq cents ans, quand le soleil d'été vient dorer sa masse imposante, elle paraît neuve d'hier. Belle aux premiers rayons de l'aurore vers lesquels la liturgie sainte l'a orientée comme ses sœurs les tours de Saint-Denis et de Notre-Dame, elle ne l'est pas moins sous les feux du soleil couchant qui, viennent se jouer à travers les larges baies dévastées de son architecture. Mystérieuse enfin dans la demi-clarté dont l'inonde l'astre argenté des nuits, elle l'est encore davantage quand, enveloppée dans les ténèbres épaisses du soir, elle est, tout à coup et par intermittences, éclairée par les lueurs sinistres des fourneaux de l'usine voisine qui, grondent à ses côtés.

Elle sera plus belle encore quand, selon le vœu de tous les vrais Audomarois, *ses trois portails* seront revêtus de nouvelles boiseries agrémentées des merveilleuses fer-

Charmes artistiques
et poétiques
de la Tour,
Saint-Bertin.

Merveilleux
coup d'œil
de sa complète
restauration.

rures reproduisant celles qu'on y voyait appliquées
depuis le xvᵉ siècle ; et quand, la *fresque du tympan* aura
retrouvé son sujet symbolique au fond ruisselant d'or.
Où sont donc les habiles ouvriers qui, sur les traces des
travailleurs d'autrefois, replaceront radieuses sur leur
socle fouillé, les statues, aujourd'hui mutilées, de la
Vierge et des quatre saints protecteurs de l'Abbaye ?
Qui donc repeuplera de tout un monde d'anges et de
statues de saints, ces piédestaux vides et ces gracieuses
galeries tristement désertes aux étages de la tour, depuis
la rafale révolutionnaire ?

Le Cloître et le Parvis sont terrain sacré.

Honneur à ceux qui ont su, depuis peu, rendre au
parvis de la Tour son aspect primitif, mais leur bon
goût artistique ne saurait s'arrêter en si bonne voie. Le
parvis Bertinien ne saurait souffrir, en son milieu, l'érection d'une simple et banale fontaine jaillissante, *la statue
de saint Bertin*, le fondateur de l'Abbaye, *y a sa place
marquée* avec celles des principaux Abbés du monastère
qui, furent, tous, les Bienfaiteurs de la ville de Saint-
Omer. Emploiera-t-on le marbre ou le bronze ? la Municipalité sait bien qu'à l'heure présente, Saint-Omer
compte parmi ses enfants *des sculpteurs de mérite et de
renommée même française*, qu'aucune difficulté ne saurait arrêter, à cet égard surtout, pour procurer l'embel-
lissement de leur ville natale.

Sans tomber dans *la statuomanie* qui, sévit ridicule-
ment dans certaines villes de France, Saint-Omer
aimera, dans l'avenir, à conserver le souvenir de ses
hommes illustres, et *nos nombreuses places et notre jardin
public* si apprécié, peuplés d'artistiques statues, pourront servir, pendant de longs siècles, de légitime théâtre
à la reconnaissance des Audomarois pour leurs meilleurs concitoyens.

Ce qui est certain, c'est que le parvis et le square Saint-Bertin doivent être uniquement réservés à tout ce qui rappellera les glorieux souvenirs de l'Abbaye, et que les noms des rues de l'ancien enclos du célèbre monastère doivent être, exclusivement, des noms bertiniens.

Qu'il sera vraiment poétique ce petit coin recueilli de notre vieille cité lorsqu'il aura retrouvé sa véritable parure médiévale, et comme les Audomarois seront fiers d'en faire, à l'occasion, les honneurs aux étrangers qui, sauront l'apprécier à sa juste valeur.

Pourquoi donc notre admirable tour, désormais consolidée à toute épreuve, serait-elle condamnée à ne plus jamais faire retentir que la lugubre alarme ou à sonner les heures ? *Pourquoi Bertine,* la troisième cloche du célèbre carillon du xvᵉ siècle qui, frappe la note « ré » et pèse 15.000 livres, demeurerait-elle, aujourd'hui, seule, dans son beffroi désert, et ne retrouverait-elle pas de nouvelles compagnes, pour faire écho, au-dessus de la ville, aux cinq cloches de la Basilique Notre-Dame ?

Pourquoi le beffroi ne retrouverait-il pas son harmonieux carillon d'antan.

Et les frais ? dira-t-on peut-être. Ignore-t-on que l'installation régulière d'une cloche ne peut se faire sans baptême, qu'un baptême suppose des parrains et que les parrains ont la réputation d'être généreux ? Avis aux Mécènes désireux de voir leurs noms figurer sur le bronze avec ceux des duc et duchesse de Bourgogne, parrains de Bertine, au xvᵉ siècle. Bref, nous souhaitons à la Ville de Saint-Omer de retrouver, dans un avenir prochain, son superbe carillon bertinien d'antan, auquel les cloches paroissiales de Saint-Denis, ses plus proches voisines, répondront par leurs joyeux et harmonieux accords.

CHAPITRE XXI

M. l'Abbé Hermant
succède
à M. le chanoine
Roger
comme
curé de Saint-Denis.

La cure de Saint-Denis resta vacante pendant quelques mois, à la suite du décès de M. le chanoine Roger,
et c'est le 6 janvier 1895 que M. l'abbé Edouard Hermant fut, solennellement, installé à la tête de la paroisse
par M. l'Archiprêtre Benoist. Le choix fait par l'Autorité
épiscopale était bien celui de la Divine Providence qui,
depuis un certain nombre d'années, avait ramené le

nouvel élu dans sa ville natale et dans sa propre paroisse où, il s'était préparé à sa mission pastorale par de nombreux services rendus à M. le curé Roger et à ses vicaires. M. l'abbé Hermant, appartenant à l'une des meilleures familles de la bourgeoisie audomaroise et dont les frères, ont occupé les premières charges dans l'administration municipale de Saint-Omer, s'empressa de mettre au service de ses concitoyens, devenus ses paroissiens, toute l'influence de son zèle sacerdotal. — Après avoir fait ses études au collège Saint-Bertin et au Séminaire de Saint-Sulpice, le nouveau curé avait, tour à tour, exercé le saint ministère dans les milieux les plus variés et il avait été successivement vicaire à la paroisse Saint-Jean-Baptiste d'Arras, pro-secrétaire à l'Evêché, directeur à l'Orphelinat Halluin, aumônier des Ursulines de Saint-Omer et enfin professeur et directeur au collège Saint-Bertin. Son expérience du saint ministère était donc déjà longue et, sa paroisse ne devait pas tarder à en profiter.

D'importants travaux matériels qui, s'imposaient et dont l'exécution, successive, se prolongea jusqu'en 1904, occupèrent d'abord la sollicitude du nouveau curé. La réfection de toutes les toitures de l'église et de la chapelle des fonts baptismaux, le renouvellement du remplage des fenêtres des deux nefs latérales et de leurs vitraux, les grilles extérieures et les trottoirs du chemin de ronde, furent accomplis, grâce à la générosité des paroissiens. — De son côté, la Municipalité voulut bien prendre à sa charge, en 1904, la restauration de la tour de l'église, souvenir si remarquable du xiiie siècle, que nous avons décrite en détail précédemment. On nous permettra d'émettre, ici, un regret partagé par tous les amateurs d'archéologie et les connaisseurs : la perspec-

Importants aménagements intérieurs et extérieurs, à l'église.

tive, du côté ouest de la tour, a été, en effet, complètement gâtée par la fermeture en pierre, des arcs d'ogives, si élégants d'aspect sur les trois autres faces. Nous souhaitons que le prochain classement de la tour par l'Etat, permette de procéder, bientôt, à la réouverture de ces gracieux arcs d'ogive, en même temps qu'au travail de reconstitution du portail, dans son état primitif, travail qui, entraînera très heureusement la disparition du porche élevé si malencontreusement en 1742.

Généreuse contribution des Paroissiens à l'ornementation de leur église.

Parmi *les objets du mobilier et du trésor* de l'église, reconstitués depuis 1802, nous signalerons, au xxe siècle : *un calice* et ses burettes, en vermeil, donné, en 1845, par *M. Rousseel*, paroissien de Saint-Denis ; ce calice est orné de six médaillons représentant, sur la coupe, la Foi, l'Espérance et la Charité, et sur le pied, le Crucifiement, la Sainte Trinité et l'Annonciation, pendant que les statuettes du Sauveur, de la Très Sainte Vierge et de Saint Denis sont ciselées sur le nœud et complètent un ensemble très artistique. — Un grand ostensoir doré, don de Mlle *Hermant-Cousin* qui, a également offert à l'église *une superbe Vierge d'argent*, sur le modèle de la statue de Notre-Dame des Victoires à Paris, dont la *confrérie du Saint-Cœur de Marie* fut, nous l'avons dit, établie à Saint-Denis, en 1843, pour la *conversion des pécheurs*. Cette statue est portée en procession, à chacune des fêtes de la Très Sainte Vierge ; la statue en bois, qui la précédait, est devenue la propriété de M. Georges Martel, faïencier à Desvres. — L'installation du petit orgue du chœur, due à M. *le vicaire Dubail*, et celle de l'autel du Sacré-Cœur, ménagée par M. *le vicaire Duvivier*. — Les chandeliers de l'autel du Sacré-Cœur et celui du *cierge pascal*, offerts par Mlle *Pauline Lecointe*, en religion, *Mère Paule de Jésus*, ancienne prieure au car-

mel d'Aire-sur-la-Lys, exilée à Marloie, en Belgique. —
La lampe du sanctuaire, don de M. *Ernest Lecointe.* —
Les trois lampes de l'autel du Rosaire, installées par
Mlle *Vanheulle* et par la Fabrique. — Le porte-missel,
offert par Mme *Bacqueville.* — Les ornements tout à fait
remarquables, travaillés par Mme *de Laplane* et Mlles *Vanheulle* et *Cooche.* — La statue de Saint-Joseph, don de
Mlle *Hortense Bled*, dont le nom reste inséparable de ceux
de Mlles *Sockeel, Dumetz, Derepper, Guermont sœurs, Guille-
man sœurs, Delcroix* et *Delplanque* qui, ont accepté, avec
un zèle digne de tout éloge, d'entretenir, elles-mêmes, les
chapelles de l'église et leurs autels. — Enfin, la statue
de Notre-Dame de Lourdes, donnée par Mlle *Lucie Mahieu*, enfant de Marie de la paroisse, et celle de *Jeanne
d'Arc*, offerte par Mmes *Alexandre Dambricourt* et *Pagnier.*

*Quant au trésor, précieux entre tous, des reliques de la
paroisse Saint-Denis*, voici sa composition, au xxe siècle :
La châsse renfermant le corps de *saint Bertin*, sous l'autel
actuel du Sacré-Cœur, cette châsse était, autrefois, exposée dans la niche qui domine l'autel. — Quatre petits
reliquaires où l'on présente, à la vénération des fidèles,
les ossements de *saint Denis* et de ses compagnons, du
chef de *saint Omer*, de *saint Bertin* et de *saint Erkembode*
— puis, exposées sur les différents autels de l'église, les
reliques des saints *Maxime, Silvin, Folquin, Quirin,
Hubert, les soldats thébains, Innocent, Crescent, Bonose,
Optat, Sérène*, et des saintes *Apolline, Constance, Christine, Réparate, Fortissime* et *Isbergue.*

La thésaurie
des reliques.

M. l'Abbé Hermant a fait établir, aux piliers des
orgues, *deux tableaux* réservés aux défunts, dont les
noms sont rappelés, chaque dimanche, au prône de la
grand'messe. *C'est un devoir de reconnaissance*, surtout
au moment où l'impiété maçonnique vient de s'emparer

Le culte des défunts.

des biens d'église, de citer, ici, les noms des principaux bienfaiteurs qui, par leurs dons généreux, sous forme de *fondations*, ont permis à la Fabrique paroissiale de Saint-Denis, de subvenir, depuis 1802, aux frais du culte.

Le « livre d'or » des principaux bienfaiteurs.

Les familles *Doazan, Deschamps de Pas, Thilloy-Lecoustre, Herbout, Éloy, Ferguson, Becquart, de Hoston, Béthisy, Jacquat, Quaisin, Morel, Dupuis - Terninck, Deron, Delplace, Dugès-Bambo, Hermant-Cousin, Delattre, Defrance, Debray, Cadet, Cortyl, Delafosse, Denecker-Cabaret, Van Eeckhout, Maginot, Vitse, Hancquier, Dubois, Cuvelier, Bertheloot, Cabaret, Moreel - Liot, Hémart-Moreel, Sockeet, Franck-Paresis, Bastien, Lecointe, de Cardevacque, Decroos, Liot de Nortbécourt, de Guémy, de Givenchy, Mille, Merlin, d'Argœuves, Gossein, Bled, Leroy-Mesmacque, Fiolet, Audebert, Caron de Fromentel, Deneuville, Lengaigne, Contart, Verroust* et *Delrue.*

L'Ecole maternelle du « Rosaire ».

L'année 1897 vit l'établissement, sur la place Saint-Jean, de l'*Ecole maternelle du Rosaire* qui, sous l'habile direction des Filles de la Charité *Sœur Philomène* et *Sœur Henriette*, ne tarda pas à grouper plus de 150 enfants de deux à six ans.

Le Patronage de la rue des Madeleines, son brillant avenir.

La sollicitude que le vénéré Curé de Saint-Denis portait aux petits benjamins de sa grande famille paroissiale, s'étendit, bientôt, aux jeunes garçons et aux jeunes gens, et, bâtisseur par tempérament, il fonda, en 1900, le *splendide Patronage de la rue des Madeleines* qui, fut confié, jusqu'en 1909, aux soins dévoués de M. l'*Abbé Georges Le Roux*, vicaire auxiliaire de Saint-Denis, depuis 1895. On se rappellera longtemps au Patronage, *les séances récréatives*, organisées par M. l'*Abbé Le Roux* qui les agrémentait, lui-même, de projections à la lumière oxhydrique, variées à l'infini, et toujours très réussies. M. l'*Abbé Loridant* qui prit ensuite la direction de l'Œuvre, tout en maintenant le bien obtenu grâce à la sage organisation établie par son prédécesseur, lui donna un nouvel essor, que beaucoup d'Œuvres de jeunesse envieraient. Le Patronage de Saint-Denis, dont nous reparlerons, à la fin de ce volume, s'il reste fidèle aux principes posés par ses apostoliques fondateurs, sera une *œuvre de préservation et de formation* de premier ordre, pour la jeunesse ouvrière de la paroisse Saint-Denis qui le fréquente d'ailleurs avec l'entrain particulier à son âge.

C'est encore, en 1899, que, de concert avec Messieurs les Curés de la Ville et les Conseils de Fabrique, *la nouvelle délimitation de la paroisse Saint-Denis* fut approuvée par Mgr Williez, évêque d'Arras, et M. le chanoine Hervin, vicaire général, archidiacre de Saint-Omer, et délégué épiscopal pour la circonstance. Cette délimitation était devenue nécessaire à la suite des travaux du démantèlement et, chaque paroisse fut appelée, par l'organe de son Curé et de ses Conseillers de Fabrique, à faire valoir ses droits, sur les terrains en litige. Nous donnerons plus loin, au début de la seconde partie du présent ouvrage, les résultats de cette importante délimitation, avec les noms anciens et nouveaux de toutes les rues de la paroisse.

Nouvelle délimitation de la paroisse.

M. l'Abbé Hermant, tout en réservant une large part aux *œuvres sociales*, encouragea, également, de tout son pouvoir, *les œuvres de piété* et plus spécialement l'Association des Enfants de Marie, le *Tiers-Ordre de Saint-François*, dont la Fraternité, pour les femmes, a son siège à Saint-Denis, et *la réunion mensuelle des Mères chrétiennes* qui, assistaient, chaque année, à une *retraite générale* donnée pour toutes *les dames de la Ville*, dans

Le « Rosaire », les Œuvres de piété et de prière.

l'église Saint-Denis, par des prédicateurs de renom. Cette dernière Œuvre des Mères chrétiennes a été rattachée, en 1912, à la Maison de Notre-Dame de Sion, rue Courteville, et c'est dans sa chapelle qu'auront lieu, désormais, les exercices mensuels et la retraite annuelle. Enfin, l'antique *Confrérie du Saint-Rosaire*, a été surtout l'objet de sa sollicitude pastorale. Ses *fêtes trimestrielles* sont toujours célébrées au milieu d'un grand concours de fidèles et, le nombre des associés, joint à celui des adhérents du *Rosaire perpétuel*, constitue, cette confrérie, *l'œuvre de prière la plus puissante de toute la ville*.

La Paroisse
Saint-Denis
prend part
au « Triomphe
Eucharistique »
du 7 juillet 1901.

En 1900, *Sa Grandeur Mgr Williez* récompensait le zèle du dévoué pasteur, en le nommant chanoine d'Arras, et cette nomination fut accueillie avec bonheur par la paroisse entière ; l'honneur du Père de famille ne rejaillissait-il pas d'ailleurs sur ses enfants ? *La paroisse Saint-Denis* prit, sa large part, *au triomphe Eucharistique*, du 7 juillet 1901, auquel nous avons consacré une brochure, pour en perpétuer le mémorable souvenir. C'est la composition de *la seconde partie du cortège* qui, lui fut confiée. Citons le *groupe des Frères et des élèves des Ecoles chrétiennes* et les bannières des confréries paroissiales — le *pensionnat des Religieuses Ursulines*, avec un groupe d'enfants portant les invocations du Saint Nom de Jésus et les promesses du Sacré-Cœur, et les groupes de *sainte Angèle de Mérici*, fondatrice des Ursulines (1474-1540) et de *sainte Ursule* et de ses compagnes, avec les costumes de l'époque — la *Maison des Sœurs de charité, des Apôtres*, figurant, derrière sa bannière, les sept sacrements, sainte Véronique, les anges adorateurs et les groupes de sainte Catherine et de sainte Cécile — le *groupe du Rosaire*, avec les anges portant les emblèmes des quinze mystères et suivi des

Enfants de Marie de la paroisse, escortant leur bannière — enfin, le *groupe du Sacré-Cœur*, figuré par les élèves de Saint-Bertin, avec le Centurion, Constantin, saint Louis, et les chevaliers du Sacré-Cœur tenant à la main ses étendards.

C'est au Clergé de Saint-Denis qu'incombe, depuis 1896, *le service religieux de l'Hôpital Saint-Louis* et, depuis quelques années, M. l'abbé Fessier a bien voulu se charger du soin spirituel des soldats, à titre d'aumônier volontaire, à l'*Hôpital militaire*, dont les aumôniers en titre ont été, successivement, *M. l'abbé Clovis Bolard, M. le chanoine Lesage* et MM. les abbés Perche, Delattre et Oudin. En 1904, *M. l'abbé Fessier*, vicaire à Saint-Denis depuis 1881, obligé par son état de santé, de prendre sa retraite, resta attaché à la paroisse où il continua, pour le plus grand bien des âmes, *son ministère au saint tribunal.*

L'aumônerie paroissiale de l'Hôpital Saint - Louis.

Il fut remplacé par *M. l'abbé Loridant* qui, par sa parole apostolique, conquit, bien vite, l'auditoire paroissial. Le talent musical du nouveau vicaire lui permit aussi de créer, en 1906, la *Chorale de Saint-Denis* qui, compte, actuellement, 35 exécutants. Les membres de la « *Chorale* » ont pris l'édifiant engagement de s'approcher de la Table sainte, chaque mois, ainsi qu'aux grandes fêtes et à la Sainte-Cécile, leur fête patronale. La « Chorale » a pour devise « *Pour Dieu et pour la Patrie* » et elle se fait un devoir, non seulement de rehausser par ses chants, d'une impeccable exécution, toutes les fêtes célébrées à l'église paroissiale, mais encore de rendre service à toutes les sociétés de Saint-Omer ou des environs qui, pour un motif religieux ou patriotique, sollicitent, pour leurs séances récréatives, son concours, de jour en jour, plus apprécié.

Honneur à la vaillante « Chorale de Saint-Denis ».

15

Affirmation
des droits
imprescriptibles
de la Paroisse,
au jour
de l' « inventaire
officiel » en 1906.

Les tristesses de l'épreuve devaient, à leur tour, affermir la foi et le courage du Clergé et des paroissiens de Saint-Denis. Pendant qu'à l'église Notre-Dame et à l'église du Saint-Sépulcre MM. *Robert Garvey* et *Joseph de Givenchy* revendiquaient hautement, en janvier 1906, les droits des paroissiens sur leurs sanctuaires, M. *Charles Leuliet*, entouré d'un groupe compact d'audomarois, arrêtait, sur le seuil de l'église Saint-Denis, le fonctionnaire chargé de procéder à l'inventaire, imprudemment imposé par la Loi de séparation. Un *simulacre d'inventaire* eut lieu, cependant, quelques jours après, à la chute du jour, et grâce à un déploiement extraordinaire de la force armée. Les *Paroissiens de Saint-Denis, en bons français qu'ils sont, savent, à l'occasion, rendre à l'Etat ce qui est à l'Etat, mais ils savent aussi, en vaillants chrétiens, rendre à Dieu ce qui est à Dieu. L'impiété maçonnique et persécutrice est désormais avertie, elle sait que les fidèles se regardent, à juste titre, comme chez eux, dans leur antique église, et qu'éclairés par les leçons de l'Histoire, ils ne permettront, à aucun prix, le retour des iniques usurpations et profanations rêvées par les descendants des prétendus « grands ancêtres » de 1793.*

Devoirs
des paroissiens
à l'égard
du
« Denier du Clergé »,
en face
de
l'injuste spoliation.

Au point de vue financier, la *Loi de séparation a non seulement supprimé le traitement du Clergé auquel l'Etat était rigoureusement tenu, à la suite du Concordat, mais elle a encore spolié la Fabrique paroissiale qui, par suite, a été obligée de réduire toutes ses dépenses.* Cette réduction a tout particulièrement atteint les crédits réservés aux prédications, à la maîtrise, aux employés, à l'entretien du mobilier et au chauffage de l'église. *En conséquence,* les Paroissiens de Saint-Denis tiendront à honneur de maintenir leurs actes à la hauteur de leur énergique affirmation de 1906, et l'accueil sympathique qu'ils réserveront, toujours, à l'*Œuvre par excellence* du « *Denier du Clergé* » permettra aux cérémonies de leur antique et cher sanctuaire de retrouver et même, de dépasser leurs splendeurs d'autrefois.

Pendant que l'application de *la Loi de séparation* soulevait les protestations de toutes les consciences honnêtes, *la Loi contre les Congrégations religieuses* atteignait aussi la paroisse de Saint-Denis dans ce qu'elle avait de plus cher. C'est en 1906 que fut fermée l'*École paroissiale de Saint-Jean-Baptiste de la Salle*, si remarquablement dirigée par les Chers Frères Adelme et Fortuné et leurs dévoués collègues dont, les noms resteront à jamais populaires à Saint-Omer. Le cher Frère *Adelme* devenu, depuis, *Visiteur de sa Congrégation*, a été rappelé à Dieu, mais le cher Frère *Fortuné* a été obligé d'aller demander aux Missions d'Amérique, la liberté qu'on lui refusait indignement sur la terre de France. La même année, vit le départ pour l'exil, des *Religieuses Ursulines*, et c'est à *Tournai* que les Filles de Sainte-Angèle, les admirables éducatrices de nos jeunes audomaroises, se fixèrent, pour y continuer leur apostolat auprès des âmes. Enfin, la même loi néfaste supprimait l'*Ecole primaire paroissiale des filles*, à laquelle *les Sœurs de Charité* s'étaient dévouées, sans compter, depuis sa fondation par M. le chanoine Roger.

Au milieu de la tourmente, intrépides, M. *le chanoine Hermant et ses Vicaires* veillaient, et, dès octobre 1906, l'ancienne école de Saint-Jean-Baptiste de la Salle, rue Carnot, devenait l'*Ecole Saint-Clément* qui, sous l'habile direction de MM. *Bachelet* et *Nalo*, a continué sa prospérité traditionnelle, avec le chiffre éloquent de cent trente élèves. De son côté, l'*Ecole maternelle du Rosaire*, sur la place Saint-Jean, se transformait en une *Ecole*

Attentat à la liberté contre les écoles libres paroissiales.

Consolant avenir de l' « Ecole Saint-Clément », du « Pensionnat Saint-Denis et, de l' « Ecole enfantine et primaire du Rosaire ».

enfantine et primaire où Mlles *Defasques* et *Vermesch* s'acquittent de leur mission d'institutrices auprès d'environ cent cinquante enfants, avec un tact parfait, et à l'entière satisfaction des parents qui, estiment beaucoup l'excellent bercail du Rosaire, merveilleusement installé par son premier pasteur et architecte, M. le curé de Saint-Denis. Enfin, le *retour prochain des Religieuses Ursulines*, n'étant pas encore à l'ordre du jour, M. *le chanoine Hermant* s'occupa d'aménager immédiatement *l'ancien Couvent des Carmes*, dont il fit l'acquisition, avec la permission de l'Autorité épiscopale, requise en la circonstance, et, depuis 1908, un *Pensionnat modèle et plein d'avenir* groupe une centaine d'élèves dans le local du monastère des Carmes complètement transformé et, auquel M. le Curé de Saint-Denis vient d'ajouter, en 1912, une vaste salle de fêtes avec tout le confort moderne. La maison a pris le nom de *Pensionnat Saint-Denis* qui, évoque le souvenir de l'établissement d'éducation du même nom existant sur la paroisse, rue des Bleuets, au XIXe siècle, et sa direction confiée aux mains de Mmes *Caron*, *Jacob* et *Barbry*, est une garantie de prospérité toujours grandissante.

Le jubilé de 25 ans de M. l'Abbé Flament.

En 1907, la paroisse Saint-Denis célébrait, avec une touchante unanimité, les noces d'argent sacerdotales de M. l'abbé Flament, vicaire à la paroisse depuis 1883, date de son ordination au Séminaire de Saint-Sulpice, et la reconnaissance de tous offrait à l'heureux jubilaire, nommé récemment bénéficier de seconde classe, par Mgr Williez, un bronze d'art figurant *l'archange Saint-Michel*, son patron au saint baptême. *Le ministère fécond de M. l'abbé Flament* est, en effet, de ceux qui feraient souhaiter, aux paroissiens, de toujours conserver leurs vicaires.

En 1909, *une Mission générale* ayant été donnée à Saint-Omer, *par les RR. PP. Rédemptoristes*, la paroisse Saint-Denis eut la bonne fortune de posséder comme chef de mission le *R. P. Montaigne*, admirablement secondé par les *RR. PP. de Parseval* et *Thibeauts*. Les missionnaires remuèrent profondément les foules qui, se pressèrent, pendant trois semaines, au pied de la chaire chrétienne, et les cérémonies de clôture laissèrent une impression salutaire dans toutes les âmes de bonne volonté, dociles à la voix de la Grâce.

La « Mission » prêchée en 1909.

Le rôle du « *Conseil paroissial* » qui, a succédé au *Conseil de Fabrique*, à la suite de l'application de la « Loi de séparation », est purement consultatif. Ce conseil doit se réunir, au moins deux fois l'an, sous la présidence du Curé, pour l'examen des comptes du budget. Les Conseillers paroissiaux ont une place d'honneur réservée, au chœur, dans le banc d'œuvre, et leur rang, dans les cérémonies publiques du culte. En 1912, le Conseil se compose de MM. J. de Pas, E. Lefebvre du Prey, Peenaert, Revillion, Delplanque et André Lecointe.

Le nouveau «Conseil paroissial».

En terminant l'attachante histoire du passé paroissial de l'Eglise de Saint-Denis, nous sommes heureux de reproduire, ici, le texte de *la noble déclaration du dernier Conseil de Fabrique*, au jour de sa dissolution forcée, déterminée par la Loi de séparation de l'Église et de l'État. En reconnaissance des services rendus par les Conseillers aux paroissiens dont, ils furent toujours les fidèles et dévoués mandataires, nous y joindrons leur liste complète depuis 1802 et par ordre de nomination.

« *Le Conseil de Fabrique, réuni pour la dernière fois*, « tient, au moment où ses fonctions lui sont enlevées, « à consigner sur le registre des délibérations, l'expres-

Dernière
et énergique
protestation
du
Conseil de Fabrique
contre
la Loi de séparation.

« sion des sentiments qui, ont inspiré et inspireront
« toujours sa conduite. Le Conseil s'est toujours consi-
« déré comme le mandataire de l'Église et l'auxiliaire
« du Curé-Doyen dans l'administration des biens de la
« Paroisse. Au moment où la loi civile lui impose la
« fonction de disposer de ces biens, le Conseil affirme
« sa volonté absolue d'obéir aux ordres de Sa Sainteté
« le Pape Pie X, vicaire de Notre-Seigneur Jésus-Christ
« et chef visible de l'Église, et à ceux de Mgr Williez
« son Évêque. En conséquence, le Conseil déclare se
« refuser, absolument, à opérer aucune dévolution des
« biens paroissiaux dont il a reçu la garde. Si, victime
« d'une violence matérielle ou morale, il en est dépouillé,
« il ne s'en dessaisira que, comme contraint et forcé et
« sans vouloir préjudicier en rien aux *droits* de l'Église. »

*Ont signé : MM. Hermant, curé ; Lecointe, J. de Pas,
E. Lefebvre du Prey, Peenaert, Revillion et Delplanque.*

*Liste des conseillers de la Fabrique de Saint-Denis par
ordre de nomination, depuis 1802 :*

MM. Enlart de Guémy, Dupuis, Bachelet, Dessaux-le-
Brethon, Baron Le Sergeant de Monnecove, Dewimille,
Lecointe-Belley, d'Halewyn, Caffieri, de Facieu, de Taffin
du Brœucq, Masson, de Lenequesaing, de Saint-Just,
de Givenchy, Buret, Comte de Beaulaincourt, Pruvost,
Bas, Chevalier, Félix Hémart, Comte Alfred d'Argœuves,
de Taffin, chanoine Paschal, de Ponsart, de Taffin de
Hoston, Lachèvre, Charles de Givenchy, Cuvelier de
Ligne, Louis Deschamps de Pas, du Hays, de Baillien-
court, Serdobbel, Lepreux, Ernest Lecointe, Hochart,
J. de Pas, Devos, Eloy, E. Lefebvre du Prey, Henry
de Givenchy, Peenaert, Revillion, Delplanque et André
Lecointe.

CHAPITRE XXII

Le territoire de la Paroisse de Saint-Denis, au début du XXᵉ siècle. — Noms anciens et modernes des rues de la Paroisse et, souvenirs historiques, s'y rattachant. — L'Eglise paroissiale. — Ce qu'elle est pour les âmes. — L'Eglise est d'abord, la « *Maison de Dieu* » par le don ineffable de la Présence réelle de Jésus-Christ. — Le Divin Prisonnier du Tabernacle connaît le cœur humain. — Bienfaits de la Présence réelle. — Les splendeurs des églises catholiques ont, toutes, été ménagées pour la gloire de l'humble et divine « *Hostie* ».

Le lecteur trouvera, au début de ce chapitre, les résultats définitifs de la délimitation fixée par Mgr l'Evêque d'Arras, de concert avec MM. les Curés et leurs Conseils de Fabrique, au commencement du XXᵉ siècle, à la suite du démantèlement de la ville de Saint-Omer. Aux noms des rues composant actuellement le territoire paroissial, nous ajouterons, brièvement, les *noms anciens*, portés par ces mêmes rues et, dont la variété, à travers les âges, évoque l'intéressant souvenir d'un curieux passé historique.

1° **Rue de l'Abbaye :** Conduit aux ruines de l'ancienne *Abbaye de Saint-Bertin* ; appelée, autrefois, *rue de l'Abattoir*, et aussi, *quai de Saint-Martin*. Le portail de l'église Saint-Martin s'ouvrait sur cette rue, où, un abattoir a honteusement obstrué la perspective admirable de la Tour Saint-Bertin, pendant près de cent ans.

2° **Rues Adolphe Dalemagne** et **Alfred Bouche :** Deux noms d'audomarois qui, ont laissé une partie de

Le territoire
de la Paroisse
Saint-Denis.

Noms anciens
et modernes
des
rues de la Paroisse
et, Souvenirs
historiques
s'y rattachant.

leur fortune à la Municipalité de Saint-Omer, en faveur des œuvres charitables qu'elle soutient.

3° **Rue Allent** (numéros impairs) : *Allent*, audomarois, 1771-1837. Officier supérieur, Conseiller d'Etat et Pair de France. En 1793, la rue prit le nom de *rue de la Fraternité*. Elle a porté aussi les noms de *Lille-rue basse* et du *marché aux herbes*.

4° **Rue Alphonse de Neuville** : Deneuville, audomarois, 1835-1885, peintre militaire de premier ordre, a laissé une renommée nationale. L'auteur du célèbre tableau « *Les dernières cartouches* », a dit Paul Déroulède, a transformé ses merveilleux tableaux militaires, comme en autant d'admirables ex-voto suspendus aux murs du temple de la Patrie, en remerciement des miracles d'énergie qui, ont sauvé l'honneur français, pendant la guerre franco-allemande de 1870-71. Cette rue longeait le couvent des Frères prêcheurs, elle s'appelait, jadis, la *rue du flégard des Dominicains*, et pendant la Révolution, la *rue « des Droits de l'homme »*.

5° **Rue de l'Arbalète** (numéros impairs) : Doit son nom à la Confrérie des grands arbalétriers de Saint-Georges, au xvii° siècle ; précédemment, *rue du marché aux pourceaux* et *rue Sainte-Marguerite*.

6° **Rue des Archers :** Cette société avait son jardin, à proximité.

7° **Rue de l'Arsenal :** L'arsenal occupait, jadis, son extrémité, il a été remplacé par la caserne de cavalerie dite *d'Esquerdes*, et transporté rue Saint-Bertin, à côté de l'hôpital militaire.

8° **Rue des Béguines :** dite aussi Kempstraët, au xv° siècle et *rue des Sabotiers*. Le couvent des Béguines s'y trouvait.

9° **Rue des Blanches-Manches :** tire son nom d'une

VUE PANORAMIQUE DE LA PAROISSE SAINT-DENIS

brasserie de la *Blanche Manche*. — Le nom de « *blanches manches* » a été aussi donné aux élèves de l'ancien collège de Saint-Berlin, fondé en 1561, par Gérard d'Haméricourt, à cause de leur uniforme qui comportait des manches blanches.

10° **Rue des Bleuets :** autrefois *du Caltre* (inspection des draps). On y voyait l'établissement hospitalier pour jeunes gens, dits bleuets, fondé au xviie siècle.

11° **Rue Boitot-Godefroy :** nom rappelant le souvenir d'une famille, bienfaitrice de la Municipalité, au xxe siècle.

12° **Rue Carnot** (numéros 55 à 107) : anciennement Grosse Rue, rue Royale, rue du Commandant, du Gouvernement, de la Grosse Pipe (fontaine) et, sous la Révolution, rue de la Constitution. — C'est à Saint-Omer, dans la maison aujourd'hui occupée par M. Justin de Pas, rue Omer Pley, qu'est né le père de M. Sadi Carnot, président de la République Française. L'aïeul de ce dernier, le « *grand Carnot* » qui, mérita d'être appelé « *l'organisateur de la victoire* » était, en effet, allié à une famille Dupont, de Saint-Omer.

13° **Rue des Chats :** tire, probablement, son nom des représentants de la race féline, hôtes assidus des anciens remparts.

14° **Rue de Clairmarais :** aboutit à la rue du Quartier de Cavalerie, où, se trouvait le « Refuge de l'Abbaye de Clairmarais ».

15° **Quai du Commerce** (à partir du numéro 10) : créé, le long du canal de Neuffossé, à la suite du démantèlement de la ville, à la fin du xixe siècle.

16° **Rue des Ecoles :** autrefois *rue des Morts*, à cause du voisinage du cimetière de Sainte-Marguerite.

17° **Rue Faidherbe :** s'appelait, jadis, *Grosse Rue basse*,.

Noms anciens et modernes des rues de la Paroisse et, Souvenirs historiques s'y rattachant.

rue Sainte-Marguerite et, quelque temps, au xviiie siècle, *rue de la Victoire*.

18° **Rue Franklin** : nom donné à cette rue, pendant la Révolution, en l'honneur de l'illustre Américain, homme d'Etat et publiciste et inventeur du paratonnerre.

19° **Rue Gambetta** (numéros 59 à 103) : dite *rue des Classes*, en 1804, précédemment *rue du Vieux Brûle* et dans son extrémité est, *rue derrière les Récollets* et *rue de l'ancien Collège Saint-Bertin*.

20° **Rue Guillaume Cliton** (numéros impairs 37 à 65) : Comte de Flandre qui, en 1127, confirma le premier, par un acte authentique, les libertés préexistantes et les franchises dont la Ville de Saint-Omer était fière, à juste titre. Anciennement, cette rue s'appelait *du Damier* (enseigne d'un cabaret) de la rue Carnot à la rue Allent, et *rue du Mortier* (mortier doré d'un pharmacien) ou *du Gros Piloir*, et aussi *rue des Juifs*, de la rue Allent à la rue de Dunkerque.

21° **Rue d'Haméricourt** : ancienne *rue du Petit-Séminaire*, rappelle le souvenir du généreux Evêque Gérard d'Haméricourt (xvie siècle).

22° **Rue d'Hazebrouck** et **Impasse du Jardin** : autrefois *des Bas Quartiers*, et, plus anciennement, *Caleplache* et *rue de la Tête d'or*. La caserne de cavalerie voisine, aujourd'hui *d'Albret*, était dite « *Bas quartier* ».

23° **Rue du Jardin** : tire son nom de la Maison du *Jardin de Notre-Dame*, fondée, en 1615, par Mgr Blasœus, évêque de Saint-Omer : ancienne rue *Scœnrewyc* et de la Concorde.

24° **Rue du Lion-Blanc** : ainsi nommée d'une enseigne « au Blanc Lion », au xviiie siècle, précédemment, *rue de l'Echiquier, de Saint-Momelin* et *de la Pecquerie*.

Noms anciens et modernes des rues de la Paroisse et, Souvenirs historiques s'y rattachant.

25° **Rue de la Manutention :** (numéros pairs) où se trouve la Boulangerie militaire, ancienne *rue des Baraques*.

26° **Marché-aux-Bestiaux :** (numéros pairs), Place Haverskerque, était occupé, autrefois, par une partie du couvent des Religieuses Urbanistes et, par le cimetière dit de Saint-Adrien.

27° **Rue Monsigny :** Monsigny né à Fauquembergues, et mort à Paris, en 1817, membre de l'Institut, a laissé un certain nombre de compositions musicales et d'opéras restés célèbres. Cette rue porta le nom de *place des Tisserands,* du *Marché aux chevaux* et d'*Écou*.

28° **Rue des Moulins :** conduisait aux moulins de l'Abbaye Saint-Bertins.

29° **Rue Notre-Dame Patience :** Le 8 septembre 1660, les Récollets y établirent une statuette de Notre-Dame de Patience.

30° **Rue de l'Œil :** jadis *rue de l'Huile,* conduisant au marché à l'huile, place d'Écou, (Loliestraet) au XIVᵉ siècle.

31° **Rue Omer Pley :** précédemment, *rue du Centre,* faisait partie de la Communauté des Dominicains. Omer Pley, âme éminente d'artiste, n'a cessé, pendant sa vie, d'encourager le développement des beaux-arts à Saint-Omer, et, tout particulièrement, les études musicales.

32° **Rue du Pélicorne :** dénomination fautive ; dans cette rue se trouvait la brasserie de Pierre-Ignace *Pélicorne*.

33° **Rue du Poirier :** (numéros pairs) *Perebomstraet,* au XIVᵉ siècle, tire son nom de l'enseigne d'une maison qui, faisait le coin de la Grosse Rue (rue Carnot).

34° **Rue du Quartier de Cavalerie :** *Becquestrael,* jusqu'au XVIIᵉ siècle, époque de l'établissement des casernes.

Noms anciens et modernes des rues de la Paroisse et, Souvenirs historiques s'y rattachant.

Noms anciens
et modernes
des
rues de la Paroisse
et, Souvenirs
historiques
s'y rattachant.

35° **Rue des Ruines Saint-Bertin** : dans l'enclos où s'accomplit, pendant plus de quarante ans, l'inqualifiable destruction de la splendide Abbaye Bénédictine, dont seule, la « *Tour* » reste encore, une « *superbe pierre d'attente* » pour l'avenir.

36° **Rue Saint-Bertin** : (numéros 20 à 96 et 33 à 101) elle remonte au berceau de la cité audomaroise — en 1793, elle fut divisée en deux tronçons, dits la *rue de l'Egalité* et la rue de la Convention.

37° **Impasse du Chapelet** : constituait, autrefois, une ruelle se prolongeant jusqu'à la rivière de l'Etat.

38° **Ruelle Saint-Denis** : nommée rue du « *Sans Tête* », en 1793, par ceux qui, avaient, certainement, perdu la leur.

39° **Enclos Saint-Denis** : occupe l'emplacement de l'ancien cimetière paroissial qui, s'étendait, jadis, jusqu'à la *rue des Bleuets*.

40° **Place Saint-Jean** : rappelle le souvenir de *l'église paroissiale de Saint-Jean-Baptiste* qui, en occupait le centre, à la place de la « *Salle des Concerts* » actuelle. Les rues *Franklin, Monsigny, du Tambour*, et une autre rue dite, *des Frères Nollards*, rejoignant autrefois la rue Sainte-Marguerite, aboutissant à cette place, ont porté le nom de *rue Saint-Jean*.

41° **Place Sainte-Marguerite** : Après la démolition de l'église paroissiale du même nom, cette place prit, tour à tour, les noms du philosophe et publiciste l'*Abbé de Mably*, de *Napoléon*, et de *Bourbon*. En 1807, on y construisit une fontaine monumentale.

42° **Quai et impasse des Salines** : (à partir du numéro 24). Un important dépôt de sel s'y trouvait, avant la création du canal de *Neuffossé*. De nombreuses presses à fouler le drap, lui firent donner aussi le nom de *quai de la Foulerie*.

43° **Rue du Tambour :** rappelle l'existence, dans cette rue, de l'établissement charitable dit, des Sœurs de charité « du Bouillon », nommé *maison du Tambour*, et fondé par Mgr Louis-Alphonse de Valbelle, en 1693.

44° **Rue de Thérouanne :** (à partir du numéro 23) autrefois, *rue de la Corderie*. C'est à la suite de la destruction de Thérouanne, en 1553, par l'empereur Charles-Quint, que la ville de Saint-Omer devint évêché, en 1561.

45° **Rue Thiers :** (à partir du numéro 10 et du numéro 55) anciennement *rue de l'État* et *rue du Faucon*.

46° **Place du Vinquai :** on y déchargeait, autrefois, les vins amenés par la voie fluviale. Elle était, jadis, traversée par la *rue de l'Épinette* et la *rue du Bout du monde* aboutissant au rempart.

47° **Rue de Valbelle :** (numéros 28 à 52) Nosseigneurs *Louis-Alphonse, François* et *Joseph de Valbelle*, tous trois évêques de Saint-Omer, ont été les grands bienfaiteurs de la ville et spécialement de l'*Hôpital général*. Cette rue a pris, successivement, les noms de *rue du Manteau fourré, de Baron, de l'Écritoire* et *des Six fontaines*. Le lecteur désireux de se renseigner sur les anciennes rues de Saint-Omer, trouvera pleine satisfaction dans l'ouvrage érudit de M. *Justin de Pas* « *Vieilles rues et Vieilles enseignes* ».

Après avoir parcouru, en détail, les rues de la paroisse de Saint-Denis dont, les principaux monuments ont été reproduits dans *les gravures* qui, ornent le cours du présent volume, revenons, maintenant, au centre de cette intéressante agglomération, *à l'Église paroissiale* elle-même. Nous n'avons plus à insister, ici, sur sa description archéologique, complètement traitée plus haut, mais il nous reste à l'étudier sous différents aspects, **plus importants** encore que la question artistique et

Noms anciens et modernes des rues de la Paroisse et, Souvenirs historiques s'y rattachant.

L'Eglise paroissiale.

cependant trop oubliés, de nos jours, par les fidèles.

Ce qu'elle est pour les âmes.

Nous considérerons donc, successivement, l'*Eglise paroissiale* 1° comme la *Maison de Dieu sur la terre ;* 2° comme le *Temple sacré de la Prière ;* 3° comme la *Source* vivifiante de la vie surnaturelle pour les âmes ; 4° comme la *vraie Maison de famille ;* enfin, 5° comme le Centre merveilleux et fécond de nombreuses et admirables œuvres sociales. Le vaste sanctuaire paroissial de Saint-Denis, abrité à l'ombre de la remarquable Tour du XIIIᵉ siècle, la plus ancienne des tours de notre ville, justifie largement, nous allons le voir, chacun de ces titres qui, le rendent éminemment cher à tous les paroissiens.

L'Eglise est d'abord la « Maison de Dieu » par le don ineffable de la Présence réelle de Jésus-Christ.

La Religion tout entière se trouve renfermée dans une idée unique, celle de la *Présence réelle* de Dieu au milieu des hommes ; or cette présence réelle, depuis la Cène Eucharistique à jamais mémorable du Jeudi-Saint, est réalisée d'une façon toute spéciale par l'Amour de Notre-Seigneur Jésus-Christ, dans chaque *tabernacle,* qui reste toujours le *centre* et la *raison d'être* de *toutes nos églises catholiques.*

Jésus-Christ a merveilleusement approprié cette présence aux exigences de notre nature. Il ne s'est pas tenu à l'écart de sa créature. Il a incliné les cieux et Il est descendu vers elle vérifiant, d'une manière parfaite, son beau nom d'*Emmanuel,* Dieu avec nous.

Néanmoins, tout est ménagé autour du mystère eucharistique pour exciter notre foi et, en même temps la rendre méritoire, tout est adapté à notre état d'épreuve pour ranimer notre courage et, en même temps l'exercer. Comme *saint Louis* invité à venir voir le prodige de la Sainte-Hostie apparaissant, à la « Sainte-Chapelle » de Paris, dans les mains du prêtre, au moment de l'élévation et aux yeux de tous les assistants, sous la forme d'un enfant d'une indicible beauté, redisons que nous n'avons pas besoin de miracles et que, chaque jour, il nous suffit de voir notre divin Sauveur, des yeux de la Foi, en attendant les ineffables réalités de la Béatitude céleste.

D'ailleurs, si le Divin Prisonnier d'amour se montrait à nous dans l'éclat de sa majesté, nous serions moins libres dans nos rapports, moins impressionnés par sa bonté que par sa grandeur. Et puis, le mystère convient si bien aux opérations du cœur humain. Le cœur, en effet, n'aime-t-il pas qu'on lui laisse à deviner, et à prouver ainsi sa confiance, n'aime-t-il pas qu'on se dérobe et qu'on lui réserve la joie de trouver? Loin de redouter l'ombre et le secret du tabernacle, il y goûte un charme délicieux et comme le parfum de l'infini.

Le Divin Prisonnier du Tabernacle connait le cœur humain.

La présence réelle de Jésus-Christ au tabernacle, *c'est encore la présence d'un Père* au milieu de ses enfants, celle du Juste par excellence, chargé de changer en miséricorde, la Justice du Juge souverain légitimement irrité par les fautes de l'humanité, c'est enfin la présence essentiellement vivifiante qui, par elle-même et par les bienfaits qu'elle nous assure à l'Autel et à la Table-Sainte, nous entretient dans une activité toute surnaturelle. C'est alors que, soustraits à la servitude de nos sens, de nos passions, de l'esprit du monde et, entièrement maîtres de nous-mêmes, nous nous dirigeons par des voies sûres vers le Ciel, but que nous atteindrons certainement, si nous sommes fidèles.

Bienfaits de la Présence réelle.

Telle est la présence de Jésus-Christ dans le Très Saint-Sacrement. En dire la grandeur n'est-ce pas en même temps, proclamer celle de l'édifice sacré où l'on vient en jouir?

Paroissiens de Saint-Denis, vous l'avez donc compris, votre église est vraiment *la maison de Dieu sur la terre* et, la majesté divine la pénètre et la remplit. Écoutez l'illustre Conférencier de Notre-Dame de Paris, *le R. P. Monsabré*, célébrer devant un auditoire d'élite de *cinq mille hommes*, qui lui resta fidèle, pendant plus de *vingt ans*, les merveilles opérées par les architectes chrétiens pour la gloire de l'humble et divine Hostie. *C'est pour la couvrir*, dit-il, d'une ombre protectrice, que les grands arbres de pierre se sont élevés vers les cieux et, ont entrelacé leurs rameaux, en voûtes à la fois élégantes et fières. *C'est pour la couronner*, que les murs, les chapiteaux et les frises se sont couverts de feuillages, de fleurs, de volutes et de mille ornements divers. *C'est pour fêter sa présence*, que flamboient les fenêtres et les rosaces.

C'est pour lui faire la cour, que *les peintres et les sculpteurs* ont peuplé, tour à tour, l'immensité du temple de figures, de symboles et de souvenirs parlants. Pour elle, *les poètes* ont composé les plus belles hymnes, les musiciens ont créé les plus beaux chants, pour elle enfin, *les voix* qui grondent, soupirent, murmurent, gémissent, éclatent et modulent à travers le monde, ont été concentrées dans la voix sublime et entraînante *des orgues*.

CHAPITRE XXIII

L'Eglise paroissiale est aussi le Temple sacré de la « Prière ». — La Messe, prière par excellence. — Conditions dans lesquelles elle doit être entendue. — Utilité d'un livre de Messe. — La première partie de la Messe. — Préparation du sacrifice. — Touchante Union des fidèles avec le Célébrant. — Lisons le Saint Evangile. — Nécessité d'entendre la parole de Dieu. — Sentiments qu'inspire la récitation du « Credo ». — Les retardataires.

L'Église paroissiale de Saint-Denis, résidence divine, est aussi, avons-nous dit, le *Temple sacré de la prière,* et nous croyons utile de rappeler ici quelques notions succinctes sur les principales cérémonies liturgiques qui y sont célébrées.

Au premier rang des prières liturgiques apparaît *la Messe,* la *prière par excellence,* qui est le sacrifice non sanglant du corps et du sang de Jésus-Christ offert à Dieu sur l'autel, sous les espèces du pain et du vin. Elle perpétue parmi nous le sacrifice de la Croix et nous en applique les mérites, et elle nous aide à rendre à la Majesté divine les devoirs d'adoration, d'actions de grâces, de réparation et de supplication qui lui sont dus.

L'importance de la Messe est telle que le paroissien qui, sans un empêchement majeur, n'y assisterait pas chaque dimanche et les jours de fête d'obligation, se rend coupable d'une faute grave et ne mérite plus d'être considéré comme un catholique sincère. En effet, l'expérience est là pour constater que, sans l'audition hebdomadaire

16

L'Eglise paroissiale
est aussi
le Temple sacré
de la
« Prière ».

La Messe,
prière
par excellence.

de la Messe, toutes les autres pratiques religieuses restent à l'état de lettre morte.

Conditions
dans lesquelles
elle doit
être entendue.

Parlons d'abord des messes basses qui, se célèbrent régulièrement à 5 heures 1/2, de Pâques au 1ᵉʳ octobre, à 6 heures, à 7 heures, à 8 heures, à 10 heures 1/2 et à 11 heures 1/2. *Il faut y arriver à l'heure* et, pour cela, quitter son domicile en temps voulu, afin de pouvoir s'unir aux prières récitées par le prêtre au pied de l'autel. L'habitude contraire révèle bien peu d'esprit de foi et en même temps une maison mal réglée, dont les membres partagent, à des titres divers, les responsabilités. *Il est aussi recommandé* d'avancer dans le haut de l'église ou de se placer, au moins, de façon à voir le célébrant à l'autel, question indispensable pour bien entendre la messe, surtout si, suivant un usage introduit par le seul respect humain, on prétend pouvoir se passer de livre.

Utilité d'un livre
de Messe.

Si *un missel* ou *un eucologe* complets ne sont pas nécessaires *aux hommes et aux jeunes gens*, il est à souhaiter que ces derniers aient, tous, entre les mains, la collection des quatre volumes appropriés aux quatre parties de l'année liturgique, volumes de format très commode, qui leur permettraient de suivre avec intérêt les cérémonies et les prières de l'église, si pleines d'enseignement. *Quant aux dames et aux jeunes filles* vraiment chrétiennes, il ne faut pas insister longtemps auprès d'elles, pour leur faire comprendre qu'un livre de messe n'est pas un simple accessoire de luxe mondain, et que les proportions lilliputiennes qu'une certaine mode tend à lui donner, de nos jours, réduisent, avec le texte, la dévotion des lectrices, au lieu de l'éclairer et de la dilater par l'exposition si féconde de la sainte Liturgie.

La première partie
de la Messe.

La première partie de la Messe s'étend du commencement jusqu'au « Credo », elle constitue, pour ainsi dire, la *préparation du sacrifice.* Cette préparation s'accomplit d'abord, par un colloque intime entre le célébrant et le servant qui, représente l'assistance entière ; colloque où tous deux implorent la miséricorde divine et s'humilient, au pied de l'autel, par la récitation du « *Confiteor* », prière qui, dite avec contrition, a la vertu d'effacer les fautes vénielles. Puis viennent après l'*Introït*, psaume donnant le ton de la solennité que l'on célèbre, les neuf supplications du « *Kyrie* » « Seigneur ayez pitié de nous », si expressives dans leur concision, suivies immédiatement, quand la messe n'est pas célébrée pour les défunts ou aux jours de pénitence, par l'hymne angélique du « *Gloria in excelsis* », promettant la paix sur la terre aux hommes de bonne volonté. Les fidèles doivent s'unir de cœur et de bouche avec les hiérarchies célestes, tous les jours groupées autour des autels de la terre, comme dans le Ciel, dans l'adoration éternelle de la Majesté suprême.

Préparation du sacrifice.

Au « *Dominus vobiscum* », le prêtre s'inspirant de l'amour du cœur de Jésus dont l'autel est la figure, baise la pierre sacrée et, se retournant vers le peuple, il le salue en lui souhaitant tous les biens que porte avec elle la présence du Seigneur. C'est alors que le peuple reconnaissant le salue à son tour par ces mots « *et cum spiritu tuo* » *Que le Seigneur soit avec votre esprit*, dit-il. Cette touchante union du célébrant et des fidèles dans une même prière se manifestera souvent au cours du saint sacrifice par le mot « *Amen* » « *Qu'il en soit ainsi* », conclusion des nombreuses oraisons de la messe. *Les collectes* ou oraisons se terminent, ordinairement, par une louange admirable de la Sainte Trinité, en ces termes : « Par N.-S. J.-C. votre Fils, qui avec vous vit et règne dans l'unité du Saint-Esprit, Dieu, dans tous

Touchante Union des fidèles avec le Célébrant.

les siècles des siècles », et elles varient selon la diversité des jours, des fêtes et des époques. *La lecture de l'épître et de l'évangile* unis par le graduel, le trait, l'*alleluia* et même une prose, a lieu successivement. *L'Épître*, tirée des lettres des Apôtres, se lit, avant l'évangile, parce qu'elle en est la préparation. *Quant à l'Évangile,* c'est un passage pris dans l'un des quatre Évangélistes, et renfermant soit une instruction de Jésus-Christ, soit un de ses miracles, soit le récit de la partie de sa vie dont on honore, ce jour-là, la mémoire.

Lisons
le Saint Évangile.

Les fidèles doivent se tenir debout pendant la lecture de l'Évangile, par respect pour la parole divine dont, ils se déclarent ainsi, prêts à suivre avec docilité tous les salutaires enseignements.

Un usage trop négligé par un certain nombre, souvent par respect humain, veut que les assistants se signent en même temps que le prêtre, au début de l'Évangile, au front, pour indiquer qu'ils ne rougissent pas de la doctrine catholique, sur les lèvres, pour affirmer qu'ils sont prêts à la proclamer et sur le cœur, pour témoigner qu'ils l'aiment véritablement.

Nécessité
d'entendre
la parole de Dieu.

La courte instruction qui suit l'Évangile et où le Clergé développe, familièrement, aux messes basses, le dogme et la morale catholiques *a une importance capitale.* Un des grands maux de l'époque contemporaine c'est *l'ignorance religieuse,* et les allocutions pratiques de la chaire chrétienne ont pour mission de remédier à ce fléau qui, en entraîne une foule d'autres.. Mais les fidèles de la paroisse de Saint-Denis se rappelleront surtout qu'il ne suffit pas d'entendre la parole de Dieu, mais qu'ils doivent aussi se l'approprier et la mettre en pratique, et loin d'assister, de préférence, le dimanche, à une messe basse où les exigences d'un service surchargé et d'un personnel trop peu nombreux, ne permettent pas la prédication, ils rechercheront toujours *le paternel entretien de leurs prêtres* qui, n'ont qu'une chose à cœur, le bonheur ici-bas et, le salut éternel des âmes qui leur sont confiées.

Rien de plus convenable, que de réciter ensuite *et debout* (malgré l'usage contraire établi par la routine) le « Credo » en signe d'adhésion aux paroles du prédicateur, et de faire, en commun, une profession solennelle de la Foi catholique. *N'oublions pas* que chaque parole de notre « Credo » est l'expression d'une vérité officielle révélée par Dieu à l'humanité. Pour chaque mot, les plus éminents Docteurs de l'Église ont écrit les pages les plus sublimes, et des légions de martyrs ont versé leur sang pour en affirmer la vérité. Enfin, le « Credo » a été l'objet des méditations les plus profondes et les plus aimantes de tous les saints.

Paroissiens de Saint-Denis, nous l'espérons, après avoir lu ces pages, vous n'excuserez plus *les retardataires* qui, se croyaient en règle avec Dieu et leur conscience, en arrivant seulement à l'église pour l'Évangile ou pour l'Offertoire. Vous avez certainement compris que, l'exact rendez-vous pour tous, c'est le moment de l'arrivée du prêtre à l'autel, et, qu'il est grave d'en prendre et d'en laisser avec le Dieu de l'Eucharistie souverainement bon sans doute, mais qui sera aussi le souverain Juge dans l'éternité.

Purifier le cœur, éclairer l'esprit, augmenter la foi et la piété, tel est le but de la première partie de la Messe.

Sentiments qu'inspire la récitation du « Credo ».

Les retardataires.

CHAPITRE XXIV

Seconde partie de la Messe. Ce qui se passe à l'autel, à l'Offertoire. —
Les pressantes invitations de l'« Orate fratres » et du « Sursum corda ».
— Les trois magnifiques prières qui précèdent la « Consécration ». —
Grandeurs sublimes du mystère qui s'accomplit à l'« Elévation ». —
La meilleure attitude recueillie, recommandée aux fidèles par le
Souverain-Pontife Pie X Lui-même. — Prières qui suivent l'« Eléva-
tion ». — Quatrième partie de la Messe. La Communion. — Disposi-
tions du Prêtre qui célèbre et des fidèles qui communient. — L'acte
d'humilité du Centenier. — La communion spirituelle. — La dernière bénédiction. — La récitation par toute l'assistance des prières
après la Messe. — Devoir capital de la Messe. — Un mot aux Fonctionnaires de l'Etat neutre. — La question du repos hebdomadaire à
Saint-Omer. — La Messe matinale des fervents de la « pêche ». —
Les objections des ouvriers audomarois.

Seconde partie
de la Messe.
Ce qui se passe
à l'autel,
à l'Offertoire.

Le sacrifice proprement dit, commence avec l'Offertoire.
Le prêtre sanctifie alors et sépare du domaine des choses
profanes, par des oraisons particulières, le pain et le
vin, en les offrant à Dieu et en appelant, sur eux, la grâce
du Saint-Esprit. En offrant à Dieu le pain et le vin, la
pensée du prêtre se porte sur Notre-Seigneur Jésus-
Christ qui, bientôt, prendra leur place, et il s'offre lui-
même avec tous les assistants, en union avec le sacrifice
du Sauveur prêt à s'accomplir.

En se purifiant les doigts, le Célébrant indique les dispositions parfaites où il faudrait être pour mériter
d'offrir à Dieu le sacrifice de son Fils, puis il renouvelle
à la Sainte-Trinité l'offrande de l'hostie et du calice qui

doivent procurer sa gloire et aussi l'honneur des saints dont il fait mémoire à l'autel.

Avertis par le Célébrant qui, se retourne vers l'assistance et l'engage à redoubler de prières, par ces mots « *Orate fratres* » *Priez, mes frères* », les fidèles doivent alors réciter, avec lui, les différentes oraisons dites « *secrètes* », où les mystères de l'année ecclésiastique et le souvenir de l'oblation se pénètrent et se mêlent dans une variété admirable et une harmonie parfaite.

Les pressantes invitations de l' « Orate fratres » et du « Sursum corda ».

Enfin, le « *Sursùm corda* » « *En haut les cœurs* », voilà le mot d'ordre de la « Préface », l'hymne de la reconnaissance qui, doit unir les voix du prêtre et de son peuple à celle des esprits célestes, et inviter l'assistance par le glorieux trisagion du « *Sanctus* » et l' « *Hosanna* » triomphal, à pénétrer, avec ferveur, dans la troisième partie de la Messe où, dans le silence du sanctuaire, le Célébrant va désormais, à voix basse, et d'une manière toute mystérieuse, traiter les intérêts sublimes qui lui sont confiés.

Le signal donné par la clochette du chœur, rappelant que la partie la plus solennelle de la Messe, *le Canon,* la partie réglée, c'est-à-dire celle dont le rite sacré est resté invariablement le même, depuis les premiers siècles de l'Eglise, vient de s'ouvrir, tous sans exception doivent se mettre à genoux immédiatement. Attendre pour cela le coup de clochette de l'Elévation, c'est, on l'a dit avec raison, ne se décider qu'au *coup des paresseux.* Que l'on ne vienne pas alléguer ici une coutume invétérée ; l'esprit de foi et la bonne volonté des Paroissiens auront à cœur de la faire disparaître.

Trois prières magnifiques, qu'on ne saurait trop méditer, précèdent la Consécration.

Dans la première, le Célébrant, par voie de supplica-

Les trois magnifiques prières qui précèdent la « Consécration ».

tion, applique le Saint Sacrifice à l'Eglise militante tout entière, et spécialement au Souverain-Pontife régnant, à l'Évêque diocésain et aux fidèles qui ont demandé la célébration de la Messe, sans oublier les assistants présents, dont, dit-il à Dieu, vous connaissez la foi et la piété.

Espérons que, tous dans l'auditoire, méritent à un certain degré ce consolant éloge. Puis il fait solennellement mémoire de l'Eglise triomphante au Ciel, de la Très Sainte Vierge Mère de Dieu, des douze Apôtres et de douze martyrs des premiers siècles.

Dans la seconde prière, le prêtre demande pour cette vie, la paix, et pour l'autre, le salut éternel constituant la grâce des grâces et le but de la vie. C'est en effet Notre-Seigneur Jésus-Christ Lui-même qui a dit « A quoi sert à l'homme de gagner l'univers entier s'il vient à perdre son âme ».

Quant à *la troisième oraison*, elle est une introduction immédiate à l'acte de la Consécration, à la transsubstantiation du pain et du vin au corps et au sang de Jésus-Christ, et elle indique que le changement qui va avoir lieu, se fait pour nous, pour notre utilité et notre salut.

Grandeurs sublimes du mystère qui s'accomplit à l' « Elévation ».

Voici, le moment solennel par excellence, arrivé. Le prêtre, au nom de Jésus-Christ Lui-même, prononce sur le pain et sur le vin ces paroles toutes puissantes *« Ceci est mon corps ; ceci est mon sang ». Il parle*, et au moment même, toute la substance du pain et du vin disparaît, pour faire place au corps et au sang du Sauveur, et cela, sans aucun changement apparent, car par une division au-dessus de l'ordre naturel, les apparences sont séparées de leur sujet et se soutiennent miraculeusement. *Il parle*, et ce même corps du Christ voilé

SA GRANDEUR MONSEIGNEUR WILLIEZ, ÉVÊQUE D'ARRAS

pa r les espèces sacramentelles, y demeure tout entier, à
la fois dans toute l'hostie sainte et dans chaque partie
sensible. *Le prêtre parle enfin*, et le Fils de Dieu sans
quitter le séjour céleste, par une ineffable merveille de
sa toute-puissance, se trouve en même temps sur la
terre, livré à la discrétion de ses ministres, comme une
auguste victime immolée pour les péchés du monde.

Le Célébrant se prosterne alors en adoration, et élève
successivement, aux regards de tous, l'hostie divine et le
calice du Seigneur, pour bien indiquer que *Jésus-Christ
est l'unique médiateur du ciel et de la terre*, et inviter
le peuple à adorer le mystère de l'autel, réalisant, à la
fois, le touchant mystère de Bethléem et le drame douloureux du Calvaire.

Faisons remarquer que le Souverain-Pontife Pie X, afin
d'augmenter la foi des fidèles, ayant accordé 300 jours
d'indulgences à ceux qui regardent la Sainte Hostie et
le Calice, pendant leur double élévation, en disant
comme l'Apôtre saint Thomas, dans le Saint Évangile,
« *Vous êtes mon Seigneur et mon Dieu* », tous les assistants, au lieu de rester constamment inclinés pendant
les deux élévations, sont invités à tourner, deux fois,
leurs regards vers l'autel et à redire, deux fois, cette formule d'adoration, suivie chaque fois d'une profonde
inclination. Quelle adoration, quel recueillement, quelle
componction peuvent suffire à la pensée que Jésus-Christ
est là présent et qu'il y est pour nous. *Chrétiens distraits*,
chassez donc vos inutiles préoccupations et concentrez
votre esprit et surtout votre cœur, sur Celui que les élus
brûlent de contempler dans les parvis célestes. *Et vous
chrétiens coupables*, hâtez-vous de vous convertir, lais-
sez-vous toucher par le regard d'amour du Divin Maître
et n'imitez point les Juifs déicides, blasphémant leur

La meilleure
attitude recueillie,
recommandée
aux fidèles
par le
Souverain-Pontife
Pie X
Lui-même.

innocente Victime jusque dans son immolation sur la Croix.

Dans les trois oraisons qui suivent la Consécration, le Célébrant fait d'abord à Dieu, *l'oblation* de la divine Victime présente sur l'autel et mystiquement immolée, puis *la commémoraison* de l'Eglise souffrante du Purgatoire, demandant au Seigneur qu'il daigne accorder aux fidèles trépassés et spécialement aux âmes qui lui ont été recommandées, un lieu de rafraîchissement, de lumière et de paix. Enfin, après avoir prié pour les défunts, *il sollicite* pour tous les assistants et pour lui-même la *récompense du Ciel* obtenue par un sincère repentir.

Le tout se termine par une *seconde Elévation* des Saintes Espèces, accompagnée de différents signes de croix, avec l'affirmation, par le prêtre, que toute la gloire reçue par Dieu, il la doit à Jésus-Christ et que toute la gloire rendue à son Père par Jésus-Christ, il la Lui rend en se faisant sa victime et en immolant, avec Lui, tous les fidèles ses membres vivant par sa grâce et agissant par son Esprit.

Pour compléter le divin sacrifice, il faut qu'il y ait manducation, et cette manducation sera la *Communion.*

Comment se mieux préparer à ce grand acte que par la récitation commune de l'*Oraison dominicale*, la prière composée par Notre-Seigneur Jésus-Christ Lui-même, prière souverainement efficace, puisqu'elle nous vient de Celui qui scrute les profondeurs de l'homme et de Dieu, et sait, dans quels termes, la créature indigente et faible doit s'adresser à son Créateur. Le « *Pater* » dans sa brièveté est néanmoins *extrêmement complet* et ses sept demandes renferment tout ce qui peut être demandé par la créature à l'égard de Dieu, du prochain ou d'elle-même. *La prière* du « *Notre Père* » nous rappelle que nous sommes tous les enfants d'un même Père qui, après avoir glorifié Dieu sur la terre, en observant ses commandements, auront droit au même héritage de l'éternel bonheur, et elle est, de plus, à la fois le mémorial et l'exercice des plus belles vertus chrétiennes : l'humilité, la religion, la foi, l'espérance et la charité.

Après avoir sollicité de l'Agneau de Dieu, Notre-Seigneur Lui-même, le *grand bienfait de la paix*, qu'Il est venu apporter au monde, paix avec Dieu, par la pureté de conscience, paix avec nous-mêmes, par la mortification de nos passions et, paix avec le prochain, qui dissipe toute haine et toute froideur, le Prêtre récite plusieurs prières pour achever sa préparation au grand acte de la communion qu'il a, seul, le bonheur de faire sous les deux espèces du sacrifice Eucharistique.

C'est alors qu'a lieu également la communion des fidèles, précédée du « *Confiteor* » et de l'absolution du prêtre, ayant tous deux, comme sacramentaux, la vertu d'effacer les fautes vénielles qui, feraient encore ombre dans les âmes, pour la venue du divin Soleil eucharistique.

La triple formule de l'acte d'humilité, empruntée au Centenier de l'Evangile « Seigneur, je ne suis pas digne », formule que tous les assistants, sans exception, doivent répéter, en ce moment, en se frappant la poitrine, retentit, à travers l'église, au milieu d'un silence émouvant, et bientôt, chacun des heureux élus du banquet divin entend prononcer pour lui le consolant souhait « *Que le corps de Notre-Seigneur Jésus-Christ garde votre âme pour la vie éternelle. Ainsi soit-il* ».

Pourquoi cet immense bonheur ne serait-il pas partagé plus souvent et par un plus grand nombre d'âmes, selon le désir du Souverain-Pontife Pie X, interprète autorisé et remplaçant du Sauveur sur la terre, comme nous le dirons plus loin ?

La Communion spirituelle.

A défaut de la communion sacramentelle, ne manquons pas de communier spirituellement : Faisons pour cela un acte de foi bien senti à la présence réelle, désirons vivement recevoir l'Auteur et la source première de tous les biens, et redisons-Lui notre amour reconnaissant.

La dernière partie de la messe est consacrée entièrement à l'action de grâces, et, après les oraisons dites de la Postcommunion, le Prêtre confirme par une bénédiction s'étendant à toute l'assistance, les grâces de choix obtenues pendant l'auguste Sacrifice qui s'achève.

La dernière bénédiction.

Remarquons que la dernière bénédiction ne doit pas être un signal de départ pour les paroissiens, le dernier évangile, ordinairement celui de *saint Jean*, mérite toute notre attention pour le sublime exposé qu'il nous donne de la génération éternelle, de la toute-puissance et de la divinité du Verbe fait chair pour notre salut. C'est sur cet évangile que, *les princes prêtaient, autrefois, le serment* et les fidèles aimaient à le porter sur eux, à s'en servir comme d'un préservatif dans les tentations et les maladies et même à le faire déposer dans leur sépulture.

La récitation par toute l'assistance des prières après la Messe.

Depuis plusieurs années, les Souverains-Pontifes ont ordonné d'ajouter aux messes basses dont nous venons de parler, la récitation du « *Salve Regina* » et d'une oraison avec trois fois l'invocation « *Cœur Sacré de Jésus, ayez pitié de nous* ». — *Ces prières* supplémentaires demandées en raison des épreuves présentes de la Sainte Eglise, *doivent être récitées, à haute voix, par tous les assistants,* en latin ou en français, et l'union franche et résolue des voix dans la prière commune, est le meilleur indice de l'union des cœurs dans les paroisses ferventes. *Puisse la paroisse de Saint-Denis être, toujours, du nombre de ces dernières.*

Devoir capital de la Messe.

L'assistance à la messe étant un *devoir capital* et urgent pour tous les catholiques, on se demande, parfois, comment un trop grand nombre de paroissiens de Saint-Denis, surtout dans la classe ouvrière, s'en exemptent si facilement ?

Un mot aux Fonctionnaires de l'Etat neutre.

L'ignorance de la religion et *des choses de la foi*, y est d'abord pour beaucoup, mais l'indigne et lâche respect humain en est surtout la première cause. *Fonctionnaires de toute catégorie*, ne savez-vous donc pas qu'il est écrit au frontispice de la loi de Séparation « *La République assure la liberté de conscience. Elle garantit le libre exercice des cultes* ». Les trembleurs n'ont donc aucune excuse, et le tribunal de l'opinion publique vient se joindre à la voix vengeresse de leur conscience, qu'ils ne sauraient jamais complètement étouffer, pour leur rappeler qu'en manquant à la messe, non seulement ils ne sont plus honnêtes devant Dieu, mais qu'ils portent les fers d'un esclavage indigne de l'ère de liberté officiellement proclamée au xxe siècle.

La question du repos hebdomadaire à Saint-Omer.

Les commandements de Dieu et de l'Eglise et la loi civile à l'égard du repos hebdomadaire sont relativement bien observés, dans notre ville de Saint-Omer, pour le plus grand bien matériel de tous, et, sauf quelques corporations obligées de rester les victimes des exigences des progrès mêmes de la vie sociale, les ouvriers ont leur liberté le dimanche. De 5 heures 1/2 à 11 heures 1/2, *il est donc facile, à tous ceux qui ont un peu de bonne volonté,* de trouver la *demi-heure* nécessaire pour remplir leur devoir religieux et l'expérience est là, pour prouver que la bonne conscience du devoir accompli donnera un nouveau charme à tous les autres délassements légitimes de la journée.

La messe matinale entendue ne serait-elle pas une sauvegarde de plus pour les *voyageurs du dimanche* et pour les ouvriers, *pêcheurs intrépides* de la première heure, qui auraient, ainsi, plus de droits à obtenir de la divine Providence, dans les cours d'eau de Clairmarais, de Watten ou du Bachelin, la pêche miraculeuse du lac de Galilée.

Enfin, la première responsabilité revient aux mères et aux épouses, dans les familles ouvrières, car si elles ne donnent pas elles-mêmes l'exemple (sauf, bien entendu, les cas où leurs devoirs d'état les en empêchent formellement) elles perdent toute autorité pour engager leurs maris et leurs enfants à venir à l'église. Or, sans cette démarche hebdomadaire, la famille ouvrière n'a le droit d'attendre de Dieu ni prospérité matérielle ni vrai bonheur ici-bas.

Signalons aussi le peu de valeur de l'objection, alléguant la pénurie de vêtements convenables pour paraître décemment dans l'église, car les habits nécessaires qu'on dit ne pas posséder pour aller à la messe, sortent, comme par enchantement, des armoires, aux jours de fête et de deuil des familles, sans oublier les fêtes communales ou même les simples après-midi des lundis parfois chômés.

La Messe matinale
des fervents
de la « pêche ».

Les objections
des
ouvriers
audomarois.

CHAPITRE XXV

La grand'messe célébrée pour les paroissiens. — Cérémonies qui lui
sont spéciales. — Le chant à l'unisson. — Les enthousiasmes de notre
« Credo » séculaire. — En quoi consiste l'office des vêpres. — Ce que
valent les raisons qu'on allègue, pour s'en dispenser. — Bienfait
inestimable de la Bénédiction du Très Saint-Sacrement. — Le Chemin
de la Croix dévotion réparatrice qui s'impose.

Parmi les messes célébrées à la paroisse de Saint-Denis, chaque dimanche, *la grand'messe* tient le premier rang par ses cérémonies imposantes et significatives qui, disent mieux, à Dieu, notre reconnaissance, et nous rappellent davantage la sublimité de l'adorable mystère de nos autels. De plus, le Clergé a le devoir de dire spécialement cette *messe aux intentions de toute la paroisse*. La majorité de cette dernière devrait donc s'y donner rendez-vous. Sans doute, les jours de grande fête un auditoire très complet envahit les vastes nefs, désireux de s'associer à l'allégresse générale de la famille paroissiale, mais, les dimanches ordinaires, cette grand'messe est relativement trop peu fréquentée. Si l'harmonie et la puissance des chants liturgiques, si la splendeur des décorations et des ornements, varient nécessairement, selon le degré des fêtes, la grand'messe comporte toujours certaines cérémonies spéciales pleines d'enseignements qui, devraient la faire rechercher, de préférence, par les vrais fidèles.

La grand'messe
célébrée
pour les paroissiens.

**Cérémonies
qui lui
sont spéciales.**

C'est en effet à la grand'messe qu'ont lieu la *bénédiction de l'eau et l'aspersion des fidèles*, préparant l'assistance au sacrifice par excellence qui, réclame les plus saintes dispositions, à la fois, du célébrant et des paroissiens. C'est à la grand'messe qu'à quatre reprises différentes *l'encens, symbole de la prière* partant d'un cœur embrasé d'amour, remplit le sanctuaire de ses nuages odoriférants, pour honorer tour à tour l'autel, l'évangile, le prêtre, les saintes espèces et même les fidèles membres et temples de Jésus-Christ par la réception des sacrements. C'est à la grand'messe, qu'*au prône*, le prêtre adresse d'abord à Dieu, des prières pour l'Eglise universelle et les Chefs de sa hiérarchie sainte, pour les bienfaiteurs de la paroisse, les membres vivants et défunts et aux intentions de tout le peuple chrétien. Puis viennent *la publication des bans de mariage*, l'énumération des différents offices et solennités de la semaine et les prescriptions qu'ils entraînent, enfin la lecture des documents émanés de l'autorité ecclésiastique, par exemple les encycliques du Souverain-Pontife et les lettres et mandements de Monseigneur l'Evêque. Le prône se termine par *une instruction simple et familière* sur une des vérités de la Religion ou un passage de l'Evangile. Ceux qui s'y montrent assidus, y acquièrent toutes sortes de notions qui, entretiennent, rectifient ou complètent leurs connaissances religieuses, tandis que la négligence en cette matière compte parmi les causes de l'affaiblissement de l'état religieux.

Chaque jour, de nouvelles erreurs, ou plutôt *de nouvelles formes d'erreurs* se produisent et, les fidèles ont besoin d'être mis en garde contre elles, et par conséquent, d'écouter ceux qui ont reçu la divine mission de les dénoncer et de les réfuter.

On ne saurait trop engager les assistants à s'unir aux chants, relativement faciles, du « *Kyrie* », du « *Gloria* », du « *Credo* », du « *Sanctus* », et de l' « *Agnus Dei* », ce serait répondre pleinement aux désirs du Souverain-Pontife *Pie X* qui, dans un « *Motu proprio* » récent, a rigoureusement proscrit des églises, la musique mondaine et théâtrale, pour rendre au *chant à l'unisson*, la place d'honneur traditionnelle qu'il occupait, dès les premiers siècles du Christianisme.

Rien de plus émouvant par exemple, que d'entendre chaque année à Notre-Dame de Paris, à la clôture de la retraite pascale, trois à quatre mille hommes s'apprêtant, tous, à recevoir la Sainte Eucharistie, chanter d'une seule voix et d'un seul cœur *le glorieux « Credo »* catholique qui retentit sous les voûtes de nos églises, depuis l'ère des martyrs. *Paroissiens de Saint-Denis, soyez donc fiers de votre « Credo »* et, en le redisant avec un invincible enthousiasme, souvenez-vous qu'il a été *le code* de toutes les libertés bienfaisantes, introduites peu à peu avec lui dans la société païenne et, dont il a opéré le renouvellement, en même temps que *l'hymne* des plus nobles combats et des plus merveilleuses victoires. Enfants et adolescents, femmes et jeunes filles qui constituez, présentement, la majorité des assistants de la grand'messe, c'est à vous qu'il appartient de convier le plus souvent possible, vos pères, vos époux et vos frères à la plus solennelle et la plus touchante des supplications paroissiales.

La grand'messe, en un mot, c'est bien la *réunion de famille par excellence,* et le *pain bénit* que l'on y distribue à l'assistance, tout en étant le mémorial des agapes des premiers siècles du christianisme, est, avant tout, un gage de paix, de fraternité et d'union. Ce pain bénit offert, à tour de rôle, par les paroissiens aisés, remet, en qualité de sacramental, les péchés véniels à tous ceux qui, étant *en état de grâce*, le mangent avec une foi véritable et un regret sincère de leurs fautes.

En quoi consiste l'office des vêpres.

L'office des vêpres qui, dans les premiers siècles de l'Eglise, se célébrait à la tombée de la nuit, a lieu dans sa forme actuelle depuis *le IXe siècle* et, comprend cinq psaumes et autant d'antiennes, le capitule, une hymne, un verset, le cantique du « *Magnificat* » et son oraison. Ces différentes prières varient selon les fêtes célébrées, et le ton de leur chant est plus ou moins solennel. Quand les assistants prennent part à ce chant relativement facile, *cette supplication commune* devient véritablement imposante et les paroisses devraient avoir à cœur de l'exécuter d'une façon aussi édifiante que dans les communautés religieuses où, elle réalise si bien la *prière familiale*.

Ce que valent les raisons qu'on allègue pour s'en dispenser.

Chantées ordinairement à 2 heures et demie, les vêpres de la paroisse de Saint-Denis trouvent, comme partout, un obstacle à leur fréquentation, dans *les repas de famille* forcément prolongés, surtout dans la classe ouvrière où, ils commencent très tard, et dans les *promenades hygiéniques* en parfait accord avec le repos si légitime du dimanche. L'expérience est là cependant pour prouver que, *dans la bonne saison, l'assistance aux vêpres* laisse encore aux promeneurs d'agréables loisirs, et que durant le semestre maussade, auquel nous devons nous résigner dans notre région, la Faculté de médecine, dans l'intérêt de la santé de ses clients, doit reconnaître que le concert spirituel des vêpres leur sera plus favorable que le concert artistique, tout mélodieux qu'il soit, exécuté au milieu des *intempéries hivernales du Jardin public*.

La présence aux vêpres s'impose, tout particulièrement, *les jours de grande fête* et, quand une prédication spéciale y est annoncée en faveur d'une œuvre charitable.

Enfin et surtout, la pensée de recevoir la bénédiction du Très Saint-Sacrement, doit déterminer les vrais paroissiens à ne manquer cet exercice que dans le cas de force majeure. En effet, cette *Bénédiction du « salut »* qui complète les vêpres, au milieu des chants, des fleurs, des lumières, de la suave odeur de l'encens, et qui s'étend sur le peuple respectueusement prosterné, n'est-ce pas une *amende honorable* pour expier l'ingratitude et l'oubli de tant de mauvais chrétiens. Jésus-Christ en personne, sort de son tabernacle pour nous bénir Lui-même et nous combler de ses faveurs, allons à Lui avec confiance, car le Dieu irrité du Sinaï a fait place ici au Dieu oubliant sa puissance pour ne laisser triompher que son amour.

Heureux sont entre tous, les paroissiens privilégiés de Saint-Denis pouvant, chaque jour de la semaine, recevoir cette divine bénédiction pour eux-mêmes, pour leurs familles et pour la paroisse entière, retenue loin de l'église par d'absorbants devoirs d'état.

L'exercice du Chemin de la Croix mérite, également, ici, une mention spéciale parmi les prières communes faites à l'église. Le chemin que notre divin Sauveur parcourut sous le pesant fardeau de sa croix depuis le palais de Pilate où il fut condamné à mort, jusqu'au sommet du Calvaire où il fut crucifié, a été dès l'origine l'objet de la vénération des fidèles. *Les difficultés que présente le voyage en Palestine*, ont engagé l'Église, sur l'instante demande des Religieux Franciscains, à multiplier les représentations des différentes stations du chemin de la croix et à attacher, à ces représentations, les mêmes in-

Bienfait inestimable de la Bénédiction du Très Saint-Sacrement.

Le Chemin de la Croix, dévotion réparatrice qui s'impose.

dulgences considérables que les pèlerins pouvaient gagner en visitant, personnellement, les stations de Jérusalem. *Ces indulgences* sont applicables aux âmes du purgatoire.

Compatir aux souffrances de Jésus crucifié et entrer généreusement, à sa suite, dans *l'esprit de réparation*, s'impose, plus que jamais, de nos jours, à notre société contemporaine. Il est à souhaiter qu'à la suite de Marie, mère de douleurs, de *saint Jean*, le bien-aimé, de *Véronique* et de *Simon de Cyrène*, un plus grand nombre de paroissiens s'attachent, de temps en temps, aux pas de notre Adorable Sauveur, afin d'obtenir, par sa croix triomphante, la résurrection des âmes pécheresses, si malheureuses loin de Dieu.

CHAPITRE XXVI

Le baptême à l'église paroissiale et ses conditions. — Les engagements
sacrés pris par le parrain et la marraine. — Les leçons et les espérances du nom de baptême. — Cérémonie de la Confirmation. —
Merveilleuse action du Saint-Esprit dans les âmes justes. Comment
Il convertit les pécheurs. — Les sept dons et leurs fruits dans les
âmes. — La Confirmation nous arme chevaliers du Christ.

*Temple de Dieu et de la prière, l'église de Saint-Denis
est, également, une source vivifiante de vie surnaturelle
pour les âmes.*

C'est d'abord dans le *baptistère*, décrit plus haut, que
les petits enfants, le meilleur espoir de la paroisse,
doivent être présentés, *sitôt leur naissance*, pour y recevoir le sacrement destiné à effacer en eux la faute originelle et les rendant chrétiens, enfants de Dieu et de
l'Eglise. *Le baptême* est le premier des sacrements, parce
qu'on ne peut en recevoir aucun autre avant lui ; il est
aussi le plus nécessaire, car personne ne peut être sauvé
sans lui.

Les nouveau-nés doivent être apportés à la paroisse,
pour y être baptisés, sans retard, et sans différer au delà
du *troisième jour*. S'ils se trouvaient en danger de mort,
toute personne peut les baptiser, à domicile, en versant
de l'eau naturelle sur la tête de l'enfant et en prononçant
en même temps ces paroles : « *Je te baptise au nom du
Père et du Fils et du Saint-Esprit* ». Dans ce cas, aussitôt
que l'enfant ondoyé est transportable, on doit l'amener
à l'église pour suppléer les cérémonies.

**Les
engagements sacrés
pris
par le parrain
et
la marraine.**

Les catholiques seuls, peuvent être *parrain et marraine ;* quand ces derniers sont des enfants, l'un des deux doit, au moins, avoir fait sa première communion et l'autre avoir sept ans et être instruit des principales vérités de la religion. Les Parrain et Marraine contractent avec l'enfant et ses Père et Mère, *une sorte de parenté spirituelle* qui, constitue un empêchement dirimant au mariage. -

Ils ne doivent pas oublier qu'ils deviennent comme les père et mère des baptisés dans l'ordre du salut et, qu'à ce titre, ils ont le devoir de veiller à leur instruction et à leur éducation chrétiennes. *Que de parrains et de marraines* se croient libérés de tout autre souci, lorsqu'ils ont plus ou moins généreusement ouvert leur bourse pour les étrennes annuelles.

**Les leçons
et
les espérances
du nom de baptême.**

Enfin le nom ou les noms de baptême, donnés en cette heureuse circonstance, doivent, avant tout, être choisis *dans le calendrier* ou *le martyrologe des Saints catholiques.* Ils rappellent à chacun l'obligation de tendre, tous les jours de la vie, à la sainteté jusqu'à l'heure suprême de l'éternelle récompense où, protégés et protecteurs seront, à jamais, ineffablement unis dans la félicité parfaite de la divine Charité. « Mes enfants, disait il y a quelques années, à son lit de mort, une audomaroise vénérable mère de famille, parvenue à l'âge patriarcal, souvenez-vous, toujours, que je vous ai donné au baptême des noms de *grands saints,* afin qu'un jour, au Ciel, vous formiez ma couronne, avec le même titre que vos illustres Patrons ». *Pères et mères,* retenez cette sublime et touchante recommandation et perpétuez-la à vos chers foyers où, elle fera descendre l'abondance des bénédictions divines. *Et vous, enfants chrétiens,* faites honneur à votre nom de baptême, invoquez

Vue générale de l'Abbaye de Saint-Bertin, en 1756

chaque jour, comme votre Ange protecteur, votre saint Patron ou votre sainte Patronne ; ce nom n'est pas, comme le dit le langage ordinaire, un petit nom, il est au contraire *le grand nom*, le nom glorieux de votre éternité. *Chaque année, au jour de votre fête* patronymique, au milieu de la sainte effusion de l'affection des vôtres, si réconfortante dans les familles vraiment chrétiennes, examinez sincèrement, devant Dieu, si vous avez toujours fait honneur à ce nom qui reste la source de vos meilleures espérances. *Pour vous, mères chrétiennes,* quand, au retour de l'église, on vous présente joyeusement votre enfant, baisez avec respect et amour son front encore tout parfumé par l'onction du saint chrème, et *promettez à Dieu* de Lui garder intact ce trésor incomparable d'une petite âme chrétienne, désormais héritière du royaume céleste.

La tradition veut qu'une cérémonie générale groupe à la Basilique Notre-Dame, tous les enfants de la ville qui reçoivent, ordinairement, *le Sacrement de Confirmation* des mains de Sa Grandeur Monseigneur l'Evêque d'Arras, au mois de juillet et pendant la neuvaine de Notre-Dame des Miracles. Cependant, par une heureuse exception, cette solennité a lieu *de temps en temps dans l'église paroissiale de Saint-Denis* et les confirmants y sont admis, pour y recevoir le sacrement qui leur donne le Saint-Esprit, avec l'abondance de ses dons et, les rend parfaits chrétiens. La réception de la Confirmation est *un acte très important* qui aura son retentissement jusqu'au seuil de l'éternité. *Le Saint-Esprit* descend, en effet, dans l'âme de chaque adolescent pour l'aider à soutenir *la triple lutte* contre le monde, le démon et ses propres passions, à conserver intacts sa foi et ses mœurs au milieu d'une société incrédule et corrompue, et à suivre

Cérémonie
de
la Confirmation.

avec courage la voie providentielle à laquelle il est destiné ici-bas.

Le Saint-Esprit est la troisième personne de l'auguste Trinité, Dieu comme le Père et le Fils, ayant la même nature divine, procédant de l'un et de l'autre comme d'un seul principe et leur égal en toutes choses. C'est lui qui, de ses divines ardeurs, anime et vivifie le Ciel tout entier et lui inspire d'éternelles louanges à l'honneur du Tout-Puissant.

Sur la terre, c'est l'Esprit Saint qui conduit et dirige l'Eglise depuis sa divine fondation, lui donne ce courage, cette patience et ce calme admirables, en face des épreuves parfois si terribles, que lui font subir ses ennemis et, continue, par elle, la sanctification des âmes. *C'est de son amour* que nous recevons les merveilleux effets des sacrements, effets que nous ne pourrons bien connaître et apprécier qu'au Ciel. *C'est encore à l'Esprit divin* qu'il faut attribuer ces inspirations si belles que reçoivent les âmes saintes, ces nobles sentiments et ces dévouements honorant l'humanité, en même temps qu'ils sont la sauvegarde de la société. *Que de fois enfin, le Saint-Esprit* frappe à la porte du pauvre cœur humain, lors même qu'on ne veut pas lui ouvrir! Que de fois, n'écoutant que son amour et malgré les rebuts des âmes pécheresses, il revient et revient encore, cherchant à délivrer les pauvres captives du poids de leurs iniquités.

Les dons reçus au jour de la Confirmation sont :

1° *la Sagesse* qui nous communique, au plus haut degré, la connaissance et l'amour des choses divines. La vertu de justice l'accompagne et ses fruits sont la charité, la paix et la mansuétude.

2° *l'Intelligence* qui nous fait comprendre et pénétrer

les vérités surnaturelles ; escortée de la Tempérance, elle produit la continence, la chasteté et la modestie.

3° *le Conseil* qui nous fait discerner avec certitude les meilleurs moyens d'arriver au Ciel. La vertu qui en résulte est la Prudence, avec la paix comme principal fruit.

4° *la Force* qui nous donne le courage d'entreprendre de grandes choses pour Dieu, et la confiance de les accomplir, malgré les obstacles. Ses fruits sont la patience et la longanimité.

5° *la Science* qui nous fait distinguer, dans les choses spirituelles, le vrai du faux et le bien du mal. La vertu de mortification, fondée sur la Foi, l'accompagne.

6° *la Piété* qui nous remplit d'affection filiale pour Dieu et nous le fait honorer comme un père. La douceur, la bonté et la bénignité en sont inséparables.

7° *la Crainte* nous fait respecter Dieu comme juge et comme père, et fuir le péché qui nous priverait de Lui. L'humilité est la vertu qui la met en exercice.

Tels sont les sept dons reçus avec un caractère ineffaçable par chaque confirmant. Si, en raison d'empêchement majeur, quelqu'un n'avait pu recevoir ce sacrement dans sa jeunesse, c'est un devoir pour lui d'en solliciter la réception, au plus tôt, quelque soit l'âge auquel il serait parvenu. Les retardataires seront toujours les bienvenus, et l'Esprit Saint saura réserver des grâces de choix pour leur bonne volonté. *Il est certain que, si au milieu des luttes de la vie* et des persécutions de l'heure présente, les catholiques de France se rappelaient, davantage, le souvenir de l'inestimable trésor des dons du Saint-Esprit qui reste toujours en leur possession, nous n'assisterions pas, dans notre chère Patrie, à tant de lâches et désolantes défections.

La Confirmation
nous arme
chevaliers du Christ.

Paroissiens de Saint-Denis, souvenez-vous donc, tou-jours, que l'Esprit de force et de vaillance est en vous, et que votre Évêque, en vous confirmant, vous a armés chevaliers du Christ et soldats de l'Eglise militante, pour la victoire et non pour la défaite.

CHAPITRE XXVII

Le Sacrement de Pénitence, sa nécessité et ses bienfaits. — Le Prêtre au saint tribunal, image vivante du divin Bon Pasteur est, d'abord, un *père plein de bonté*. — Il est aussi le compatissant *médecin* des âmes. — Il est encore un *docteur* autorisé. — Son enseignement privé est plus fructueux que celui de la chaire chrétienne. — Il est enfin, un Juge impartial, miséricordieux avant tout. — Le courant qui éloigne du sacrement de pénitence. — Quelques conseils pratiques qui faciliteront sa réception par toutes les âmes de bonne volonté.

La divine Bonté qui ne veut pas la mort du pécheur, mais sa conversion et sa vie, a institué *le sacrement de pénitence*, pour ceux qui, depuis leur baptême, ont offensé Dieu gravement. L'Eglise fait *un précepte formel* de recevoir ce sacrement, au moins, une fois l'an. La même obligation pèse sur les fidèles qui sont en danger de mort et coupables de faute grave. Enfin, *la grâce sacramentelle* est souvent nécessaire pour vaincre les tentations, et si les âmes coupables vivent et languissent dans leur malheureux état, sans recourir à ce divin remède, elles font injure à Dieu et s'exposent à mourir en réprouvées.

Voilà pourquoi les tribunaux de la pénitence, dont le nombre doit se multiplier en rapport avec le chiffre de la population paroissiale, occupent toujours une place d'honneur dans nos églises.

C'est un fait d'expérience générale qu'une confession bien faite et qu'une absolution dûment reçue comblent

l'âme d'une *paix ineffable* et d'une *intime joie*. La *confession,
en effet, exerce sur les âmes*, franchement chrétiennes, une
mystérieuse attraction, tandis que les multitudes igno-
rantes ou oublieuses de leurs devoirs éprouvent à son
égard une sorte de frayeur ou de répulsion.

Sans doute, la confession demande un effort, elle doit
être à la fois humble, simple, prudente et entière, et la
contrition qui l'accompagne doit, de son côté, être intérieure et surnaturelle, souveraine et universelle, mais,
en raison même de cet effort généreux, elle a toujours
été et sera toujours la vraie consolation de la pauvre
humanité souffrante, sur cette terre de passage et d'exil.

En instituant la confession, le Sauveur du monde a
préparé, dans la personne du prêtre, à tous les malheureux et à tous les coupables, un *confident discret, sûr,
charitable, désintéressé, prêt à tous les dévouements*. Combien de découragés ont retrouvé l'espérance dans ces
saintes confidences et sont devenus vaillants, combien
de crimes ont été empêchés et de vies réhabilitées,
combien aussi de joies ont été purifiées, contenues et
sauvegardées.

Ce prêtre qui attend, avec une patience inlassable, tous
ceux qui ont besoin d'être pardonnés, apparaît à la
lumière de la Foi, entouré d'une auréole divine ; en
effet, il possède sur les âmes une puissance et un droit
incontestables, car *il tient la place de Jésus-Christ*. A
peine sommes-nous agenouillés, à peine nous a-t-il
bénis, qu'une grâce visite notre âme pour l'aider suavement à s'ouvrir. Dieu l'a pris parmi les hommes, pour
qu'il puisse compatir davantage aux faiblesses humaines
qu'il doit travailler à guérir.

Le prêtre au saint tribunal est d'abord, *un Père*, c'est
d'ailleurs le nom que nous lui donnons avec confiance.

Le Prêtre
au saint tribunal,
image vivante
du
divin Bon-Pasteur,
est d'abord,
un *père*
plein de bonté.

Ce Père encourage et admire les merveilles de la grâce divine dans les âmes fidèles et rien n'est beau comme les opérations de l'Esprit de Dieu dans ses Saints ; ou bien, après avoir retrouvé, en bon pasteur, la brebis égarée parmi les épines, *il prie, il travaille, il souffre* pour obtenir du Ciel les secours qui relèvent et affermissent. *Que d'âmes doivent après Dieu*, à un prêtre qui prie et s'immole pour elles, la force qui les tient debout au milieu des luttes de la vie et une partie de la grâce qui les rappelle au devoir.

Il est aussi médecin des âmes dont, il a le devoir d'étudier les maladies spirituelles, afin d'en conjurer, pendant qu'il en est temps encore, les déplorables effets ; soyons fidèles à ses prescriptions qui, suivies docilement, nous éviteront bien des malheurs.

Il est aussi le compatissant *médecin* des âmes.

Le prêtre est encore docteur. L'âme humaine aspire naturellement à la lumière, or le péché est une cause d'obscurcissement, et peu à peu il conduit à un aveuglement complet. Le sacrement de pénitence qui doit faire disparaître le péché, ramène donc la lumière, et le confesseur qui aide et dispose le pécheur à le recevoir est, par là même, un porte-lumière, un docteur. *Ce docteur passe sa vie dans une étude constante ;* l'expérience fortifie son jugement et sa prière elle-même est encore une façon, non la moindre, de s'instruire dans les voies de Dieu et de se perfectionner, chaque jour, dans cet « *art des arts* » *qui est le gouvernement des consciences.*

Il est encore un *docteur* autorisé.

Nulle part, son enseignement n'est d'une application plus précise et plus immédiate qu'au confessionnal. *Lorsque la vérité tombe du haut de la chaire,* elle subit souvent le sort des semences jetées aux jours de grand vent, une foule de germes précieux s'égarent et sont perdus. On est si aveugle en matière spirituelle, si indulgent

Son enseignement privé est plus fructueux que celui de la chaire chrétienne.

pour soi, on a l'oreille si dure aux avertissements qui réclament des sacrifices. Bien des auditeurs reconnaissent, au sermon, *les défauts du voisin*, mais il faut être bien humble pour y trouver les siens. Au saint tribunal, au contraire, la leçon est directe et personnelle. Comme autrefois le prophète, le prêtre nous dit : « *C'est vous,* » vous-même à qui je rappelle les devoirs et les droits sacrés de Dieu. *Ajoutez à cela la grâce du sacrement* tout imprégné du sang divin, et vous comprendrez que l'homme s'efface plus facilement pour laisser apparaître le prêtre plus grand et plus uni à Jésus-Christ. Aussi les âmes qui ont le sens divin très développé, tiennent-elles en particulière estime, les lumières, les avis et les conseils qui leur viennent du tribunal de la pénitence.

Le prêtre confesseur *est enfin un juge,* et son jugement, ses décisions et ses avis ont un retentissement jusque dans l'éternité. Sans doute les péchés sont remis à ceux à qui ce juge miséricordieux les remet et, ils sont retenus à ceux à qui il les retient, mais le pénitent a, par avance, l'heureuse conviction que c'est une sentence de pardon qui l'attend, s'il sait s'accuser sincèrement et réparer ses torts.

En résumé, la confession, par la plus douce communication de la Grâce divine, nous guérit de la douleur de l'isolement ; *la contrition de son côté,* par la plus suave componction, nous guérit du mal redoutable de l'endurcissement, *enfin, l'absolution* nous donne la confiance absolue du pardon et, par là, nous guérit du ver rongeur du remords.

On voit parfois, à certaines époques comme la nôtre, les fidèles céder aux courants pernicieux qui, les éloignent plus ou moins des tribunaux de la pénitence, mais quand les nuages des préjugés, des erreurs et des

Il est enfin un juge impartial, miséricordieux avant tout.

Le courant qui éloigne du sacrement de pénitence.

passions se sont dissipés dans l'atmosphère de la vie morale et religieuse, *alors on revient à la confession, comme au repos, après l'orage.*

Paroissiens de Saint-Denis, il appartient à votre vaillance chrétienne de hâter l'heure, tant désirée de tous, de l'accalmie bienfaisante. *Représentants des professions libérales, industriels, commerçants, patrons et patronnes,* n'hésitez plus à remplir ce que, dans le langage de tous on appelle *le devoir,* et reconnaissez que le respect humain et une prétendue honnêteté ne sauraient tranquilliser vos consciences.

Fonctionnaires, lisez donc l'article second de la « *Loi de séparation* » sur la liberté de conscience, et brisez les indignes entraves d'une peur qui asservit, depuis trop longtemps déjà, les âmes françaises.

Employés, ouvriers et ouvrières, vous qui peinez tant en ce monde, de grâce, ne refusez pas le bonheur que le pardon divin vous rendra avec les joies réconfortantes d'une conscience libérée de la tyrannie du péché.

La confession annuelle pour tous, la confession des grandes fêtes pour un grand nombre, la confession mensuelle pour les adolescents, la confession de quinzaine pour les âmes d'élite qui, d'après un récent décret du Souverain-Pontife, peuvent même, sans aucun délai fixé pour la confession, gagner toutes les indulgences plénières, à la condition de faire régulièrement au moins cinq fois la sainte communion par semaine, voilà l'idéal que la bonne volonté de tous doit s'efforcer de réaliser.

Aux personnes de cette dernière catégorie qui, pour des raisons de vocation religieuse, de direction spirituelle et de plus grande sanctification, se confesseraient plus souvent, nous ajouterons ce dernier conseil : « La veille des fêtes, laissez entièrement libre l'accès du saint tri-

Quelques conseils pratiques qui faciliteront sa réception par toutes les âmes de bonne volonté.

bunal pour ceux qui ne s'approchent du sacrement de pénitence qu'en cette circonstance ». *Vous rendrez ainsi un utile service* à votre Clergé qui serait encore trop peu nombreux, même si ses rangs étaient doublés, pour atteindre toutes les âmes que son zèle désire rapprocher de Dieu.

Que les *patrons et patronnes*, que les maîtres et maîtresses de maison combinent, enfin, toutes choses, pour que les dernières heures de la soirée soient surtout réservées à la confession de leurs domestiques et servantes ou de leurs employés. *Il est en effet d'expérience que la prospérité des familles et des ateliers* est intimement liée à la sanctification de la jeunesse par la pratique régulière et fréquente des sacrements, sans laquelle il n'y a pas de persévérance chrétienne possible.

CHAPITRE XXVIII

Résidence permanente de Jésus-Christ au saint taber-nacle, nous l'avons vu plus haut, l'église de Saint-Denis est aussi, le sublime rendez-vous de la famille paroissiale pour le banquet eucharistique où l'Auteur même de la grâce met à la disposition des âmes fidèles, sans exception, son corps, son âme, son sang et sa divi-nité, à la fois sources de vie surnaturelle ici-bas et gages de vie immortelle dans l'éternité.

Pain céleste de l'âme, la Sainte Communion conserve et développe, en nous, la vie de la grâce. Elle est à la fois, le suprême honneur, le souverain bonheur et la plus douce consolation des âmes. Elle nous divinise en quelque sorte et, par sa vertu purificatrice et expiatrice, elle nous est un gage de la résurrection glorieuse.

Il est absolument obligatoire de communier une fois par an, 1° au temps de Pâques, 2° dans l'église de la paroisse à laquelle on appartient, sauf raison de force majeure. Telle est la loi de la sainte Église, notre Mère, formulée

La
Sainte Eucharistie
Pain céleste
de l'âme.

Un catholique
n'est plus digne
de son nom,
s'il ne communie pas
à Pâques.

18

comme il suit : « *Ton Créateur tu recevras au moins à Pâques humblement* ».

« *Prenez et mangez* » a dit Notre-Seigneur, en instituant la Sainte-Eucharistie, « *si vous ne mangez la chair du Fils de l'homme, vous n'aurez pas la vie en vous* ». Peut-on supposer, un instant, que l'homme puisse raisonnablement opposer un refus dédaigneux aux avances si touchantes de la miséricorde divine ? Peut-on alléguer les soucis des affaires ou les liens du péché, trop pénibles à briser, pour remettre, à plus tard, l'accomplissement du devoir pascal ? Qui donc est certain, ici-bas, d'un long avenir ? Dieu qui a droit non seulement aux prémices de la vie mais à la vie entière, n'aura-t-il pour Lui que les restes caduques et impuissants d'une existence profanée ? *Il ne suffit pas d'être honnête extérieurement* aux yeux de la Société, et les soi-disant honnêtes gens, en nombre si considérable de nos jours, savent, intimement, ce qu'ils valent devant le tribunal de leur conscience. *Il faut, avant tout, être honnête à l'égard de Dieu* le Juge suprême et *à l'égard de son Eglise*, qui ne parle qu'au nom de l'autorité divine et pour le plus grand bien de ses enfants. *Arrière donc*, toute prétention au titre de catholique sincère quand, sous le couvert d'un prétexte quelconque, et esclave d'un lâche respect humain, on n'a pas le courage de remplir son devoir pascal !

Facilité du devoir pascal. Bonheur qu'il procure.

Les tribunaux de la pénitence largement ouverts chaque jour, matin et soir, et toute la journée des samedis, pendant un mois à partir du samedi qui précède le dimanche de la Passion jusqu'au deuxième dimanche après Pâques, le Clergé paroissial, les Prédicateurs et les Missionnaires de passage, tous les autres prêtres approuvés de la ville de Saint-Omer qui, peuvent, pour le bien des âmes, entendre les confessions des hommes et des jeunes gens, même à leur domicile particulier, voilà certes, toute une organisation qui enlève aux paroissiens réfractaires ou retardataires, le prétexte de redire à l'exemple de l'infirme de l'Evangile : « *Je n'ai pas à ma disposition le médecin spirituel qui guérira mon âme* ». Pauvres prodigues, bien dignes de compassion, Jésus, ne l'oubliez pas, est toujours près de vous et à votre disposition dans la personne de ses prêtres.

La voix de la conscience chrétienne, elle aussi, vient nous rappeler qu'il faut faire ses Pâques et qu'on n'est chrétien qu'à ce prix. Elle nous dit que, manquer à cet important devoir c'est être inconséquent avec soi-même, c'est fouler aux pieds la logique et le bon sens, c'est mériter de perdre toute considération aux yeux de ceux qui conservent la foi de leur baptême. On peut écrire ce qu'on voudra dans les journaux sectaires, on peut déclamer dans les réunions publiques et les loges maçonniques, on peut y raisonner et y déraisonner, *l'article solennel du Code Catholique ne saurait être modifié*, il sera toujours clair que si l'on ne fait pas ses Pâques, on cesse de vivre en chrétien.

D'ailleurs, n'en doutez pas, quand chaque année reviennent les fêtes de Pâques, *nos athées de commande et nos prétendus esprits forts*, ne sauraient échapper à la voix intime de leur conscience et à l'aiguillon du remords. *Restons donc fidèles* aux engagements d'honneur de notre baptême et de notre première communion et en retour, à Pâques, comme à Noël dans la nuit mémorable qui vit naître le Sauveur, nous pourrons faire nôtre, dans toute l'allégresse de nos âmes, l'encourageante promesse « *Paix aux hommes de bonne volonté* ». Rien, en effet, ne surpassera jamais ici-bas les délices de la Table sainte.

On ne peut jamais étouffer complètement la voix de sa conscience.

Puisse la communion pascale faite avec foi, repentir, humilité et amour, conduire les Paroissiens de Saint-Denis à une communion relativement plus fréquente. Que les grandes fêtes de l'année deviennent le rendez-vous eucharistique de ceux qui ne communient qu'une fois l'an ; de leur côté les habitués de ces fêtes voudront s'associer au banquet divin de la communion réparatrice du premier vendredi du mois. Il est à souhaiter, enfin, que les âmes vraiment pieuses s'efforcent d'introduire, dans leur règlement de vie, les communions hebdomadaires et même quotidiennes.

Le désir formel exprimé par le Souverain Pontife Pie X à l'égard de la *Communion fréquente.*

C'est là, l'un des désirs ardents du Souverain-Pontife Pie X qui, dans un décret récent, trace comme il suit les règles de la communion fréquente. « *La communion fréquente* et quotidienne très désirée par Jésus-Christ et l'Église Catholique, doit être accessible à tous les fidèles de tout rang et de toute condition, en sorte qu'on ne puisse en écarter personne qui, étant en état de grâce, s'approche de la sainte Table avec une intention droite et pieuse.

L'intention droite consiste, en ce que celui qui s'approche du banquet sacré, ne se laisse pas guider par la routine, la vanité et des motifs humains, mais se propose de satisfaire au bon plaisir de Dieu, de s'unir plus étroitement à Lui par la charité et de combattre, par ce remède divin, ses infirmités spirituelles et ses défauts.

Il est évident qu'il faut avoir soin de faire précéder la sainte communion d'une sérieuse préparation et de la faire suivre d'une action de grâces convenable suivant les aptitudes, la condition et les devoirs de chacun. »

Arrière le glacial Jansénisme !

Si, de tout temps, les Audomarois ont su vaillamment protéger l'intégrité de leur Foi contre les violences et les audacieuses négations de *l'hérésie Protestante*, ils ne se sont pas assez mis en garde contre *les pernicieuses et sournoises infiltrations du Jansénisme*, cette autre hérésie qui n'enlevait point Jésus-Christ du Tabernacle, mais qui, sous le prétexte hypocrite d'un respect exagéré, empêchait les fidèles de recourir souvent à la Sainte Communion. *Deux siècles ont passé*, et nous souffrons encore au début du xxᵉ siècle de ce redoutable *refroidissement dans la charité divine*. Mais, *voici qu'une heure meilleure a sonné*, Notre-Seigneur Jésus-Christ qui n'a point voulu demeurer captif dans le sépulcre il y a deux mille ans, ne veut pas non plus rester un prisonnier inactif sur nos autels. Les révélations de son Cœur divin elles-mêmes nous l'ont appris, Il veut aller aux âmes et Il engage les âmes à venir à Lui dans l'Eucharistie.

Jésus-Christ veut aller aux âmes, venons-nous de dire, voilà pourquoi Il quitte, de temps en temps, son tabernacle, pour se rendre, par le ministère de ses prêtres, tantôt solennellement et tantôt secrètement, auprès des paroissiens malades qui ont un besoin tout spécial de sa charitable visite.

Le Saint-Viatique adoucit l'amertume de nos regrets. Comment, en effet, se laisser encore dominer par une tristesse inquiète après avoir reçu le baiser de l'amitié de Jésus Lui-même ? Comment ne pas quitter plus facilement les misères de l'exil quand on a goûté de si près les joies de l'Amour divin ? *Si l'impie redoute avec raison* les horreurs de la mort, le chrétien fidèle sait que sa dernière communion lui donne un droit nouveau à la gloire de la résurrection générale, et l'unit pour toujours à Celui qui est la source de la véritable vie ? Peut-on redouter encore l'inévitable jugement, quand on porte dans son cœur le Souverain Juge ?

Le Saint-Viatique qui fut la force des martyrs des pre-

Les consolations
du
Saint-Viatique
au
domicile
des malades.

miers siècles, soutient aussi, merveilleusement, les malades au milieu de leurs souffrances, parfois si longues
et si pénibles, et il est leur meilleur défenseur *contre les
tentations de découragement* que l'Esprit du mal ne
manque pas de leur susciter, à cette heure suprême, si
grave dans ses conséquences éternelles.

CHAPITRE XXIX

L'Extrème-Onction reçue en parfaite connaissance. — Prétendue délicatesse vraiment cruelle de certaines familles. — La joie souveraine
d'une âme bien préparée à entrer dans son éternité. — Les sentiments
qui doivent l'occuper à l'heure suprême. — Les démonstrations extérieures des funérailles. — Le rôle des larmes, de la prière et de l'aumône. — L'attitude à observer aux messes d'enterrement. — Un mot
à la chère Classe ouvrière. — Les convois de l'après-midi. — Explica-
tion de la cérémonie toujours impressionnante de l'« absoute ». —
Ce qu'est le « cimetière » dans la Religion Catholique. — Histoire du
cimetière du plateau des *Bruyères*. — Sa description. — Leçons
que comportent les visites aux tombes de nos chers défunts.

Parents chrétiens, amis, qui cherchez à adoucir, par
vos dévoûments empressés, les souffrances de vos malades, procurez-leur toujours la *réception du Sacrement
d'Extrème-Onction en parfaite connaissance,* car, précieux
complément du Sacrement de Pénitence, il rend aux
malades, s'il est reçu en bonnes conditions, une entière
pureté en effaçant les restes du péché et en remettant les
peines temporelles qui lui sont dues. L'Extrème-Onction
fortifie également les âmes contre les terreurs excessives
de la mort et les assauts multiples de l'Esprit des
ténèbres et elle rend même, parfois, la santé au corps,
du moment qu'il ne peut résulter de cette guérison
aucun danger pour le salut de l'âme. Trop souvent on
n'est pas assez convaincu de cette dernière efficacité au
point de vue de la guérison corporelle, et alors sans la

foi, généralement, l'action divine et miraculeuse ne s'exerce pas.

Prétendue
délicatesse
vraiment cruelle
de
certaines familles.

Il est à souhaiter que les malades reçoivent le Sacrement d'Extrême-Onction, après avoir communié en viatique, et l'âme se trouve ainsi dans les conditions les plus favorables, pour en recueillir tous les effets. Dans le cas, trop fréquent, hélas ! où une paralysie vient subitement enlever la connaissance et l'usage des sens du mourant, *on peut espérer* que le Sacrement d'Extrême-Onction pourra suppléer au Sacrement de Pénitence, pourvu que le malade ait un repentir suffisant de ses fautes. *Mais que d'inquiétudes laisse un Sacrement reçu, comme dernière ressource,* en semblables conditions! *Quelles responsabilités redoutables* pour les familles qui, par une prétendue délicatesse vraiment cruelle, attendent la dernière extrémité pour recourir aux pouvoirs spirituels de l'Église ! *Que Dieu nous préserve* d'entrer ainsi dans notre éternité, sans préparation, sans un acte de foi, de repentir et d'amour.

La joie souveraine
d'une âme
bien préparée
à entrer
dans son éternité.

Le but de l'Extrême-Onction étant de faire disparaître le péché et ses conséquences, elle doit trouver, dans l'âme du malade, la haine de ce péché et la vraie contrition. Enfin une soumission filiale à la Volonté divine, en union avec la Sainte Victime du Jardin des Oliviers, permettra de recueillir, avec de nombreux mérites, tous les fruits du Sacrement.

Et alors, quand le prêtre aura successivement purifié, par l'huile sainte, chacun des sens du chrétien saintement résigné, il pourra lui dire, en lui montrant le Ciel, « *Ame privilégiée,* reposez désormais en paix, Dieu vous a pardonné ; Jésus-Christ a repris possession de tout votre être et l'Église votre mère vous a béni ; *Satan a perdu tous ses droits* sur vous ; le passé n'est plus, et

Le R. P. Constantin
Provincial des Carmes

voici qu'une vie nouvelle, *la vraie vie* celle-là, s'ouvre pour toujours devant vous, rayonnante d'espérance et d'immortalité. »

Les sentiments qui doivent l'occuper à l'heure suprême.

Sachons, nous aussi, si le départ de nos chers malades pour un monde meilleur, devait tarder encore, après cette édifiante et consolante réception des Sacrements, sachons leur inspirer la pensée d'offrir *le sacrifice* si méritoire *de leur vie* et d'affirmer la souveraineté de Dieu sur toutes ses créatures. Engageons-les à accepter *la mort, en expiation* pour toutes les infidélités de leur vie *et en union avec le Sauveur* au Calvaire, et suggérons-leur *un ardent désir* du Ciel où la mort libératrice va les mettre en possession de l'amour de Dieu et des joies sans fin de la bienheureuse éternité.

Les démonstrations extérieures des funérailles.

Parmi les cérémonies qui se déroulent dans l'église paroissiale de Saint-Denis, *celles des funérailles chrétiennes,* quel qu'en soit le degré de solennité, *sont toujours impressionnantes. Nos chers trépassés,* c'est-à-dire ceux dont l'âme immortelle est passée de la vie d'ici-bas à la vie de l'éternité, ont droit, sans doute, aux honneurs dûs à la dignité du rang qu'ils ont occupé dans la Société ; mais ces honneurs ne sont que d'un jour, et ils ne franchissent pas les limites de la tombe. *L'usage des fleurs et des couronnes* déposées sur le cercueil ne saurait être, en lui-même, condamné, cependant leur profusion trop souvent exagérée est blâmable, et contraire au sens liturgique des cérémonies funèbres religieuses. *Quant à l'usage contraire* de la suppression totale de ces hommages extérieurs, qui prévaut depuis quelques années, et que l'on précise sur les lettres de faire part, il doit pour être vraiment agréable à Dieu et utile aux âmes des défunts, être effectivement complété par *des prières et des aumônes,* rosée bienfaisante, à la fois, pour les

Le rôle des larmes,
de la prière,
et de l'aumône.

âmes du Purgatoire et les pauvres de la paroisse.

La véritable affection éprouve aussi le besoin de se traduire par les larmes. Ces larmes sont un bienfait de Dieu, et elles viennent alléger le poids cruel de nos angoisses et décharger notre cœur du fardeau si pesant de la grande douleur ; mais si elles nous soulagent, elles ne soulagent pas nos défunts qui réclament, avant tout, les prières officielles de l'Église et les nôtres.

Cette prière, donnons-la généreusement quand, selon l'usage traditionnel, nous aspergeons le cercueil à la maison mortuaire avec le rameau bénit, et, unissons-nous à la touchante supplication du « *De Profundis* » officiellement récité par le Clergé au domicile des défunts et à la sortie de la ville. *Malgré la coutume contraire* trop peu respectueuse, pourquoi ne garderions-nous pas un silence recueilli, pendant le trajet du cortège et les chants du psaume « *Miserere* » et du cantique « *Benedictus* » qui, nous rappellent, à la fois, les espérances de l'âme pénitente et les joies de la glorieuse résurrection.

Pendant la messe, il serait à souhaiter que les assistants trouvent à leur disposition, sur leur chaise, comme cela se voit dans certaines paroisses modèles, *un livre au texte clair et substantiel* leur expliquant les rites funèbres qui, s'accomplissent sous leurs yeux, et dont ils ne soupçonnent aucunement la mystérieuse signification. *Ils pourraient alors goûter* dans une crainte salutaire qui, convertit et sauve, toutes les beautés sublimes des sentiments exprimés dans les versets de la prose « *Dies iræ* » et s'unir intimement au *Saint Sacrifice de la messe*, la prière efficace par excellence, source infinie de grâces et de miséricorde pour les vivants comme pour les trépassés. *Quand donc comprendront-ils* que leur manière d'agir, loin d'être chrétienne, est à peine correcte au point de vue des bienséances les plus élémentaires, *ces paroissiens* qui ne font, sans raison grave, qu'une simple apparition au convoi ou à la messe seulement jusqu'à « l'offrande », où l'image du Sauveur crucifié leur rédempteur et leur juge futur est présentée à leur vénération.

Chers ouvriers audomarois qui, ne venez peut-être à l'église que *pour l'absoute* de vos proches parents et de vos amis, *de grâce, écoutez dans cette douloureuse circonstance*, la voix suppliante de vos bien-aimés disparus se joignant à celle de Dieu et de l'Eglise votre mère, pour vous rappeler que, chaque dimanche, vous êtes attendus dans ce même sanctuaire aux réunions si réconfortantes de la grande famille paroissiale. *Ne cherchez plus à étouffer la voix de votre conscience* à cet égard, par une foule de prétextes sans valeur, votre bonheur est à ce prix, ici-bas. N'oubliez pas que, si dans l'éternité le Souverain Juge est infiniment miséricordieux, il reste aussi infiniment juste et rendra à chacun, selon ses œuvres et sa bonne volonté.

Un mot à la chère Classe ouvrière.

Le Clergé ne demande aucune rétribution pour l'enterrement des indigents, et ces derniers ont droit aux mêmes prières liturgiques que les défunts des classes plus aisées.

Les règlements diocésains émettent le désir qu'une messe soit célébrée pour les pauvres comme pour les riches, en présence de la dépouille mortelle, et il est fâcheux qu'un usage, trop suivi à Saint-Omer, multiplie *les convois de l'après-midi* sous le prétexte de grouper plus d'assistants, surtout dans la classe ouvrière. La charité bien comprise pour les trépassés doit leur procurer, avant tout, le secours de la prière par excellence, le saint sacrifice de la messe, et les travailleurs ne seront pas plus dérangés par l'*enterrement du matin* que par le

Les convois de l'après-midi.

convoi de l'après-dîner. L'expérience prouve que les messes célébrées, le lendemain, ne sont plus fréquentées que par le petit nombre, d'où résulte une *diminution considérable de prières* dont les défunts ont cependant souvent tant besoin, dans le purgatoire.

Dans la cérémonie de l'absoute, dans le *« Non intres in judicium »,* l'Église, par la bouche du prêtre, plaide avec amour, comme il convient à une mère, la cause de l'accusé au tribunal de Dieu, et elle rappelle avec confiance qu'il fut marqué pendant sa vie du signe de la Sainte Trinité. Puis, dans un colloque saisissant, supposé entre l'âme du défunt et les assistants, les dernières supplications montent vers le trône du Souverain Juge, et après l'aspersion et l'encensement, la récitation silencieuse et émouvante du *« Notre Père »,* ranime les espérances chrétiennes que les chants de l' *« In Paradisum »* et du *« Benedictus »* confirment, durant le cortège qui se dirige vers le cimetière.

Parents et amis, voici le moment, même au milieu des larmes bien légitimes, de renouveler votre invincible espoir car, si ceux que vous conduisez à leur dernière demeure ont été des paroissiens fidèles et sont morts dans la paix du Seigneur, vous avez la certitude que leur mort est le passage à la véritable et éternelle vie, au sein de laquelle leur affection vous attend tôt ou tard.

Si la nature éplorée ne voit dans le cimetière qu'un lieu de mystérieuse et effrayante décomposition, la Religion Catholique y voit un lieu de sommeil, une sorte de dortoir où le corps attend dans le silence, l'heure de la résurrection générale. *Le sépulcre n'est pour elle qu'un reliquaire,* et la corruption du tombeau renferme la lente germination d'une vie nouvelle, d'où le corps glorieux, tige immortelle, doit refleurir un jour.

C'est depuis 1838, que le *cimetière communal* d'abord installé en 1786, en dehors de la ville, à l'intersection des routes de Blendecques et de Wizernes, et devenu aujourd'hui une prairie des hospices, a été transporté sur le plateau des Bruyères, d'où l'on jouit d'un splendide panorama. *Le grand calvaire* qui le domine et autour duquel se trouvent les monuments funéraires des prêtres audomarois, a été solennellement bénit en 1862. Le chant des vêpres fut, en cette circonstance, exécuté sur le parcours de l'église Notre-Dame jusqu'aux Bruyères et soutenu par la Musique communale.

Un chemin de la croix, en pierre, dont la réparation s'impose de nos jours, a été érigé, le même jour, autour du monticule qui sert de base au calvaire. C'est à l'ombre de ce Crucifix que reposent le corps de M. le chanoine *Roger*, curé de Saint-Denis, ainsi que ceux de MM. le chanoine *Paschal*, *Eugène Dumetz*, supérieur de Saint-Bertin, *Toursel*, directeur à Saint-Bertin, *Davrance*, professeur à Saint-Bertin, *Perche*, aumônier militaire, *Devaux*, sous-économe à Saint-Bertin et *Guillemot*, ancien *religieux* carme.

Le visiteur, en parcourant cette vaste nécropole au terrain accidenté et dont les plantations d'arbres verts forment un coup d'œil très pittoresque, ne peut se défendre d'une impression salutaire. *Sur les grandes voies*, portant les noms des saints les plus illustres du catholicisme, saint Jean-Baptiste, saint Augustin, sainte Thérèse, sainte Madeleine, etc., on rencontre les chapelles et les tombes monumentales et d'artistique modèle, que la croix rédemptrice domine partout, et heureusement indemnes des attributs païens qui envahissent les cimetières de certaines villes. *Dans les étroits sentiers*, le spectacle n'est pas moins impressionnant, et les humbles

Histoire du cimetière du plateau des « *Bruyères* ».

Sa description.

croix de fer ou de bois parfaitement entretenues par la Classe ouvrière, sont une preuve édifiante que le souvenir et le culte des morts sont très vivants à Saint-Omer.

Paroissiens de Saint-Denis, riches et pauvres, restez toujours fidèles à la pensée des chers Vôtres, mais n'oubliez pas les grandes leçons que comporte chacune de vos visites auprès d'eux, soit à l'occasion d'un deuil nouveau, trop fréquent hélas, soit au jour de la Commémoration des fidèles trépassés, soit même dans une de ces simples promenades où les âmes elles-mêmes, que vous pleurez, semblent guider vos pas et vos cœurs reconnaissants. *Qu'en un mot,* le cimetière ne soit jamais le théâtre d'une vaine ostentation et d'une rivalité déplacée dans le luxe des tombes, qu'il soit, avant tout, pour vous, *le sanctuaire d'une réconfortante prière,* utile à la fois aux vivants et aux trépassés.

CHAPITRE XXX

Les ordinations sacerdotales. Établissement de l'Institut Joyez sur la Paroisse Saint-Denis. — L'Œuvre des vocations sacerdotales — Le ministère surchargé du Clergé dans les villes. — Les vocations existent partout. A nous de les faire surgir. — Chemin suivi par un étudiant ecclésiastique. — Comment les aspirants au sacerdoce se préparent à recevoir la prêtrise. — Liste des enfants de la paroisse appelés par Dieu au suprême honneur du sacerdoce, depuis cent ans.

Depuis qu'elle a perdu son évêché, à l'époque du Concordat, la ville de Saint-Omer n'a plus été régulièrement le témoin des ordinations sacerdotales.

De nos jours, la persécution religieuse ayant obligé, en 1906, le Séminaire de Philosophie d'Arras, fondé en 1880 par Mgr Lequette, et placé sous le vocable de Saint-Thomas d'Aquin, à chercher un refuge à Saint-Omer dans l'ancien Carmel de la rue des Bleuets, chaque année, pendant le Carême, Mgr l'Évêque d'Arras vient procéder à l'ordination des jeunes abbés, appelés à la tonsure, dans la chapelle de cet établissement, qui a pris le nom d'Institut Joyez. (M. le chanoine Joyez, supérieur du Collège Saint-Bertin et aussi du Collège de Saint-Omer devenu, plus tard, le Lycée, a rendu de grands services à l'enseignement libre, au début du xixᵉ siècle, comme nous l'avons exposé, plus haut).

La question du recrutement des vocations sacerdotales, étant intimement liée à l'avenir spirituel des paroisses du diocèse, nous aimons à insister, ici, sur l'Œuvre dite

Les ordinations sacerdotales. Etablissement de l'Institut Joyez sur la Paroisse Saint-Denis.

L'Œuvre des vocations sacerdotales.

de *Saint-Joseph*, établie par Sa Grandeur *Mgr Williez*, pour favoriser ce recrutement, et si chaudement recommandée par *Mgr Lobbedey*, son vaillant successeur.

Les Paroissiens de Saint-Denis se montreront donc généreux dans leurs offrandes destinées à assurer l'entretien des vocations des jeunes élèves du sanctuaire. Mais, l'on doit comprendre que, dans une question d'un intérêt aussi grave, la prière et l'action doivent s'ajouter à la cotisation, si large soit-elle. Oui ! prions, selon le désir du Divin Maître Lui-même, car la moisson est toujours abondante et les ouvriers apostoliques sont, trop peu nombreux, surtout dans les villes. Il faut, en effet, à la fois, à l'Église, des prêtres pasteurs, des prêtres missionnaires, des prêtres docteurs et professeurs.

Le ministère surchargé du Clergé dans les villes.

Le Clergé des villes donne, ordinairement, une somme de travail qui dépasse la moyenne de ses forces, et malgré son zèle, il ne peut parvenir à pénétrer, à connaître et à atteindre tout son peuple. *La fausse science* qui, exerce de si tristes ravages par les livres, les revues et les journaux qu'il faut réfuter, la jeunesse des bureaux, des comptoirs, des ateliers et des chantiers qui, a tant besoin d'œuvres d'instruction et de préservation, enfin *l'immense famille ouvrière*, dont l'âme renferme tant de qualités généreuses et qu'il faut arracher à l'esclavage des meneurs de l'impiété et du vice, voilà la mission écrasante mais toujours sublime du Clergé au XXᵉ siècle.

Les vocations existent partout. A nous de les faire surgir.

Dieu sans doute reste magnifique dans ses dons, et s'il a semé à profusion les astres dans le ciel et les fleurs sur la terre, dans l'ordre surnaturel, il multiplie, aussi, le don par excellence, celui des vocations sacerdotales, qu'il fait germer au sein de toutes les conditions sociales.

Ces vocations existent dans notre Artois, plus qu'en tout

autre pays. Ils sont encore là cachés dans la foule, ces enfants de bénédiction, ces élus de Dieu, qui seront un jour l'instrument du salut pour un grand nombre d'âmes, si la vocation divine n'est pas étouffée dans ces rédempteurs de l'avenir. Malheureusement *les lois civiles persécutrices*, l'opinion, et surtout le manque de générosité des parents qui ne sont plus assez chrétiens pour comprendre les grandeurs du Sacerdoce, voilà autant d'obstacles aux vocations ecclésiastiques. Il faut d'ailleurs le reconnaître, comme la couronne de Jésus flagellé, la couronne du prêtre renferme plus d'épines que de roses, épine de la pauvreté, épine de la solitude, épine de l'ingratitude, épine enfin de la persécution.

Paroissiens de Saint-Denis, vous l'avez compris, il y a des vocations sacerdotales dans la terre bénie de votre grande famille paroissiale. *C'est à vous, pères et mères* chrétiens, de concert avec votre Clergé, de sauvegarder ces germes précieux, au foyer domestique, et de diriger, ensuite, ces jeunes âmes prédestinées, vers les pieux asiles des *Petits séminaires de Béthune*, (Institution Saint-Vaast) *et de Boulogne-sur-Mer*, (Institution Haffreingue) où elles s'imprégneront, à la fois, de science, de vertu et de piété.

Le Séminaire de philosophie, l'Institut Joyez, à Saint-Omer même, successivement dirigé par MM. les chanoines Delattre et Gengembre et MM. les Directeurs, chanoine Lefranc, Biguet, Pollart, Lemaître, Lehembre et Quandalle, tous prêtres d'élite, affermira ensuite leur sainte vocation, pendant deux années.

Puis, viendra l'heure de la formation complète du *Grand Séminaire, à l'Institut Parisis*, à Arras, qui s'achèvera, dans les meilleures conditions, sous la conduite de prêtres, éminents théologiens. *Cinq ans, en effet*, sont

Chemin suivi par un étudiant ecclésiastique.

19

Comment
les aspirants
au
sacerdoce
se préparent
à
recevoir la prêtrise.

indispensables pour préparer directement dans le jeune lévite le prêtre de l'avenir, car l'Église ne veut compter dans ses rangs que des prêtres saints, instruits et zélés. *Le séminariste obéit*, comme il obéira, plus tard, à ses supérieurs dans la sainte hiérarchie. *Il étudie*, pour devenir, demain, docteur des âmes, prédicateur, moraliste et controversiste tout à la fois. *Il prie*, pour se revêtir de la force d'En-Haut et amasser en lui des trésors d'énergie surnaturelle. *Il forme sa conscience*, afin de pouvoir diriger un jour celle des autres. *Il trempe*, enfin, *son caractère*, qui lui permettra de persévérer, généreusement, au milieu des contradictions de sa vie apostolique. De nos jours, *les âmes sans vocation*, surtout avec les deux années de service militaire, ne sauraient résister à l'épreuve. Les âmes molles et indisciplinées doivent nécessairement succomber, et les volontés persévérantes et fortes arrivent, seules, au but.

Que le *Collège Saint-Bertin*, fidèle à ses traditions, que le *Pensionnat des Frères de L'Écluse*, toujours nôtre, que nos *Écoles libres*, que le *Lycée* lui-même et les *écoles neutres*, cela s'est vu et se verra encore, continuent à recruter, en rangs serrés, le bataillon sacré de ceux qui, d'après le Saint Évangile, doivent être la lumière du monde, le sel de la terre et les sauveurs d'âmes.

Nous avons recherché avec soin les noms de tous les prêtres qui, depuis la période révolutionnaire, ont été baptisés dans l'église de Saint-Denis, ou s'y rattachent par un séjour prolongé de leur famille, domiciliée sur la paroisse. Nous en donnons, ici, la liste qui constituera la première page d'un *livre d'or* dont, nous l'espérons, les feuillets se multiplieront, sous le regard de Dieu, jusqu'à la fin des temps, pour le plus grand bien spirituel de la chère paroisse de Saint-Denis.

De nombreuses vocations ecclésiastiques ont, en effet, toujours été une source de bénédictions pour une paroisse.

Enfants de la Paroisse de Saint-Denis, appelés par Dieu, au suprême honneur du Sacerdoce :

M. l'abbé Emmanuel Paschal, Chanoine — ancien Curé du Haut-Pont.

»   Charles Thilloy, Chanoine — Aumônier au Collège d'Arras.

»   Auguste Duthilt, Chanoine — Aumônier du Saint-Sacrement à Arras.

»   Charles Mouton, Curé de Wittes.

»   Auguste Legrand-Josson, Professeur à Marcq.

»   Edmond Dutoit, Curé de Bouquehault.

»   Elie Daviron, Curé d'Audincthun.

»   Joseph Daviron, Curé de le Parcq.

»   Adolphe Daviron, Curé de Verchin.

»   Oscar Delattre, Curé d'Hallines.

»   Léon Lardeur, Curé de Merck-Saint-Liévin.

»   Louis Fouble, Professeur à Dohem.

»   Henri Fouble, Vicaire à Béthune.

»   Oscar Bled, Chanoine — Aumônier des Frères — Historiographe du diocèse.

»   Edouard Hermant, Chanoine — Curé de Saint-Denis.

»   Désiré Joffe, Professeur au Collège Saint-Bertin.

»   Adonis Levis, Vicaire auxiliaire à Saint-Sépulcre.

»   Félix Ruckebusch, Vicaire au Perroy (Seine).

»   Maurice Dupuich, Précepteur à Saint-Omer.

Liste des enfants de la paroisse appelés par Dieu au suprême honneur du sacerdoce, depuis cent ans.

M. l'abbé Alphonse Evrard, Missionnaire de la Compagnie de Jésus.

»   Jules Deschamps de Pas, Aumônier des
   Sourds-Muets, à Arras.

»   Louis Berteloot, Curé d'Avion.

»   Jules Delplanque, Chanoine — Directeur à
   l'Institut Parisis, à Arras.

»   Pierre Lefebvre, Directeur à l'Institution
   Saint-Joseph, à Arras.

»   Louis Merlin, Professeur de philosophie à
   l'Institution Sainte-Marie, à Aire-sur-
   la-Lys.

»   René Cocart, Vicaire au Sacré-Cœur, à
   Calais.

»   Paul Libessart, Professeur à l'Institution
   Haffreingue, à Boulogne-sur-Mer.

CHAPITRE XXXI

Le mariage indissoluble, contracté au pied de l'autel paroissial. — Dispositions requises pour recevoir, avec fruit, la grâce de ce sacrement. — Utiles conseils pour l'assistance à la messe de mariage. — Le divorce est une source de désordre social. — Il sème la discorde dans les familles. — Il ne peut être rêvé que par les sans-cœur. — Se supporter mutuellement, avec la grâce du sacrement, dans une inaltérable fidélité, c'est servir la cause de la Patrie Française.

Il nous reste maintenant à dire un mot du *Sacrement de Mariage*, que saint Paul proclame grand devant Dieu et devant les hommes et dont la solennité se célèbre, elle aussi, *dans le sanctuaire de l'église paroissiale.* La comparution des futurs époux devant l'officier de l'État-civil, à la Mairie, est une formalité qu'il faut remplir pour obtenir les effets civils qui en découlent, et qui sont avantageux, à la fois, aux individus, à la famille et à la Société ; mais c'est à l'église, que le consentement mutuel des époux, reçu par le prêtre officiellement délégué, constitue le seul véritable mariage légitime, qui relève de Dieu lui-même. *Toute autre union contractée, en dehors de la réception du Sacrement, reste nulle,* et ceux qui vivraient ensemble après le simple accomplissement des formalités civiles, sans passer par l'église, resteraient dans un déplorable concubinage et dans l'état habituel du péché mortel.

La grâce reçue par ce sacrement unit l'homme et la

Dispositions requises pour recevoir avec fruit la grâce de ce sacrement.

femme par les liens indissolubles d'une mutuelle charité, et elle fixe leur affection réciproque qui perfectionne l'amour naturel en le rendant sage, patient, juste et miséricordieux et fidèle au devoir. *Les jeunes gens et les jeunes filles* appelés à la vocation commune du mariage par Dieu lui-même, *doivent s'y préparer* sérieusement par la prière, par la réflexion qui leur montrera, à l'avance, les peines et les obligations attachées à cet état en même temps que ses réelles consolations, enfin, en consultant des personnes d'expérience et désintéressées. Il faut, autant que possible, éviter les mariages entre parents, même éloignés, car ils sont souvent la source d'une foule d'infirmités et de maladies pour les familles. L'Eglise, dans sa sagesse, a établi à cet égard un empêchement qui s'étend jusqu'aux enfants des issus de germain. On évitera aussi les mariages entre futurs de différentes religions. *Les bans que l'on publie à la grand'messe paroissiale* ont été établis, pour obtenir la connaissance des empêchements cachés, prohibitifs, rendant l'union illicite, ou dirimants qui pourraient entacher le mariage de nullité.

Utiles conseils pour l'assistance à la messe de mariage.

Les futurs époux, après s'être approchés du sacrement de pénitence et autant que possible de la table sainte, le jour précédent ou le matin de leur mariage, veilleront à ce que *l'exactitude* soit observée pour leur arrivée à l'église paroissiale. *Instruits à l'avance* des différentes cérémonies qui accompagnent la célébration de leur mariage, tels que l'exhortation, l'acte solennel du consentement mutuel, la bénédiction de l'anneau nuptial et de la pièce de monnaie traditionnelle, les deux bénédictions des époux eux-mêmes après le « *Pater* » et les dernières oraisons, *les nouveaux époux suivront, avec attention, les cérémonies de la messe* et, cette attention sera partagée par tous leurs invités admis, qu'ils ne l'oublient pas, à une place d'honneur dans le chœur même de l'église. *Le petit livre,* que nous souhaitions voir entre les mains des messieurs aussi bien que des dames dans les autres solennités liturgiques, serait encore très utile en cette circonstance où la dissipation qu'entraine, fatalement, le luxe mondain, est toujours nuisible au recueillement général. *Il est aussi à désirer que les jeunes travailleuses de l'aiguille,* venues dans l'église, ce jour-là, sur le passage du cortège, pour juger de l'effet des toilettes à la confection desquelles elles ont consacré tant de soins et peut-être trop de veilles, n'oublient pas, qu'en retour du salaire reçu qui leur permettra de préparer elles-mêmes leur propre corbeille de noces, elles doivent, avant de quitter le sanctuaire, prier quelques instants, devant le tabernacle, pour leurs bienfaiteurs et leur propre avenir, que Dieu seul tient dans ses mains souveraines.

Le mariage étant la donation mutuelle que se font d'eux-mêmes deux êtres humains, l'expérience est là pour l'attester, le cœur de ces deux êtres n'est satisfait que si la donation mutuelle est totale et pour toujours. Se donner à moitié, à bail pour ainsi parler, contrarierait les justes exigences de l'amour chrétien. *Donc le mariage indissoluble* répond seul aux aspirations du cœur humain. Aussi l'Eglise a-t-elle énergiquement condamné de tout temps *le divorce,* comme un crime, source de malédiction. *Le divorce en effet avilit le mariage* qu'il réduit à n'être qu'un contrat résiliable.

Il nuit aux mariés dont il encourage les dissensions conjugales, par l'espoir d'une rupture. Il est préjudiciable à la femme qui, plus que l'homme, reste victime des abaissements qu'il entraine inévitablement. *Il est surtout nuisible aux enfants* qui restent exposés aux anti-

Le divorce est une source de désordre social.

Il sème la discorde dans les familles.

pathies, aux rebuts, aux mauvais traitements de nouveaux pères ou de nouvelles mères, et il jette dans les jeunes âmes des semences de mépris et de haine, celui-ci prenant le parti d'une mère injustement abandonnée, celui-là le parti d'un père lâchement trahi.

Enfin, le divorce arme des familles entières les unes contre les autres et, va jusqu'à ruiner le principe d'autorité de la Société elle-même, car le pouvoir public n'est qu'une application en grand du pouvoir de la famille. *L'opinion et le bon sens* du public sont là d'ailleurs, pour proclamer, bien haut, que *les divorcés sont des sans-cœur.*

Si dans certains cas graves, la simple séparation de corps et de biens s'imposait aux époux, il est à souhaiter qu'elle ne soit jamais définitive, car elle aussi, est la source des plus lamentables misères et compromet, de plus, le salut éternel des deux séparés, dans la fausse situation où ils se trouvent.

Époux chrétiens unis au pied des autels de la paroisse de Saint-Denis, restez donc toujours unis pour multiplier, sous le regard de Dieu, la vie autour de vous, et vous entourer d'une couronne de vivants qui seront votre gloire, parce qu'ils reproduiront vos vertus ! *Restez unis,* pour que vos enfants vous rendent en tendres respects et en pieuse assistance, tout le bien que vous leur avez fait ! *Restez unis,* pour vous voir revivre encore dans les rejetons de ceux qui sont issus de votre sève généreuse ! *Restez unis* enfin, pour servir de modèle à ceux qui s'uniront après vous et pour cimenter, par votre inaltérable fidélité, la sainte unité de la famille. *Catholiques, en agissant ainsi,* vous aurez bien mérité de notre cité audomaroise et de la Patrie Française dont l'inquiétante dépopulation s'affirme, chaque année, comme le déplorable châtiment de la profanation des lois saintes du mariage chrétien.

Il ne peut être rêvé que par les sans-cœur.

Se supporter mutuellement, avec la grâce du sacrement, dans une inaltérable fidélité, c'est servir la cause de la Patrie Française.

CHAPITRE XXXII

La Paroisse forme une véritable famille. — Son premier Chef et Père
c'est le Souverain-Pontife. — Rayonnement de la Papauté sur les
âmes, à travers le monde. — Français! Soyons Catholiques Romains.
— Groupons-nous, unanimement, autour de notre Évêque. — L'Évêque
Pontife, Docteur et Législateur dans son diocèse. — Fécond épiscopat
du Cardinal de la Tour d'Auvergne. — Mgr Parisis, le vaillant évêque,
l'écrivain distingué, l'habile polémiste. — Mgr Lequette, l'évêque
bien-aimé. Son activité apostolique. — Mgr Meignan, l'érudit apologiste.

Un des caractères les plus attachants de l'Église paroissiale de Saint-Denis, c'est celui qui la distingue
comme la « *Maison de famille* ». Nous avons, en effet,
notre paroisse, comme nous avons notre famille. *Elle
est nôtre*, par les secours qui nous y ont été prodigués et
par ceux que nous avons le droit d'y trouver encore.
Elle est nôtre par la demeure familiale où nous sommes
appelés, avec instance, pour nous fortifier dans la foi et
dans la charité. *Elle est nôtre* par le Clergé à qui nous
sommes confiés, et à qui il appartient de veiller sur
nous et de nous diriger dans la vertu. *Elle est nôtre* par
les fidèles qui la composent et avec lesquels nous for-
mons, dans l'Église universelle, une petite société dis-
tincte que Dieu veut prospère et invincible par l'union
de ses membres. *Elle est nôtre* enfin, et surtout, par
notre Père céleste, dont la présence réelle parmi nous,
fait de l'autel, où il réside, au milieu du groupe familial

La Paroisse
forme une véritable
famille.

qu'il a constitué, le point central autour duquel gravite la vie de chaque paroissien depuis sa naissance à la vie divine par le baptême, jusqu'au seuil de son éternité.

Quelles sont les autorités préposées à la garde de cette intéressante famille paroissiale ?

Tout d'abord au sommet de la hiérarchie catholique se trouve placé dans une situation, unique ici-bas, *le Souverain-Pontife*, le Père commun des fidèles des paroisses du monde entier. C'est au Pape, en effet, dans la personne de *saint Pierre*, que Jésus-Christ, dans le saint Évangile, a donné la *suprême autorité* et a réservé le privilège de l'*infaillibilité*, quand, du haut de sa chaire apostolique, il définit, pour toute l'Église, un point de doctrine qui intéresse la foi et les mœurs. A cette double auréole de l'autorité et de l'infaillibilité, Dieu a ajouté au front de ses Pontifes celle de l'*immortalité*, et nous voyons, à travers les âges, la dynastie des Papes rayonner de sainteté et briller d'un éclat incomparable.

La Papauté rayonne sur les âmes à qui elle donne la vérité, la grâce de Dieu, le salut éternel là-haut et, ici-bas, la sanctification. *Elle rayonne* dans le monde catholique, en sauvegardant les droits de la morale évangélique, en favorisant les progrès des lettres, des sciences et des arts et, en défendant contre toutes les tyrannies la liberté des peuples. *Elle rayonne*, enfin, par ses souffrances rédemptrices qui la constituent la digne et légitime héritière de Jésus crucifié, sauveur des âmes. Persécuté et pauvre comme son Divin Maître sur le Calvaire, contristé par les ingratitudes d'un trop grand nombre, le Pape éprouve aussi d'immenses consolations à la vue du réveil de la foi, de la charité et de l'obéissance à travers l'univers Catholique, à la vue des progrès de l'Évangile par les Missions lointaines dans le monde

Son premier Chef et Père c'est le Souverain-Pontife.

Rayonnement de la Papauté sur les âmes, à travers le monde.

païen, et de l'impuissance, contre le siège de Pierre, de l'impiété de tous les âges, prédite d'ailleurs par le Sauveur Lui-même.

Paroissiens de Saint-Denis, rappelez-vous la grandeur du ministère du Pontife Romain. *Des millions de consciences* dépendent de Lui, des milliers de causes attendent sa décision. Une seule journée du gouvernement de l'Église renferme plus de conséquences graves qu'une journée de gouvernement des plus puissants empires de la terre. Donnez donc au Pape votre confiance, donnez-lui l'amour de vos cœurs ; réservez-lui également l'humble offrande du « *Denier de saint Pierre* » destinée aux besoins spirituels de l'univers entier dont il reste le Père, et accordez-lui, surtout, le secours de vos filiales et ferventes prières, car les supplications que la chrétienté fait monter vers le Ciel pour son Chef et avec lui, domineront, toujours, le bruit de toutes les tempêtes et de toutes les révolutions de la terre.

Français ! Soyons Catholiques Romains.

Depuis 1846, Pie IX, Léon XIII et Pie X, trois illustres Pontifes merveilleusement inspirés de Dieu, ont tenu, en mains fermes, le gouvernail de la barque de l'Église universelle, et leur paternelle sollicitude pour les intérêts spirituels de l'Église de France n'a fait que grandir avec les épreuves de cette dernière.

En retour, les Paroissiens de Saint-Denis, guidés par une filiale reconnaissance, resteront invinciblement attachés au siège de Pierre, sous l'égide de l'antique et fière devise « Catholiques Romains, et Français, toujours !! »

A côté de la Papauté, Jésus-Christ a placé l'Épiscopat pour la direction de son Église, et, depuis dix-neuf siècles, nous voyons les Évêques associés au Chef suprême de cette Église, comme des collaborateurs divinement insti-

Groupons-nous unanimement autour de notre Évêque.

tués et toujours respectés. *Le schisme* qui, nous l'avons vu, en 1791, *dans cette paroisse de Saint-Denis,* périt dans le ridicule, après avoir végété dans l'impuissance, n'a même pu renaître, au xxe siècle, et, à l'heure présente, malgré les savantes et sournoises combinaisons de l'impiété maçonnique, les Évêques de France intrépidement unis au Successeur de saint Pierre trouvent dans cette glorieuse dépendance *non une servitude mais une liberté, et le secret de la force apostolique qui sauve les âmes et régénère les peuples.*

L'Évêque Pontife, Docteur et Législateur dans son diocèse.

Ce sont les Évêques qui, en rattachant à leur propre siège la plus humble paroisse, la font entrer dans la vaste ordonnance de l'Église Catholique. *Comme Pontife* l'Évêque entretient et dirige le culte public, donnant à Dieu des prêtres par le Sacrement de l'Ordre, à Jésus-Christ des soldats par la Confirmation, et à la Religion de la dignité et de l'éclat par l'observation des règles liturgiques. *Comme docteur* il propose à son peuple par ses « *Lettres pastorales* » les vérités évangéliques, et condamne les opinions contraires à la foi. Si le pouvoir civil fait le code, l'Évêque rédige le *catéchisme diocésain,* et, si le pouvoir civil a la direction de la société civile, l'Évêque conserve la direction de la société religieuse.

L'Évêque est aussi législateur et il coordonne sa législation à celle du Pontife Romain et des Conciles généraux ; enfin, *il est maître dans son diocèse* où les érections de paroisses et la nomination des prêtres lui appartiennent entièrement. Sentinelle vigilante et, la tête ceinte de la *mitre* d'honneur comme d'un casque, il a mission de signaler les embûches de l'ennemi dans les batailles de la foi, et *la crosse* qu'il porte rallie comme un sceptre tout le troupeau autour de lui et, écarte, comme un glaive, les loups ravisseurs qui menacent le bercail.

L'Église de Saint-Denis, dépendant actuellement de l'Archiprêtré de Saint-Omer, fut placée sous la juridiction des *Evêques de Thérouanne*, depuis ses origines jusqu'en 1553, époque de la fondation de l'*Évêché de Saint-Omer*. Ce dernier subsista jusqu'en 1801, à l'époque du Concordat, où il fut absorbé avec le diocèse de Boulogne dans le diocèse unique d'Arras. *On trouvera la liste complète* des Évêques de Thérouanne et de Saint-Omer dans notre histoire de la paroisse Notre-Dame, mais nous rappellerons, ici, le glorieux souvenir des Évêques d'Arras depuis 1802.

Mgr de la Tour d'Auvergne fut nommé évêque d'Arras en 1802, à l'âge de 34 ans. *On raconte que M. Émery*, le vénérable supérieur de Saint-Sulpice, ayant présenté le nouvel Évêque au premier Consul : *« Vous êtes bien jeune, monsieur, lui dit Bonaparte ». « Avec une année de moins que moi, répondit l'abbé de la Tour d'Auvergne, le premier Consul gouverne l'Europe. J'espère, de mon côté, avec l'aide de Dieu, pouvoir gouverner mon diocèse ».* Sa haute stature, la noblesse de ses traits, sa distinction, la douceur de sa parole lui concilièrent toutes les sympathies pendant son épiscopat qui dura près de cinquante ans. *Le rétablissement du culte*, la réouverture des églises, les règlements relatifs au clergé et aux communautés religieuses, les œuvres de zèle et de charité absorbèrent, entièrement, sa longue et féconde carrière pendant laquelle il refusa les archevêchés d'*Avignon*, de *Lyon*, de *Paris* et de *Cambrai*, afin de ne point se séparer de ses diocésains. Mgr de la Tour fut créé cardinal, du titre de sainte Agnès, en 1839, et grand-croix de la Légion d'honneur en 1840. La paroisse de Saint-Denis lui fit toujours de triomphales réceptions.

Un magnifique monument a été élevé à la mémoire du

Fécond épiscopat du Cardinal de la Tour d'Auvergne.

Cardinal, dans la chapelle absidale de la cathédrale d'Arras. Il y est représenté à genoux, les yeux élevés vers la statue de la Sainte Vierge qui décore l'autel, et les bras étendus pour lui offrir son diocèse, son attitude est celle d'une douce extase qui peint, admirablement, sa tendre dévotion pour sa Mère du Ciel. Le bloc de marbre a été donné par le Gouvernement.

Mgr Parisis
le vaillant évêque,
l'écrivain distingué,
l'habile polémiste.

Trois mots résument la vie de Mgr Parisis, évêque d'Arras de 1851 à 1866, il fut un *grand évêque*, un *écrivain distingué* et un *habile polémiste*. Son épiscopat, à Langres et à Arras, a laissé des traces ineffaçables dans le souvenir d'éminentes vertus et dans l'établissement d'œuvres considérables. *Comme Évêque*, Mgr Parisis se fit remarquer par *la foi vive* qui partout le pénétrait, l'animait et le soutenait. Il présida au rétablissement de la liturgie romaine dans le diocèse et fonda l'Œuvre des Églises pauvres. Il se fit aussi remarquer par son ardeur pour le recrutement des Séminaires, l'institution des Conférences ecclésiastiques et la construction de nouvelles églises. *La ville de Saint-Omer* lui doit tout particulièrement le rétablissement de plusieurs de ses Communautés religieuses, *les RR. PP. Carmes, le Bon Pasteur, les Petites-Sœurs des Pauvres et la Sainte-Union*. C'est en 1852 qu'il fit son entrée solennelle, au son des cloches et du canon, dans la ville, par l'ancienne porte de Calais.

Comme écrivain, il tint un rang distingué parmi ses collègues de l'épiscopat et les auteurs de son époque. Chez lui la pureté et l'élégance du style s'unissaient à une charmante simplicité, et ses lettres pastorales sur « la Douleur », « la Vérité Divine » et « la Famille », sont restées célèbres.

Mgr Parisis ne fut pas moins habile polémiste qu'auteur

distingué ; ancien député à la Constituante et à l'Assemblée législative, il soutint, pendant de longues années, la cause de la liberté de l'Enseignement, par sa parole ardente, sa logique serrée et ses arguments vigoureux exposés avec une lucidité et un bonheur d'expressions vraiment remarquables. Ce sera sa gloire d'avoir combattu, presque toute sa vie, et remporté d'éclatants triomphes contre les adversaires de l'Église et de ses libertés. Son monument funèbre, élevé en face de celui du Cardinal de la Tour d'Auvergne, le représente, étendant noblement la main au-dessus d'une tiare pontificale, pour bien indiquer qu'il fut l'un des plus illustres défenseurs de l'Église catholique et romaine, au XIXᵉ siècle.

Mgr Lequette, successeur de Mgr Parisis, était né à Bapaume dans notre diocèse. Sa noble prestance rappelait aux fidèles le souvenir du Cardinal, et sa bonté lui valut le nom d'évêque bien-aimé. *C'est lui qui établit la pieuse tradition,* suivie par ses successeurs, et par laquelle la ville de Saint-Omer, ses paroisses et ses Communautés ont l'honneur et le bonheur de posséder leur Évêque pendant la neuvaine de Notre-Dame des Miracles. C'est en particulier, pendant la neuvaine de 1868, que le Prélat, au milieu d'une foule de 1.200 pèlerins et du Vénérable Chapitre d'Arras, groupés autour de la chaire de l'église Notre-Dame, prit la résolution de restaurer le *culte de Notre-Dame des Ardents* à Arras. Dix ans plus tard, une gracieuse église romane s'élevait sur l'une des places de la ville épiscopale, et le pieux Évêque la proclamait « *un miracle de Notre-Dame des Miracles* ». Mgr Lequette qui avait porté, lui-même, à Rome, à la bénédiction de Pie IX, *les diadèmes des statues de l'Enfant-Jésus et de Notre-Dame des Miracles,* fut l'un des heureux

Mgr Lequette l'évêque bien-aimé. Son activité apostolique.

témoins des fêtes mémorables de l'inoubliable couronnement de 1875. *Son activité trouva du temps pour tout, et ses forces physiques ne lui firent jamais défaut.* Confirmations, consécrations et bénédictions d'églises, vêtures et professions religieuses, neuvaines solennelles, le trouvaient toujours prêt, et une merveilleuse facilité d'élocution mettait, partout, en relief, sa paternelle bonté.

Mgr Meignan,
l'érudit apologiste.

Les Audomarois n'eurent pas le temps d'apprécier les qualités *de Mgr Meignan* qui ne fit que passer sur le siège *d'Arras,* d'où il fut transféré au siège archiépiscopal de *Tours,* en 1884, et promu au Cardinalat, en 1893. *Mgr Meignan* présida, en 1884, la procession du 25ᵉ anniversaire du rétablissement du Pèlerinage de Notre-Dame des Miracles. *Ancien professeur à la Sorbonne et longtemps évêque de Châlons,* il a laissé, sur l'Écriture Sainte, plusieurs ouvrages remarquables où il combat victorieusement le « *Rationalisme allemand* », qu'il avait étudié de près, au sein des Universités allemandes. Dieu le rappela à Lui, en 1896.

CHAPITRE XXXIII

Mgr Dennel justifia sa devise et fut l'homme de la Charité et de la Vérité. Sa sollicitude pour l' « Enseignement ». — Mgr Williez. Son affection marquée pour les Audomarois. — Il préside le XIIᵉ centenaire de saint Omer, en 1895, et la Fête Eucharistique, en 1901. — Son intrépidité au milieu de la persécution. — Rome et Lourdes. — Ses lettres pastorales. — Entrée triomphale de Mgr Lobbedey, à Saint-Omer. — Notre diocèse possède en Lui, le « Chef idéal ». — Prions pour notre bien-aimé premier Pasteur. — Place de l'Archidiacre et de l'Archiprêtre dans la famille paroissiale. — Le Curé de Saint-Denis et ses Vicaires, Pères et bienfaiteurs de tous. — Le Clergé paroissial, médiateur entre le Ciel et la Terre. — Efficacité de sa prière, de sa parole et de son action surnaturelles. — Liste des Curés, Vicaires et Prêtres habitués depuis 1802. — Honneur aux membres dévoués du Conseil paroissial. — Pourquoi l'Œuvre du « Denier du Clergé » est la première de toutes. — Réglons nos offrandes, à la lumière du jugement de Dieu.

Dans la personne de Mgr Désiré-Joseph Dennel, en 1884, la ville de Saint-Omer retrouva la paternelle bonté de *Mgr Lequette*, et le nouvel Évêque se fit un devoir de maintenir toutes les traditions établies par ce dernier. Successivement supérieur du Collège Saint-Joseph à Lille, archiprêtre de Saint-André dans la même ville, et évêque de Beauvais, il apporta, sur le siège d'Arras, la grande expérience qu'il avait acquise dans chacune de ces différentes et importantes situations. Mgr Dennel s'est dépensé d'une manière vraiment extraordinaire dans l'accomplissement de ses fonctions épiscopales et,

20

en particulier, dans ses visites pastorales. Il fit paraitre une nouvelle édition des « Statuts diocésains ». On lui doit surtout beaucoup pour la « *Question de l'enseignement* », en faveur de laquelle, il fonda de *nouvelles et nombreuses maisons d'éducation*, sur divers points de son diocèse. Le regretté Prélat justifiant la devise de ses armes, fut l'*homme de la « Charité »*, et il fut, en même temps, l'*homme de la « Vérité »*. Des lettres pastorales toujours très énergiques n'ont jamais cessé d'affirmer, sans aucune atténuation ni altération, les droits de cette divine Vérité, en face des persécuteurs de la sainte Église. Mgr Dennel, décédé en 1891, repose auprès du *Cardinal de la Tour d'Auvergne et de Mgr Parisis* dans le caveau des évêques, dans la chapelle absidale de la cathédrale d'Arras.

Mgr Williez.
Son affection
marquée
pour
les Audomarois.

Mgr Williez, son successeur, ancien vicaire général de Tours, fut préconisé évêque d'Arras, le 11 juillet 1892, et fixa son sacre, au 8 septembre suivant, jour de la fête de la Nativité de la Sainte Vierge, dans son église cathédrale. *C'est avec reconnaissance que les Audomarois apprirent que*, par une délicate attention, leur nouvel Évêque avait réservé une place d'honneur, dans ses armes, sous la forme symbolique de *trois roses*, aux trois principaux sanctuaires de son diocèse, les églises de Notre-Dame des Ardents, de Notre-Dame de Boulogne, et de Notre-Dame des Miracles. La dernière rose étant, de l'aveu de tous, la plus merveilleuse, dans son incomparable parure de pierre.

Prolongeant volontiers son séjour à Saint-Omer pour la neuvaine du mois de juillet, *Mgr Williez* s'est fait un devoir, de conférer le sacrement de Confirmation, à différentes reprises, dans les diverses paroisses de la ville, et d'offrir chaque année le saint sacrifice de *la Messe dans les principales Communautés* qu'il tenait à venir encourager, Lui-même, au milieu des tristesses de l'heure présente.

L'office pontifical, célébré à la Basilique Notre-Dame, le second dimanche de la neuvaine, groupe, tous les ans, *une élite compacte* d'habitants de Saint-Omer et des faubourgs, sous la bénédiction de leur Évêque, dans de majestueuses cérémonies qui, ne sauraient être mieux encadrées, que dans le décor de notre ancienne cathédrale.

On se souviendra longtemps, à Saint-Omer, du XIIᵉ centenaire de saint Omer, célébré en 1895, et du *triomphe Eucharistique* de 1901, où notre Évêque bien-aimé porta lui-même, à travers les rues de la ville, le Très Saint Sacrement, installé sur un char d'honneur dont le plan artistique avait été dressé par M. l'abbé Désert, Doyen du Saint-Sépulcre.

A toutes les Œuvres fondées par ses prédécesseurs, *Mgr Williez,* chargé de la lourde responsabilité de plus d'un million d'âmes, dont se compose le département du Pas-de-Calais, en a ajouté d'autres, exigées par les mesures persécutrices mettant en danger le salut des âmes. Entre toutes, *l'Œuvre des vocations,* dite *de Saint-Joseph* et celle *de la Jeunesse Catholique* si pleines de solides espérances pour l'avenir, lui furent particulièrement chères. *Une Commission spéciale,* sous sa présidence, a édité un nouveau catéchisme diocésain, en 1898. Violemment expulsé de son palais épiscopal, obligé de trouver un refuge pour son Grand et ses deux Petits Séminaires, aidé de ses vaillants Vicaires généraux, *Mgr Liénard* et *Messieurs les chanoines Lejeune, Hervin et Bonvarlet,* notre Évêque a su tenir tête à l'orage, et, grâce aux multiples et sages mesures administratives qu'il a prises,

Il préside le XIIᵉ Centenaire de saint Omer en 1895 et la Fête Eucharistique en 1901.

Son intrépidité au milieu de la persécution.

l'organisation diocésaine ne saurait tarder à triompher complètement des obstacles accumulés contre elle.

Pèlerin de Lourdes, presque chaque année, depuis dix-sept ans, *Mgr Williez* a pris aussi, maintes fois, le chemin de la Ville éternelle pour porter *aux pieds des Souverains Pontifes Léon XIII et Pie X*, l'hommage du filial dévoûment de son cher diocèse, et les *dernières fêtes incomparables de la béatification de Jeanne d'Arc*, à Saint-Pierre de Rome, l'ont trouvé, debout, avec soixante autres évêques français, autour du Pontife suprême acclamé par cinquante mille pèlerins.

Que dire enfin de ses lettres pastorales, toutes pénétrées de l'esprit surnaturel qui sanctifie et sauve les âmes, lettres à la fois si poétiquement et si apostoliquement écrites.

Le 25 janvier 1911, *Mgr Williez* était rappelé à Dieu. *Evêque des saints combats*, au milieu des orages soulevés par la loi spoliatrice de la « Séparation de l'Eglise et de l'Etat » et le « Conflit scolaire », le regretté Prélat fut surtout, comme l'a dit *Mgr Lejeune*, son ancien vicaire général et son panégyriste, au jour de ses funérailles, *l'Evêque de la paix*. Sa bonté, sa piété, sa haute conscience et sa sagesse, lui permirent en effet de justifier sa devise « *Caritate vincit* » et de conquérir tous les cœurs de ses diocésains.

Cette conquête des cœurs, *Sa Grandeur Mgr Lobbedey*, *évêque de Moulins* depuis 1906, transféré *à l'évêché d'Arras* le 5 mai 1911, devait la réaliser, dans toute sa plénitude, au premier contact qu'il prit avec ses nouveaux diocésains. *Ses entrées solennelles* dans chacune des villes importantes de son vaste diocèse ont été de *véritables triomphes*, et la réception que lui a réservée *la ville de Saint-Omer*, le 9 juillet, jour de l'ouverture du pèlerinage de Notre-Dame des Miracles, fut l'une des plus enthousiastes.

Chef et Père à la fois, voilà ce que sera notre nouvel Évêque, comme Il l'a proclamé, Lui-même, dans sa lettre pastorale de prise de possession du siège d'Arras. De leur côté ses diocésains se feront un devoir, d'être *les soldats vaillants* et *les fils aimants*, dignes d'un tel Chef et d'un tel Père. Étudiant à Rome où il prit ses grades de docteur en théologie et en droit canon,. *Mgr Lobbedey* fut, successivement, professeur, curé et vicaire général de Cambrai, et acquit ainsi, une expérience vraiment universelle, dont *le diocèse de Moulins* a, largement, bénéficié, pendant plusieurs années.

L'heure bénie est venue pour le diocèse d'Arras, Boulogne et Saint-Omer, de recueillir, à son tour, les fruits merveilleux de l'apostolat de son nouvel Évêque qui, depuis un an s'est, à l'exemple du Bon Pasteur, dépensé. sans compter, pour le bien spirituel des âmes qui lui ont été confiées par le Souverain Pontife Pie X et, dépassent le chiffre redoutable d'un million.

> Notre diocèse possède en Lui, le « Chef idéal ».

Rempli d'une paternelle sollicitude pour ses prêtres et le recrutement des vocations sacerdotales, *Mgr Lobbedey* se préoccupe, constamment, de tout ce qui peut alimenter et développer la vie chrétienne et les œuvres diocésaines et paroissiales. — *Sa parole* apostolique, ornée, ardente et convaincue, ravit partout et, surtout, touche profondément les auditeurs de ses discours officiels comme de ses remarquables improvisations. *Sa plume* féconde, éclaire et instruit les intelligences que sa parole ne peut atteindre. En un mot, les simples communiqués de l'Évêché, dans leur alerte précision, aussi bien que les lettres circulaires et les mandements plus étendus, révèlent *l'organisateur inspiré qui conduit droit au but et à la victoire.*

Prions
pour notre
bien-aimé premier
Pasteur.

Comme *le Pape saint Clément* envoya, jadis, aux premiers jours du christianisme, *le saint Évêque Denis* à notre terre des Gaules, de même le *Souverain Pontife Pie X* a réservé au pays de l'antique Morinie, un Évêque invinciblement attaché au Siège de Saint-Pierre. En retour, nous en avons la ferme confiance, les fidèles de la Paroisse Saint-Denis, prieront, de toute leur âme reconnaissante, pour le Pape et l'Évêque diocésain.

Place
de l'Archidiacre
et de
l'Archiprêtre
dans la famille
paroissiale.

C'est l'Archidiacre de Saint-Omer, qui est le premier délégué épiscopal dans l'arrondissement. Depuis trente ans, M. le chanoine Graux, Mgr Liénard et M. le chanoine Hervin ont occupé, successivement, cette charge importante, à titre de vicaire général. Les Grands-Doyens et Archiprêtres qui, depuis un siècle, furent MM. les chanoines *Coyecque, Deron, Ducrocq, Dumetz, Duriez, Sagot, Benoist, Lansoy et Vasseur* ont la mission spéciale de visiter, chaque année, toutes les paroisses des doyennés de l'arrondissement, et par conséquent, celle de Saint-Denis. Chaque Doyen, à son tour, visite, annuellement, les paroisses de son canton.

Le Curé
de Saint-Denis
et ses Vicaires,
Pères et bienfaiteurs
de tous.

C'est enfin et surtout, au Curé et aux Vicaires, que revient le titre de Père et de bienfaiteur de la grande famille paroissiale. La liste complète des curés et des vicaires de Saint-Denis, depuis 1802, que nous donnons plus loin, rappellera, à chacun, tout un passé consolant de grâces obtenues par l'intermédiaire de ces hommes de Dieu. Qu'il nous suffise de résumer, ici, les titres du Clergé paroissial à la vénération et à l'affection des fidèles. *Le Prêtre a d'abord le pouvoir incomparable* de consacrer le Corps adorable de Jésus-Christ et de le distribuer au peuple, et, par les Sacrements, il communique la vie divine aux âmes, à tous les âges et dans toutes les situations de la vie. *Séparé du reste des hom-*

mes, sacrifiant les joies de la famille, il a reçu la sublime mission de renouveler, perpétuellement, l'offrande du sacrifice divin qui a sauvé le monde et peut, seul, le maintenir dans la paix. Tout en lui doit être divin, c'est Dieu qui vit et agit par lui.

Médiateur entre le Ciel et la terre, il est l'homme du pauvre qu'il assiste et en qui il voit Jésus-Christ ; il est l'homme du malade qu'il visite, encourage et rapproche de Dieu ; il est l'homme du découragé qu'il réconforte, pardonne et réhabilite, s'il est coupable ; il est enfin le trait d'union des familles qu'il bénit et conseille.

La prière fréquente du prêtre à la Messe, au saint bréviaire, dans ses exercices de piété, apaise la colère de Dieu, compense les blasphèmes et attire les grâces célestes sur sa paroisse. *Sa parole du haut de la chaire*, forme l'enfance, guide l'adolescence à l'âge des passions, soutient l'âge mûr et reste toujours la meilleure conseillère de la vieillesse. *Le Prêtre est en un mot, le cœur et la bouche de l'Église*, et c'est par lui que la paroisse entière, adore, expie, remercie et demande. Coadjuteur et coopérateur de Dieu, le prêtre est enfin, *l'homme de tous ;* conseiller écouté, il est l'intermédiaire obligé de la richesse et de l'indigence ; consolateur par état, de toutes les peines de l'âme et du corps, il est appelé du nom béni de « *Père* » par les fidèles de toutes les classes de la société qui viennent répandre, à ses pieds, les aveux les plus intimes et les larmes les plus secrètes, et sa parole tombe, suavement, sur les intelligences et sur les cœurs, avec l'autorité d'une mission divine, au tribunal de la sainte réconciliation.

Paroissiens de Saint-Denis qui voyez, chaque jour, vos prêtres à l'œuvre, dans l'incessant labeur du travail apostolique, *ayez pour eux un respect affectueux*, sou-

Le Clergé paroissial médiateur entre le Ciel et la Terre.

Efficacité de sa prière de sa parole et de son action surnaturelles.

tenez-les toujours dans leurs épreuves et *priez beaucoup pour eux*, par reconnaissance pour le bien qu'ils vous font et même par intérêt personnel, car plus vos prêtres seront saints, plus ils pourront sanctifier vos âmes.

Voici la liste des Curés, Vicaires et Prêtres habitués de la paroisse.de Saint-Denis, depuis 1802.

En la parcourant, les paroissiens pourront se rappeler les grâces, dont ces âmes sacerdotales ont été les dignes intermédiaires auprès d'eux.

1° *Les Curés :* M. Ferdinand Ducrocq, 1802-1825 — M. Annocque, 1825-1833 — M. Chevalier, 1833-1848 — M. Villy, 1848-1861 — M. Roger, 1861-1894 — M. Hermant, en 1895.

2° *Les Vicaires et Prêtres habitués :* MM. les Abbés Aclocq, Dolhain, chanoine André Delattre, Guermont, Delattre, Bourdon, Decque, Delvar, Poot, Libersat, Vanlengughe, Dufour, Duchâteau, Leroy du Royer, Podevin, Portenart, Grébert, Binet, Van Troyen, Drincqbier, Haudiquet, Samier, chanoine Paschal, Cauche, Lemaire, Boulanger, Diennart, Roussel, Warniez, Gallais, Billot, Duvivier, Perche, Dubail, Hieulle, Bonvarlet, Loy, Fessier, Flament, Le Roux et Loridant.

Ajoutons ici, les noms des fidèles paroissiens de l'Eglise Saint-Denis, qui, depuis un siècle, ont rempli, avec un entier dévouement, dont Dieu leur tiendra compte dans les parvis célestes, différentes charges honorables et privilégiées.

A titre d'organistes : MM. Vandenbroucq, Charles Verroust père et Charles Verroust fils. *A titre de sacristains :* MM. Contart, Vêche, Gars, Hennebains, Sellier et Delattre. *A titre de chantres :* MM. Contart, Lefebvre, Rozier, Mièse, Deuwel et Vandenberghe.

A titre de bedeaux : MM. Portenart, Félix, Caron, Datte

Liste des Curés,
Vicaires
et Prêtres habitués,
depuis 1802.

LE COLLÈGE SAINT-BERTIN (XIXᵉ SIÈCLE)

et Brouart. — *A titre de chaisières :* Mlle Radez, Mlles Fouquart, Mme Rozier, Mme et Mlle Contart. — *A titre de suisses :* MM. Jourdain, Bourdon, Lugio, Régnier, Gody, Fontaine et Méquignon.

Nous ne pouvons séparer du Clergé paroissial, le groupe des paroissiens d'élite qui, après avoir été, avant la loi de Séparation, ses précieux auxiliaires dans les rangs de l'ancien Conseil de Fabrique, lui continuent leurs loyaux services sous le nom de « Conseil paroissial ».

Leurs noms méritent doublement de figurer, au livre d'or de la paroisse, dont ils sont les premiers et les vaillants défenseurs.

Ce sont : MM. J. de Pas, Edmond Lefebvre du Prey, Peenaert, Revillion, Delplanque et André Lecointe.

Les Conseillers conservent les mêmes fonctions que précédemment, sauf qu'ils sont dégagés de toute responsabilité vis-à-vis de l'État qui n'a plus rien à voir dans la gestion des intérêts matériels de la paroisse. Le Comité Paroissial a également l'importante mission de promouvoir, de concert avec le Clergé, toutes les œuvres de la paroisse.

C'est à ces Messieurs, aidés d'autres paroissiens non moins dévoués, qu'a été confié le soin de recueillir *les offrandes de la souscription annuelle du « Denier du Clergé »,* œuvre qui s'impose actuellement en tête de toutes les autres. Cette œuvre remplace, en effet, le budget des cultes, injustement supprimé, puisque ce budget était une dette contractée par l'État au moment de la Révolution lorsqu'il s'était emparé de tous les biens de l'Église de France. De leur côté, les membres du Clergé continuent *la quête traditionnelle dite du Carême,* dont le produit est affecté à l'Œuvre capitale des Séminaires. Les Œuvres du Denier de Saint-Pierre et de l'Université

[marginalia:] Honneur aux membres dévoués du Conseil paroissial.

[marginalia:] Pourquoi l'Œuvre du « Denier du Clergé » est la première de toutes.

Catholique de Lille, des vocations, dite de Saint-Joseph, et de Notre-Dame de Salut, de la Propagation de la Foi et de la Sainte-Enfance, des Écoles d'Orient et de Saint-François de Sales, sont également recommandées à la charité des paroissiens de Saint-Denis.

Réglons nos offrandes à la lumière du Jugement de Dieu.

Nous n'insisterons pas sur le véritable intérêt que présente chacune de ces œuvres, mais nous engageons fortement les fidèles à *établir*, chaque année, à l'avance, au mois de janvier, et à *la lumière du jugement de Dieu* qui sera le juge en dernier ressort, dans l'éternité, *le détail et la somme* de leurs offrandes pour les Œuvres catholiques. Chacun alors, et en conscience, réglera sa générosité selon ses revenus, n'oubliant pas que *l'aumône efface les péchés*, qu'elle *rend heureux le donateur* et qu'enfin Dieu, à qui elle est faite, dans la personne de son Église, rend au centuple, dans ce monde et dans l'autre.

CHAPITRE XXXIV

L'église paroissiale et la parole apostolique. — Les « Missions », sonnent
l'heure du triomphe de la parole apostolique. — Le besoin social du
retour à Dieu. — L'acte décisif de la délivrance des âmes. — La croisade nécessaire des prières préparatoires. — Après la « Mission ». —
L'état des Confréries et Associations corporatives paroissiales, au
XXᵉ siècle. — La Confrérie du Très Saint-Sacrement et du Saint-
Viatique. — Les Confréries du Sacré-Cœur et du Saint-Cœur de Marie.
— Le Rosaire, son action efficace dans le monde des âmes. — Consolants enseignements du cycle liturgique.

C'est dans la maison de famille de l'église paroissiale, qu'ont lieu les *catéchismes* atteignant les diverses caté-gories de la jeunesse paroissiale, et les *prédications ordi-naires,* nécessaires à l'entretien de la foi, et dont la forme populaire produit les fruits les plus salutaires dans les âmes de bonne volonté. C'est là aussi que, du haut de la chaire chrétienne, les jours de grande fête, la parole divine revêt un cachet plus solennel dans les *sermons des prédicateurs étrangers.* A l'heure de notre triste divi-sion nationale, il n'y a plus qu'un lieu où les hommes de notre temps se puissent sentir d'accord, et ce lieu, c'est l'église paroissiale. Là seulement s'élève la voix qui constate et produit l'harmonie. *La chaire chrétienne* est d'abord l'auxiliaire de la charité, car la plupart des Œuvres de bienfaisance vivent par elle. Et que ne fait-elle pas pour la moralité ?

Elle est presque seule à combattre l'enseignement du mal qui n'a qu'un but, souiller et corrompre les âmes.

L'église paroissiale
et la
parole apostolique.

Enfin, la chaire distribue la vérité, sans aucune complaisance pour les passions humaines, dont elle poursuit, sans relâche, la délétère influence, tout en restant miséricordieuse pour le pécheur repentant.

Les « Missions »,
sonnent
l'heure du triomphe
de la
parole apostolique.

Le besoin social
du
retour à Dieu.

L'heure du triomphe de la parole apostolique sonne surtout dans les « *Missions* » extraordinaires, que le zèle du Clergé paroissial sait ménager, de temps en temps, à sa grande famille spirituelle. La « *Semaine Religieuse du diocèse d'Arras* » nous a redit, dans ces dernières années, le grand bien opéré par ces missions pour la rénovation des paroisses, même dans les milieux qui semblaient tout à fait réfractaires à l'action de la grâce divine, comme par exemple, dans les *centres miniers*.

En raison même des négations sans preuves de l'incrédulité prétentieuse plutôt esclave du respect humain que du doute réel, *notre pays* devenu officiellement « *a-religieux* », selon l'expression de la minorité franc-maçonne, *a plus que jamais soif de Dieu*. Partout, on sent que la Société perd ses bases, la Famille son autorité, la Justice sa balance, l'honnêteté publique son drapeau. *Dans cet énervement* général et dans cet écroulement des fondations sociales, toutes les âmes honnêtes rentrent en elles-mêmes, pour retrouver en Dieu le besoin d'idéal et le désir de l'infini qui les tourmentent. Sachons le reconnaître, si la Justice divine s'appesantit sur nous, si la persécution continue à sévir, si même tant d'œuvres de foi, de charité et de dévouement semblent stériles, n'en cherchons pas la cause dans les aléas de la politique ou la perversité des persécuteurs de la liberté religieuse. *Notre pays ne pourra reconquérir sa liberté* et s'affranchir de la tyrannie qui l'oppresse, que si d'abord les âmes sérieusement converties savent briser les liens du péché.

Or, la « Mission », c'est l'heure de la délivrance des âmes qui sonne, c'est la grâce qui passe, trop rare, et pour ne plus revenir peut-être pour beaucoup, avant leur entrée redoutable dans l'éternité. C'est donc avec bonheur que tous les paroissiens de Saint-Denis, sans exception, fervents et tièdes, indifférents et pécheurs, esclaves du surmenage des affaires, prisonniers du travail ou forçats des mauvaises passions, accueilleront cet événement spirituel chaque fois que, dans l'avenir, la Divine Providence le fera apparaître, dans une réconfortante aurore, à l'horizon paroissial.

Ces merveilleuses grandes manœuvres spirituelles dirigées par d'éloquents missionnaires, à l'âme de feu, au milieu des cérémonies les plus imposantes, attirent toujours des foules compactes au pied des autels, et leurs fruits salutaires, en rendant aux âmes la vraie joie de la bonne conscience réconciliée avec Dieu, assurent le salut éternel de beaucoup.

Mais ne l'oublions pas, une mission sans prières préparatoires extraordinaires serait une navigation sans voiles, ni vent, ni vapeur et, une bataille sans munitions. *Qu'une croisade de prières* et de bonnes œuvres décide donc, à l'avance, le Ciel à intervenir extraordinairement. Si l'on peut comparer aux plus grandes des œuvres divines les plus modestes entreprises du zèle, rappelons que la Rédemption du monde a été préparée par des supplications et des sacrifices qui ont duré quatre mille ans. Il est donc opportun que, la *rédemption en miniature,* que l'on appelle une « Mission » ait aussi pour elle, au moins plusieurs mois à l'avance, les *prières du Clergé* paroissial et des âmes ferventes, *celles des Confréries,* sans oublier les supplications et les *pénitences des Communautés religieuses* situées sur la paroisse.

L'acte décisif de la délivrance des âmes.

La croisade nécessaire des prières préparatoires.

Après la « Mission ».

L'État
des Confréries
e t
Associations
corporatives
paroissiales,
au xxᵉ siècle.

Il va sans dire que la *prière persévérante* continue à féconder les consolants résultats de la Mission qui, en moyenne, se renouvellerait avec avantage tous les dix ans. *Dans certaines paroisses, un capital* constitué par des paroissiens généreux, au jour de la clôture, et fructifiant pendant un certain nombre d'années permet de couvrir les frais relativement considérables de la « *Mission* » suivante.

Les confréries qui forment autant de petites familles d'élite, dans la grande famille paroissiale de Saint-Denis sont, au xxᵉ siècle, les Confréries *du Saint-Viatique, du Sacré-Cœur, du Rosaire* et *du Saint Cœur de Marie.* Il est à souhaiter que les antiques confréries de Saint-Hubert pour *les chasseurs,* des *Quatre saints couronnés* pour *les entrepreneurs de bâtiments,* de Saint-Joseph pour *les charpentiers* et de Saint-Pierre pour *les poissonniers,* retrouvent, bientôt, leur puissante vitalité d'autrefois. — Les *jardiniers* font encore célébrer, chaque année, une messe à l'église Saint-Denis, au mois de septembre, à l'occasion de la fête de *saint Fiacre* leur patron spécial. De leur côté, *les laitiers* de la ville n'oublient pas non plus de fêter sainte Brigitte, au mois de février. Enfin, c'est dans l'église paroissiale de Saint-Denis, que la *fanfare des Sapeurs-Pompiers* se donne un rendez-vous annuel, pour la solennité de la sainte Cécile.

Depuis la fin du xviiᵉ siècle, la *Confrérie de Saint-Hubert* possède *une croix* en bois noir, montée sur piédestal, et ayant une hauteur totale de 0ᵐ92. Le Christ, et les ornements très gracieux qui décorent cette croix, sont en argent; quatre médaillons représentant les *évangélistes,* huit têtes de chérubins et quatre cariatides en cuivre, complètent l'ornementation. *Le piédestal* renferme un petit sépulcre contenant les reliques de *sainte*

Cordula vierge et martyre, et des vierges compagnes de sainte Ursule.

Chaque paroisse devrait posséder son petit *musée religieux* réunissant les souvenirs anciens, inutilisables pour le culte, afin d'éviter à ces derniers la promiscuité des musées publics civils.

La *Confrérie du Très Saint-Sacrement, dite aussi du Saint-Viatique,* a pour but de rendre à Notre-Seigneur Jésus-Christ, dans la Sainte Eucharistie, aux différentes fêtes où il y a exposition et adoration, ainsi qu'aux processions, tous les honneurs qui lui sont dûs. *Les Confrères et Consœurs* s'y enrôlent également, afin d'obtenir de Jésus-Hostie, la grâce de ne point mourir sans recevoir les sacrements. La fête annuelle se célèbre en novembre. Cette Confrérie figure avec sa bannière aux processions, où ses membres se font un devoir d'escorter, un flambeau à la main, le Très Saint-Sacrement, porté sous un *dais très remarquable* et de même style que celui de la Basilique Notre-Dame.

Faisons remarquer que dans toutes les Confréries paroissiales une légère cotisation annuelle, destinée à leur entretien, donne droit à un obit spécial chanté à la mort de chaque confrère ou consœur.

Les Confréries du Sacré-Cœur et *du Saint-Cœur de Marie,* dont nous avons raconté, plus haut, l'établissement, à Saint-Denis, au XIXᵉ siècle, ont pour but d'unir dans une sainte confédération de prières et de bonnes œuvres, les âmes réparatrices. La seconde, affiliée à l'archiconfrérie de Notre-Dame des Victoires, à Paris, a pour but apostolique, la *conversion* des pécheurs. Leurs fêtes respectives ont lieu en juin et le 3ᵉ dimanche après l'Epiphanie.

Quant à la Confrérie du Rosaire, jadis établie, nous

La Confrérie du Très Saint-Sacrement et du Saint-Viatique.

Les Confréries du « Sacré-Cœur » et du « Saint-Cœur de Marie ».

Le Rosaire,
son action efficace
dans
le monde des âmes.

l'avons dit, chez les Dominicains, elle constitue l'*Association de prières, la plus nombreuse et la plus fervente de toute la ville.* Ses fêtes trimestrielles célébrées, à Saint-Denis, en l'honneur des mystères joyeux, douloureux et glorieux, et de Notre-Dame du Rosaire, en octobre, y réunissent, ordinairement, l'élite de toutes les paroisses, pour une prédication extraordinaire, une procession, et un salut très solennel.

De son côté, l'*Œuvre, très prospère, du Rosaire perpétuel,* qui s'étend à toutes les paroisses, groupe, le 15 de chaque mois, un certain nombre de paroissiens de Saint-Denis, dans une prière commune et fervente, soit à domicile soit dans l'église Saint-Denis, où *le rosaire est médité publiquement,* devant l'autel privilégié de la Confrérie, de trois à quatre heures de l'après-midi. *Les intentions, toutes d'actualité,* sont, régulièrement, communiquées aux associés qui, au nombre d'environ 2.000 dans les doyennés nord et sud de Saint-Omer, attirent par leurs ferventes supplications du rosaire médité pendant « *l'heure de garde* », les bénédictions du Ciel sur les œuvres paroissiales de la ville et de la région.

Consolants
enseignements
du
cycle liturgique.

Tel est le cadre, où la famille paroissiale toujours heureuse de se retrouver dans sa chère église, parcourt, chaque année, le cycle liturgique de l'année ecclésiastique. D'abord recueillie et remplie des saintes espérances *pendant l'Avent,* elle participe à la joie promise aux âmes de bonne volonté à l'occasion de la *touchante fête de Noël* et de la glorieuse solennité de l'*Épiphanie.* Puis, aux mortifications quadragésimales et aux tristesses compatissantes de la grande et sainte semaine, succède pour elle l'allégresse du *triple alleluia pascal,* victorieuse proclamation, à la fois, de *la Résurrection du Sauveur* et des âmes régénérées. Bientôt, ce sont le triomphe de *l'Ascension*, les merveilles du *Cénacle*, les splendeurs de *la Fête-Dieu* et la glorieuse *Assomption de Marie*, enfin la fête de *la Toussaint* qui réjouit à la fois l'Église du Ciel et l'Église souffrante du Purgatoire, intimement unies à l'Église militante de la terre, en attendant leur éternelle réunion dans le séjour des élus.

Paroissiens de Saint-Denis, nous en avons l'intime confiance, vous l'avez compris une fois de plus, *la Paroisse* restera toujours pour vous la demeure de votre Père céleste sur la terre, et l'image vivante du royaume où Il vous attend un jour.

21

CHAPITRE XXXV

Discrète et féconde action sociale de la Conférence de Saint-Vincent de
Paul. — Le Cercle catholique ouvrier. — Sa mission sociale auprès
de la classe ouvrière. — Le *Tiers-Ordre*, élite des élites, Œuvre de
prière et de pénitence fécondant l'action catholique. — Importance
et succès des Conférences instructives, pour les hommes et les jeunes
gens. — Les Dames de « la Maternité », des « Pauvres malades » et
des « Eglises pauvres ». — La Ligue des « Françaises de Saint-
Omer ». — Les Conférences populaires pour les femmes. — L'Œuvre
économique du « Trousseau ». — A quand la bibliothèque paroissiale ? — La « Voix de Saint-Denis » et la « Semaine religieuse » du
diocèse. — L'œuvre intéressante des Jardins ouvriers. — Respectons
le repos du dimanche.

Discrète et féconde
action sociale
de la Conférence
de
St Vincent de Paul.

*Il nous reste maintenant à considérer la Paroisse de
Saint-Denis, comme un centre de féconde expansion
d'œuvres sociales.*

Au premier rang figure, la plus ancienne en date, celle
des *Conférences de Saint-Vincent de Paul*, dont l'esprit
primitif de piété, de simplicité et d'union fraternelle n'a
jamais varié, et qui continue, chaque jour, son ministère de charité parmi les pauvres de la paroisse. Étran-
gère à toute discussion politique, cette œuvre a généreusement travaillé, depuis 1843, à l'amélioration morale
et matérielle de la classe ouvrière. *L'Œuvre du Patronage des jeunes ouvriers et apprentis* et celui des écoliers,
les anciens cours du soir chez les Frères de Sainte-Marguerite, *l'Œuvre de Saint-François Régis* pour la légiti-
mation des unions mal assorties, la fondation d'une

bibliothèque, les distributions de bons de pain, de viande, de charbon, et de vêtements recueillis dans les maisons de la paroisse plus fortunées, tout cela, joint aux *conseils moralisateurs* donnés au cours des visites hebdomadaires, forme *un ensemble de discrète et féconde action sociale.*

Le *Cercle catholique ouvrier* fondé en 1874, par l'Œuvre des Cercles Catholiques, est une œuvre dont le Comité et les Membres se recrutent dans *les trois paroisses de la ville et les faubourgs,* il est tout particulièrement rattaché à la paroisse du Saint-Sépulcre, par son local rue Taviel, et par l'aumônier ordinairement choisi parmi ses Vicaires. Sous la présidence successive de Messieurs *Charles de Givenchy, Albert de Monnecove* et *de Laage,* ce cercle travaille, de son côté, à l'amélioration progressive de la condition morale et économique du peuple audomarois, par le *dévouement de la classe dirigeante à la classe ouvrière.*

Le Cercle catholique ouvrier.

Le cercle est ouvert, les dimanches et lundis, et les ouvriers y trouvent tous les délassements honnêtes désirables, et surtout cette agréable fraternité chrétienne qu'aucune philanthropie ou solidarité purement humaines, ne sauraient jamais remplacer.

Sa mission sociale auprès de la classe ouvrière.

Un Comité de Messieurs et de Dames Patronnesses soutient l'Œuvre au point de vue financier, et lui apporte, avec son dévouement, l'appoint inestimable de ses prières. Le gouvernement du cercle est, de plus, confié à un « *Conseil intérieur* » recruté parmi les employés et les ouvriers membres de l'Œuvre. MM. les abbés Juin, Vitasse, Debret, Pronier, Bar, Dewitte et David, en ont été successivement les dévoués aumôniers et directeurs spirituels.

L'Œuvre des Cercles catholiques a enfin pour mission de

promouvoir et d'encourager toutes les initiatives qui ont pour but de rapprocher les différentes classes de la société sur le terrain des Œuvres, et *son Comité directeur* a le devoir spécial de veiller, à l'occasion, *à la sauvegarde de tous les intérêts catholiques audomarois*. Le Cercle a pour devise la formule de l'invincible espoir : « *In hoc signo vinces* ».

Le *Tiers-Ordre*
Élite des élites
Œuvre de prière
et de pénitence
fécondant
l'action catholique.

L'Œuvre du Tiers-Ordre de Saint-François, pour les hommes, trop peu connue, et dont Léon XIII disait qu'elle était la base de sa réforme sociale, a son siège sur la paroisse du Saint-Sépulcre, dans la chapelle du Cercle catholique. *Rétablie par M. le chanoine Doublet,* elle reste sous la direction de M. le Doyen du Saint-Sépulcre, et recrute ses membres dans toute la ville.

De son côté, c'est au Clergé paroissial de Saint-Denis, qu'incombe la direction de la « *Fraternité des femmes* ». Nous avons exposé, plus haut, l'intéressante histoire de la fondation de cette pieuse Association, depuis son premier inspirateur M. l'abbé Binet jusqu'à son édifiante prospérité, au XXe siècle, grâce au zèle de M. le chanoine Hermant.

Le Tiers-Ordre est une communication de la vie religieuse et de ses mérites à tous les fidèles vivant au milieu du monde. Il est plus facilement accessible qu'on ne le croit généralement, et comporte de *nombreux privilèges*, très utiles à la plus grande sanctification des âmes. Ses réunions sont mensuelles.

Une bénédiction, dite « *absolution générale* », est réservée aux Tertiaires à l'issue des messes matinales à certaines fêtes dans leurs paroisses respectives, ou, à son défaut, au saint tribunal de la pénitence par les confesseurs. *Le Tiers-Ordre* forme, on peut le dire, *une élite parmi les autres groupements d'élite paroissiaux.*

Puisse-t-il voir ses rangs se grossir de jour en jour dans l'intérêt personnel de ses adhérents et aussi pour le plus grand bien de la société contemporaine !

La *Journée franciscaine* qui a groupé, en octobre 1911, environ 300 Tertiaires du diocèse, dans la chapelle du Pensionnat Saint-Denis, à ouvert le plus consolant des horizons.

Parmi les Œuvres appelées à ranimer et à entretenir l'esprit de vaillance chrétienne chez les hommes et les jeunes gens, il faut citer l'*Œuvre des Conférences populaires* qui, présentement interparoissiale, gagnerait à être établie dans les trois paroisses de la ville. Cette Œuvre, grâce au zèle apostolique de M. le *chanoine Décrouille*, de MM. les *abbés Dewitte, Lavoisier* et *Biguet*, obtient de consolants résultats. *Les Conférences* se donnent dans la grande salle des fêtes du Pensionnat Saint-Joseph, toujours bondée d'auditeurs. C'est là que, tour à tour, *des prêtres* à l'âme de feu, *d'érudits avocats, des docteurs en médecine* renommés, enfin, *de vaillants journalistes* de la région, ou même de Lille et de Paris, tiennent leur auditoire sous le charme de leur parole entraînante et convaincue et l'instruisent sur les questions les plus variées, de *la Religion*, de *l'Histoire*, du *Droit*, de *l'Hygiène* et *des Œuvres sociales*. Le tout est agrémenté de « projections » instructives.

Les Dames de la Paroisse Saint-Denis, enrôlées dans l'Œuvre de la Maternité, sont heureuses de multiplier leurs démarches auprès des jeunes mères de famille, ordinairement entourées dans les milieux ouvriers et, à leur plus grand honneur, d'une joyeuse couronne de nombreux enfants.

De leur côté, *les Dames visiteuses de l'Œuvre des Pauvres malades* savent, avec une admirable discrétion, réserver

Importance et succès des Conférences instructives pour les hommes et les jeunes gens.

Les Dames de « la Maternité », des « Pauvres malades », et des « Eglises pauvres ».

à ces derniers, avec les secours corporels que réclame leur état, les encouragements et la bonne parole qui relève et soutient les âmes, parfois bien durement éprouvées.

L'Œuvre des Eglises pauvres recrute aussi, parmi les meilleures paroissiennes de Saint-Denis, quelques habiles travailleuses consacrant, une après-midi par semaine, leur temps et leur talent à la confection des ornements nécessaires au culte eucharistique. Cette œuvre fondée dans le diocèse, par *Mgr Parisis*, a sa réunion présidée, au mois de juillet, à Saint-Omer, par Monseigneur l'Évêque d'Arras, qui vient bénir l'exposition des travaux de l'année. Puissent ces travaux augmenter en raison même de la récente spoliation des églises, et Jésus-Hostie susciter, Lui-même. le dévouement de nouvelles et multiples ouvrières.

La Ligue des « Françaises de Saint-Omer ».

A côté de ces Œuvres déjà anciennes, le zèle des dames et demoiselles de la paroisse, adhérentes de la « *Ligue des Françaises de Saint-Omer* » s'efforce de ranimer l'esprit religieux dans toutes les classes de la société, par *l'exercice de l'apostolat*. Les « *Françaises* » (pouvait-on choisir un nom plus sympathique ?) ont, en effet, à cœur de relever la moralité publique, par l'influence de la femme, et de faire du bien à la classe ouvrière, aux jeunes filles et aux femmes qui travaillent. *En un mot, elles veulent montrer que la vraie chrétienne n'est pas égoïste, ne vit pas pour elle seule, mais veut le bien des personnes qui l'entourent.*

Les Conférences populaires pour les femmes.

Ici, comme pour les hommes, les *sages conseils de M. le chanoine Décrouille et de MM. les abbés Detville, Lavoisier et Biquet* ont, puissamment, aidé à la merveilleuse organisation qui obtient plein succès, sur le terrain des *Conférences populaires* confiées à d'éloquents conférenciers, et même à des conférencières non moins vaillantes. *Les Françaises travaillent* également à obtenir le repos du dimanche aussi complet que possible, et à favoriser *le petit commerce local*. Elles ont fondé aussi, une œuvre du « *Secrétariat du peuple* » qui constitue un bureau de renseignements et de placement à la disposition de toutes les classes de la société.

Enfin, leur « *Œuvre du Trousseau* », établie rue Hector Piers, le lundi soir et le jeudi après-midi, à peine installée, fonctionne déjà à ravir. Cette dernière œuvre est à la fois pratique, économique et sociale, elle est destinée à procurer aux jeunes filles, à l'âge de 21 ans, ou quand elles se marient, les principales pièces d'un trousseau. Elle est appelée à développer chez les sociétaires le sérieux de la vie, et elle les prépare à l'idée d'un foyer, en leur donnant le sens des occupations ménagères.

L'Œuvre économique du « Trousseau ».

Une petite bibliothèque et un patronage pour les petites filles, y ont, aussi, été récemment annexés. Souhaitons que la *question des bibliothèques* spéciales pour chaque paroisse, soit tranchée sans retard, leur nécessité garantit leur avenir. Le projet de création de ces bibliothèques a, en effet, une importance aussi capitale que celle de la « *Bonne Presse* ». Les « *Françaises* », toujours vigilantes, secondent le *Comité directeur* admirable par son dévoûment pour la *propagation des abonnements*, à prix réduits, aux bons journaux moralisateurs et défenseurs des droits sacrés et inséparables de la Religion et de la Patrie, et leur *prêt aux familles ouvrières* qui les reçoivent, à domicile, et gratuitement, quand les abonnés directs en ont pris connaissance.

A quand la bibliothèque paroissiale?

Entre toutes les revues périodiques, il en est deux, qui devraient se trouver, en bonne place, à chaque foyer

La « Voix de Saint-Denis » et la « Semaine religieuse » du diocèse.

familial, nous voulons parler, d'abord, du bulletin mensuel paroissial que *Sa Grandeur Mgr Lobbedey* voudrait voir paraître dans toutes les paroisses de son vaste diocèse. Moins heureux que les fidèles de Notre-Dame et du Saint-Sépulcre, ceux de Saint-Denis ne possèdent pas encore, en 1912, *ce bulletin de famille,* mensuel ou bi-mensuel, tant désiré et appelé à rendre de si grands services aux âmes. On permettra à l'Historien de la Paroisse Saint-Denis de suggérer au moins, ici, à l'Autorité religieuse compétente, le nom prédestiné du futur journal paroissial, « *la Voix de Saint-Denis* », et de souhaiter ardemment, que cette voix apostolique ne tarde pas à retentir jusqu'aux âmes de tous les paroissiens. La seconde revue recommandée sera la « *Semaine religieuse* » du diocèse d'Arras, organe hebdomadaire officiel de l'Évêché, dont la rédaction placée en d'excellentes mains, permet à ses lecteurs de vivre intimement, chaque semaine, la vie si intéressante de l'immense famille diocésaine. On y puisera, à pleins bords, la sève vivifiante de la doctrine catholique, nécessaire aux paroisses qui sont comme autant de rameaux du tronc vigoureux confié à la sollicitude pastorale de l'Évêque diocésain.

L'œuvre intéressante des Jardins ouvriers.

Nous devons également une mention à *l'Œuvre des Jardins Ouvriers* due à l'initiative du Comité des Cercles catholiques. *MM. Albert de Monnecove, Joseph Lardeur et Léon Brongniart* en ont été les premiers fondateurs. C'est *M. l'abbé Pronier,* vicaire du Saint-Sépulcre, qui procéda à la *bénédiction solennelle* des premiers jardins situés, au sortir de la ville, sur la rive droite de l'avenue de Saint-Martin-au-Laërt. Un autre vaste terrain a été, également aménagé, sur les fossés des anciennes fortifications à l'extrémité gauche de la rue d'Aire, derrière

Sa Grandeur Monseigneur LOBBEDEY
Évêque d'Arras, Boulogne et Saint-Omer.

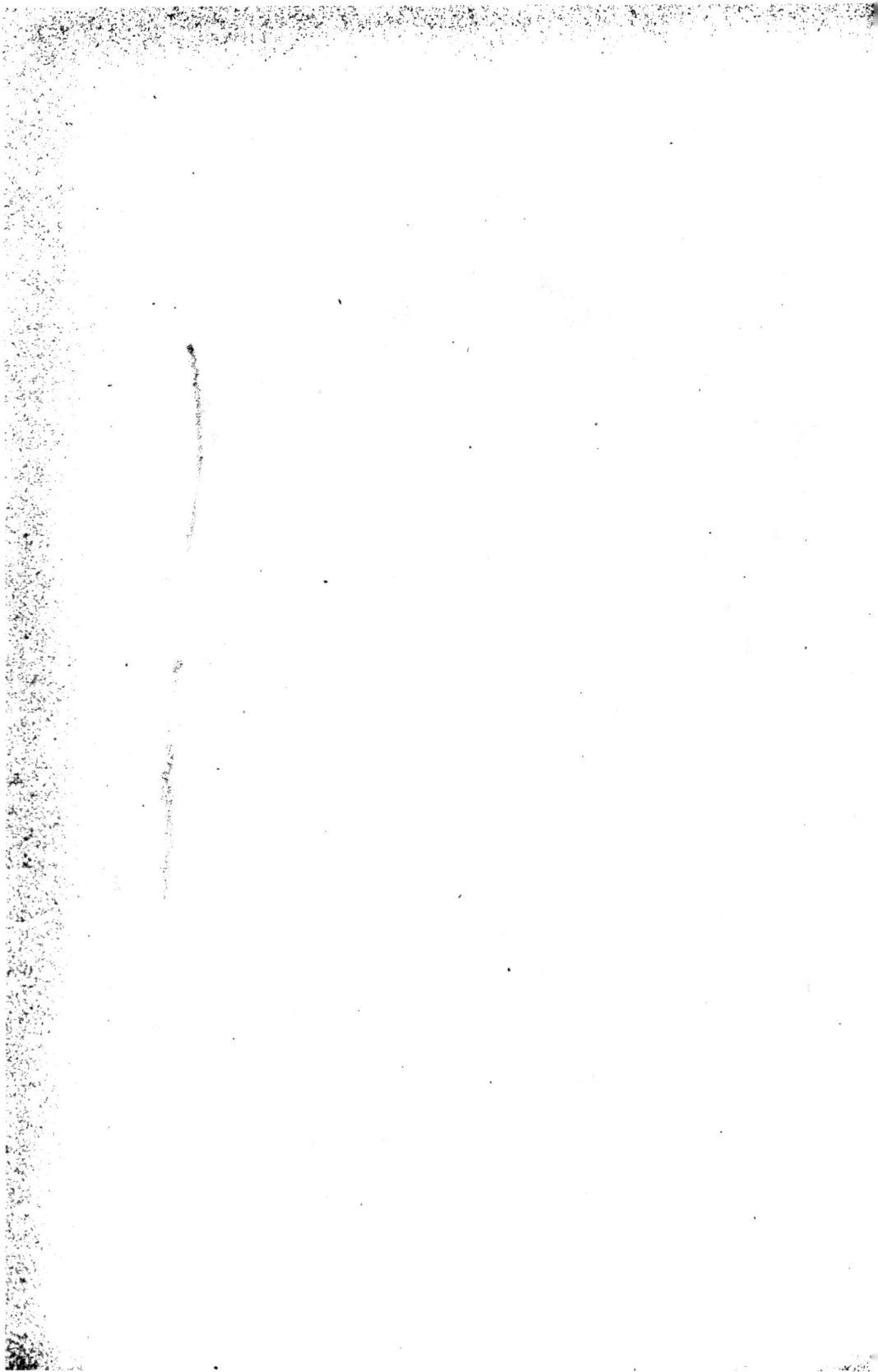

le patronage de Saint-Denis, et a été transformé en jar-
dinets, pour la chère classe ouvrière. Cette œuvre mérite
toutes les sympathies des paroissiens pour le but moralisateur qu'elle se propose.

Il faut, cependant, une mesure en toutes choses :

Si donc l'ouvrier, jardinier improvisé, n'avait pas assez
des heures du soir des six jours de la semaine, après
son travail, et quelquefois de ses après-midi chômés du
lundi, pour mener à bonne fin les gros travaux ; si surtout, sous le prétexte de travailler son coin de terre, *il
n'assistait pas à la messe du dimanche et se fatiguait
comme un forçat, une grande partie de la journée,* pendant que tout le monde se repose et se promène, on
comprend alors, que l'œuvre manque son but, et que
sous le couvert d'une neutralité, simple contrefaçon du
respect humain, *la loi du repos hebdomadaire et la loi
divine* sont à la fois violées. Il ne faut d'ailleurs pas
oublier que, si l'homme plante et arrose, c'est Dieu seul
qui donne l'accroissement. A la fondation de l'Œuvre,
les jardins étaient, en conséquence, régulièrement bénits,
chaque année, au printemps, à l'époque des « *Rogations* ».

Respectons
le repos
du dimanche.

CHAPITRE XXXVI

Les vaillantes « Catéchistes Volontaires ». *C'est avec raison, que l'œuvre des catéchismes a été proclamée « l'œuvre par excellence ».* Le Souverain-Pontife *Pie X* en demandant, en 1905, l'établissement de l' « *Œuvre de la Doctrine chrétienne* », n'a fait que confirmer les traditions séculaires de la paroisse de Saint-Denis à cet égard, traditions dont nous avons rappelé le souvenir au xviiᵉ et au xixᵉ siècles. Aussi l'*Œuvre* des dames et demoiselles catéchistes volontaires, est-elle *en pleine prospérité*, sur la paroisse. Ce ne sont pas seulement les enfants qui se préparent à leur première communion, qui sont catéchisés, à domicile ; *chaque jeudi, tous les enfants des écoles*, sans exception, sont convoqués dans l'église paroissiale. Là, après avoir pieusement assisté au saint sacrifice de la messe, chaque dame ou chaque demoiselle catéchiste, ange gardien visible de ces chers enfants, prend à part un certain nombre d'entre eux, et

donne à son groupe, devenu sa petite famille, l'enseignement religieux, en rapport avec la capacité des jeunes
intelligences.

Cet apostolat demande un véritable dévoûment, et il
s'imposera aussi longtemps que la trop grande insou-
ciance des familles ouvrières et l'enseignement a-religieux de l'école neutre subsisteront, pour le plus grand
détriment de la Société civile elle-même.

Instruire les ignorants, a toujours été regardé, comme
un acte de charité d'ordre supérieur. *Les sciences humaines*, dont le domaine si varié s'agrandit chaque jour,
ont leur réelle importance, mais *la science de Dieu* et des
réalités éternelles, *la science* dont les leçons apprennent
à éviter le mal et à faire le bien, *la science* qui rend
l'homme vertueux ici-bas, et par là, lui assure le bonheur
céleste, *le catéchisme, en un mot, voilà la première de
toutes les sciences*, utile pour ce monde et pour l'éternité.
Parents chrétiens, comprenez bien ces choses, et vous,
nobles auxiliaires du Clergé, dévouées Catéchistes Volontaires, attachez-vous, plus que jamais, à votre sublime
et fécond ministère, et, comme Notre-Seigneur Jésus-
Christ, Lui-même, qui montrait une tendresse toute particulière pour l'innocence des enfants, répétez souvent
avec bonheur : « *Laissez venir à moi les petits enfants* ».
Il va sans dire que l'œuvre paroissiale des catéchismes
se complète par *des distributions de récompenses*, un
arbre de Noël et, de temps à autre, par d'instructives
séances de projections lumineuses.

Au moment de la foire annuelle, les Catéchistes volontaires trouvent encore le moyen d'évangéliser, pendant
près d'un mois, *les petites âmes des enfants forains* qui,
au milieu de leur profond délaissement, réservent parfois, par leur bonne volonté, de bien grandes consola-

Leur
sublime et méritoire
mission.

L'Œuvre
des
voyageurs forains.

tions à leur dévoué directeur spirituel M. l'abbé Delattre et à ses zélées auxiliaires.

Le patronage paroissial des garçons, de la rue des Madeleines, merveilleusement installé au grand air, possède une large cour, deux vastes salles de récréation et un oratoire. *Un théâtre*, parfaitement aménagé, permet d'y donner de nombreuses *séances récréatives* qui ont toujours beaucoup de succès, non seulement auprès des jeunes gens mais aussi auprès de leurs familles.

L'entretien d'une œuvre semblable réclame, sans doute, des frais considérables, surtout à ses débuts, mais son importance au point de vue social et moralisateur engagera, toujours, ses bienfaiteurs à se montrer largement généreux à son égard.

Le patronage s'impose comme complément indispensable des catéchismes paroissiaux, continués sous la forme attrayante d'allocutions ou d'avis généraux donnés par l'aumônier, et sous celle plus efficace encore des conseils particuliers paternellement dispensés aux jeunes gens. *Les jeux*, les fêtes, les récompenses sont inséparables d'une œuvre de jeunesse, mais il ne faut pas oublier que le but essentiel du patronage, c'est *la formation morale et religieuse des jeunes gens. Les écoliers, les apprentis et jeunes employés* qui le fréquentent si volontiers et qui sont recrutés sans distinction d'écoles, d'ateliers ou de bureaux y viennent avec le désir sincère de préparer pour l'avenir des chrétiens solides et convaincus. *De son côté l'aumônier du patronage* et les jeunes gens de la classe aisée, qui peuvent être ses précieux auxiliaires, s'efforcent avant tout d'atteindre ces jeunes âmes, de comprendre leur mentalité, de répondre à leurs objections et de faire en un mot en elles, œuvre de lumière et de vie. *En résumé, au patronage*, on ne prépare pas

seulement les jarrets et les biceps d'acier des futurs
soldats Français, on prépare *aussi les âmes vaillantes
des soldats de l'Église catholique de France.*

Non, il ne saurait jamais exister deux jeunesses ennemies à Saint-Omer ; *l'émulation*, sur le terrain des écoles
religieuses ou a-religieuses, et de leurs associations
d'anciens élèves sur le terrain des sociétés sportives, de
gymnastique, de musique ou autres sera toujours excellente et on ne pourra y réaliser la parfaite unité. Mais
là où toutes ces sociétés doivent s'entendre et s'unir,
c'est le terrain religieux, le terrain paroissial, en un
mot, ce serait un crime de diviser la famille paroissiale
à laquelle les enfants prodigues aussi bien que les enfants fidèles appartiendront toujours, quoi qu'on fasse
et quoi qu'on dise. *Puisse l'imposante manifestation des
5.000 gymnastes catholiques* venus à Saint-Omer, le
21 juillet 1912, au concours fédéral, aider à la réalisation
de cette union tant désirée.

Une brochure que nous avons publiée, en 1898, comme
résultat d'expérience personnelle à l'aumônerie du patronage d'Arras dans les exercices des « *Retraites fermées* » redit tout le bien spirituel accompli, en ces circonstances, parmi l'élite des jeunes gens des patronages
qui deviennent ensuite apôtres auprès de leurs jeunes
camarades.

Nous recommandons, ici, de tout cœur, la *nouvelle
maison de retraites* établie par M. l'abbé Oudin sous le
vocable de « *l'Ave Maria* », à *Wardrecques* près Saint-
Omer. *Cet asile situé dans un site enchanteur* est ouvert,
toute l'année, aux retraitants de différentes catégories,
désireux de se recueillir, pendant trois jours, sur le
chemin de leur éternité, afin d'en sanctifier davantage
les importantes et décisives étapes.

Il n'y aura jamais
deux
Jeunesses ennemies
à Saint-Omer.

Les
« Retraites fermées »
de Wardrecques.

La « Jeunesse
catholique »

C'est dans le confortable local du numéro 116 de la
rue de Dunkerque, que s'est établie *l'Œuvre de la Jeunesse Catholique de Saint-Omer, le plus beau fleuron de
la couronne d'œuvres sociales,* qui a remplacé, pour notre
vieille cité, sa couronne murale sacrifiée par le démantèlement. Les quelques jeunes gens d'élite que nous
avions groupé, nous-même, dans une première réunion,
en octobre 1898, sont devenus maintenant légion tant à
Saint-Omer que dans les paroisses suburbaines et
celles de l'arrondissement.

Les noms de ses sympathiques aumôniers MM. *les
abbés Leclercq et Lupart,* ceux de ses distingués prési-
dents MM. *Georges van Kempen, Joseph Leuliet, Jean
Poulain et Albert Platiau,* ceux de MM. *Pierre Decroos,
Alfred Merlin et Emile Bataille,* ses vice-présidents, ceux
de son trésorier perpétuel, *M. Maurice Guilbert,* et de
ses secrétaires, MM. *Albert Tourneur, Achille Singer,
Jean Grégoire, Abel Drieux, Pierre Bellanger et Jules Cou-
rageux,* celui, enfin, de l'infatigable gérant de son bulletin mensuel, *M. Léon Brongniart,* rappellent tout un
passé de fructueuse action catholique.

Son fructueux passé.

Tour à tour, nous avons vu *ces chefs vaillants* donner
avec leurs troupes disciplinées, l'exemple, à la Table
Sainte, dans les adorations nocturnes et diurnes, dans
les processions et dans toutes nos grandes solennités
catholiques toujours si appréciées et si aimées des
Audomarois. *Nous les avons vus* dans leurs réunions
intimes d'étude, traiter successivement par la plume et
par la parole les sujets si divers de la question sociale,
en vue de l'apostolat à accomplir, tout spécialement
auprès de la classe ouvrière. *Nous les avons vus,* enfin,
prodiguer sans compter toutes les énergies de leur
ardente jeunesse dans les Congrès, les fêtes annuelles,

les soirées dramatiques et musicales, et des centaines de Conférences instructives, en ville ou à la campagne. Et cela toujours devant des salles combles.

En un mot, les adhérents de la Jeunesse Catholique ont compris la vérité de leur devise « *Jésus-Christ, ou rien* », comme le *Souverain-Pontife Pie X*, ils ont à cœur de tout restaurer dans le Christ, et ils ont mérité d'entendre *leur Évêque bien-aimé* qui est venu lui-même bénir leur nouvelle installation proclamer leur chère Œuvre, la « *première Œuvre de son diocèse* ». Son radieux avenir.

En avant donc, chers jeunes gens ! Oui ! en avant ! vous avez toujours su, sagement, vous tenir à distance du terrain brûlant et instable de la politique, continuez à demeurer sur l'unique terrain de la divine charité, puisée dans la Sainte-Eucharistie, et *l'avenir qui est à Dieu, sera aussi à vous.*

Au souvenir de la « *Maison des Apôtres* » qui rend tant de précieux services à la Paroisse Saint-Denis, se rattache, entre tous, celui de l'*Association des Enfants de Marie.* La Maison des Apôtres et ses « Jubilaires ».

Cette Congrégation d'abord établie en 1851, chez les « *Filles de la Charité* » à l'Hôpital général, devint tout à fait paroissiale, en 1858. Le zèle du Clergé de Saint-Denis et celui des Filles de Saint-Vincent de Paul, joints à l'incomparable dévoûment de Mlle *Eugénie Bled*, Présidente, depuis plus de cinquante ans, ont obtenu les résultats spirituels les plus consolants. *Elles sont légion,* les Enfants de Marie, aujourd'hui dans le monde ou dans la vie religieuse qui, par leur conduite exemplaire, font honneur à la formation de choix qu'elles ont reçue au sein de leur chère Association. Cette dernière tient, très régulièrement, ses réunions mensuelles sous la paternelle présidence de M. le Curé de Saint-Denis.

Nous signalerons deux faits dont la mémoire mérite d'être conservée dans les annales paroissiales. En 1903, Mlle *Eugénie Bled*, dont le dévoûment n'a jamais été dépassé que par son humilité, célébrait *son jubilé de cinquantenaire* comme enfant de Marie, et, en 1910, *sept* de ses vénérables compagnes participaient, à la même grâce jubilaire, au milieu de fêtes inoubliables pour la fervente Association paroissiale.

Les écoles
primaires.

Depuis que *les Religieuses Ursulines* ont dû prendre, par une mesure inique, le chemin de l'exil, les petites filles de la classe ouvrière qui ne fréquentent pas l'*école primaire du Rosaire*, si merveilleusement établie sur la place Saint-Jean, avec un patronage du dimanche, sont obligées d'aller chercher l'instruction neutre et obligatoire dans les écoles laïques des autres paroisses. *MM. Bachelet et Nalo*, avec le concours du Comité des écoles libres ont rapidement rendu à l'*École paroissiale Saint-Clément* la prospérité enviée et les succès aux examens, élémentaires, complémentaires et supérieurs, de l'ancienne école modèle de Saint-Jean-Baptiste de La Salle. Quant aux jeunes garçons, qui n'ont pas le bonheur de suivre les cours de cette école, ils profitent des soins intelligents et dévoués de *MM. Canonne et Longuet*, dans les écoles municipales de la place Sainte-Marguerite et de la rue Alphonse de Neuville, où hélas ! en attendant des jours meilleurs, *la neutralité est imposée par la loi civile*, en matière d'enseignement.

Le Clergé paroissial, les Parents et les Catéchistes volontaires ont compris que les âmes des enfants fréquentant ces écoles méritaient une double sollicitude ; aussi, toutes les Œuvres dont nous avons parlé, au cours de cet ouvrage, sont-elles destinées à suppléer *à l'insuffisance absolue de la Morale sans Dieu*.

Depuis 1908, *le nouveau Pensionnat Saint-Denis,* sainement situé entre la place Saint-Jean et la rue Saint-Bertin, l'une des plus spacieuses de la ville, a vu, sans cesse, grandir le nombre de ses élèves, recrutées tant à Saint-Omer que dans les environs. *Ses directrices, animées du véritable esprit paroissial,* s'efforcent d'inspirer aux jeunes filles confiées à leurs soins, une profonde et solide piété, de leur donner une sérieuse instruction, et de les former aux habitudes d'ordre, d'économie et de travail qu'elles auront à développer, plus tard, dans le monde.

Le nouveau Pensionnat Saint-Denis.

Aux Paroissiens de Saint-Denis, qui conservent le légitime espoir de voir bientôt rentrer sur le territoire paroissial, les Religieuses Ursulines, les Carmélites et les Révérends Pères Carmes, dont le souvenir est resté en bénédiction, nous dirons : Dieu seul, sans doute, connaît l'avenir et le tient en ses mains souveraines, mais nous savons cependant que l'*Histoire a toujours été un perpétuel recommencement,* et que, plus que toute autre cité, la ville de Saint-Omer saura, à l'heure marquée, réclamer justice et liberté pour les meilleurs de ses bienfaiteurs. En politique surtout, les hommes s'agitent beaucoup, mais Dieu les mène.

Paroles d'espoir fondé.

Daigne la divine Providence ménager, incessamment, dans les circonstances, exposées plus haut, aux pieuses *Carmélites de Ciney,* le retour, dans leur monastère de la rue des Bleuets, et la reprise de possession de leur remarquable chapelle, où la *statue de saint Joseph,* préside toujours, pour affirmer les droits de ses enfants de prédilection, et où, *les vitraux* retracent toutes les gloires de l'histoire du Carmel. Comme précédemment, sous les *RR. Mères Prieures, Euphrasie de Sainte-Thérèse, Thérèse du Saint-Cœur de Marie, Paule de Jésus, Marie-*

Le Carmel paratonnerre surnaturel.

Ange de Saint-Joseph et *Thérèse de Jésus*, le Carmel continuera, en pleine liberté, son admirable mission réparatrice, pour le plus grand avantage des Audomarois. Ces derniers savent, par expérience, combien la vie toute d'abnégation volontaire et de libre crucifiement des Carmélites, reste une *puissante sauvegarde* contre le cours de la Justice divine, tant provoquée par les offenses d'un monde oublieux et coupable.

Le « centenaire » et l'avenir de l'Institution Saint-Bertin.

La Paroisse de Saint-Denis célébrera enfin, bientôt, avec l'*Institution Saint-Bertin*, l'heureux centenaire de cet important collège qui, depuis un siècle, a tant fait honneur à la grande famille paroissiale. Le remarquable passé du Collège Saint-Bertin est le meilleur garant de son brillant avenir. Il a joué, depuis cent ans, un rôle prépondérant dans l'éducation de la jeunesse de la région, et il a formé une foule d'hommes éminents qui rendent de nombreux services au pays, dans les carrières très variées qu'ils ont suivies. *Les Anciens Berliniens* qui ont constitué une *Association très florissante,* maintiennent partout, hautement, les traditions de foi, de science et de patriotisme qu'ils ont puisées auprès de leurs maîtres vénérés. Aujourd'hui encore, malgré la création multiple de nouveaux collèges ecclésiastiques dans le diocèse d'Arras, l'*Institution Saint-Bertin,* sous la direction de son distingué supérieur, *M. l'abbé Leclercq,* entouré d'un personnel d'élite, conserve sa vieille et solide renommée. *Elle obtient,* chaque année, en effet, *d'encourageants succès aux examens,* non seulement pour les études secondaires, mais aussi, pour l'enseignement moderne réclamé par les programmes universitaires du xxᵉ siècle. Nous avons donné, dans la première partie de cet ouvrage, la liste des Supérieurs et des Directeurs de Saint-Bertin depuis 1850, nous la

complétons, ici, par l'*état du corps professoral*, en 1912.
M. l'Abbé Leclercq, supérieur, MM. les Abbés Défon-
taine et Verne, directeurs, *MM. les Abbés professeurs*,
Habourdin, Decottignies, Mouton, Boulenger, Détourné,
Lupart, Charlemagne, Béclin, Dubart, Vasseur, Géron,
Houziaux, Tilliette, Joly, Goudenove, Protin, Wiart,
Briche, Deneuville, Macquet et Nègre.

CHAPITRE XXXVII

Bonheur du « Catholique pratiquant ». — Bonheur absolu et bonheur relatif. — Le prétendu bonheur apparent des gens sans religion. — Les étapes de la route mystérieuse du bonheur. — La richesse. — La santé source de bonheur. — Rôle admirable de la charité paroissiale auprès de la sympathique légion des souffrants de ce monde. — Les sources de la véritable joie. — Les lectures malsaines chancre rongeur des âmes. — Vaine gloire et vraie grandeur. — L'importante loi sociale de l'amour chrétien. — Idéal à réaliser au foyer de la Famille. — Mission réparatrice et sanctifiante de la douleur. — Toutes les joies d'ici-bas préparent celles de l'éternité.

Bonheur du « Catholique pratiquant ».

Tout lecteur attentif et sincère, en achevant de parcourir l' « *Histoire de la Paroisse Saint-Denis* », doit conclure à l'évidente nécessité d'être un *catholique pratiquant*, s'il veut goûter, par avance, ici-bas, un peu de ce parfait bonheur, dont Dieu lui réservera, selon ses mérites, l'ineffable épanouissement dans la Vie éternelle. Le vrai catholique ne cherchera donc pas, en dehors de la Famille paroissiale, ce bonheur si légitime et tant désiré, dont il nous reste à préciser la nature, pour le plus grand bien spirituel de nos concitoyens.

Bonheur absolu et Bonheur relatif.

Rappelons d'abord qu'il faut distinguer deux sortes de bonheur, *l'un absolu* qu'on peut définir « une plénitude de satisfaction, d'une durée assurée et, qui ne laisse place à aucun désir et à aucune crainte », *l'autre relatif* qui est « un état d'âme, un contentement intérieur, essentiellement variable et fragile en raison des vicissitudes de l'existence et, qui a sa source dans deux ordres de satisfactions : celles qui dépendent de nous-mêmes, et celles qui nous viennent des biens extérieurs ».

Le bonheur absolu et parfait n'a jamais été de ce monde, et *le Ciel* seul, nous le donnera. *Quant au bonheur relatif*, nous le possédons quand nous avons la conviction que nous sommes dans notre voie, c'est-à-dire dans l'ordre des desseins providentiels de Dieu sur nous. Aussi, quand Dieu, secondant nos efforts, dans la mesure que Sa Sagesse choisit, nous bénit dans notre santé et dans nos biens ; quand nous recueillons des amitiés sincères et pures, quand nous sentons autour de nous comme une atmosphère de sympathie et d'estime, quand enfin, après les fatigues du travail, nous pouvons nous procurer quelques délassements récréatifs, si nous sommes bons chrétiens, tout alors s'épanouit en nous sous le regard de notre Père céleste.

Ce bonheur peut être le partage du pauvre et de l'ouvrier aussi bien que du riche, pourvu qu'ils le cherchent là où Dieu l'a placé.

Pourquoi, dira-t-on, les bons ne sont-ils pas mieux partagés que les pervers sous le rapport du bien-être et des plaisirs permis ? *Voici la réponse* catholique et évangélique à ce pourquoi. *D'abord*, Dieu bon et miséricordieux fait luire son soleil sur ses enfants ingrats comme sur ses enfants fidèles et Il récompense, même dès ce monde, certaines bonnes qualités naturelles des impies, afin de trouver le chemin de leur cœur et de les ramener à Lui. Il ne leur ménage pas non plus, dans ce but, les inspirations de la grâce. *De plus, Dieu veut, dans la société, l'inégalité des conditions*, sans laquelle toute société serait impossible, et chacun aura à rendre compte, dans

Le prétendu bonheur apparent des gens sans religion.

l'éternité, des talents qu'il aura reçus. Si la Divine Providence exauçait toujours les justes quand ils demandent dès biens temporels, ou si elle punissait immédiatement les pécheurs, où seraient les adorateurs de Dieu en esprit et en vérité? On ne chercherait plus sa gloire, on n'agirait plus envers Lui par amour, et mercenaires sans cœur et sans dignité, nous n'aurions plus d'autre objectif que les faveurs temporelles à obtenir. *Enfin, Dieu est patient,* car Il est éternel et, si tel impie est favorisé aujourd'hui de la santé et de la fortune, les possédera-t-il encore demain? L'expérience quotidienne prouve que non.

Il est donc faux de dire que les gens sans religion réussissent toujours, et il est au contraire certain que l'homme vertueux, même au milieu des plus dures épreuves, nous allons le montrer, est seul vraiment heureux, parce que la Religion est la source la plus féconde des biens qui peuvent contribuer à notre bonheur terrestre. *Les sages du monde,* les Saints et les grands Chrétiens, de concert avec la Sainte Écriture, proclament, à l'envi, que la route du bonheur se trouve dans la fidélité à la Loi divine.

Parcourons quelques-unes des étapes de cette mystérieuse route du bonheur tant recherchée de tous. Et d'abord la richesse nécessaire pour l'entretien et l'agrément de la vie, est chose excellente en elle-même. *Ce qui est condamnable,* c'est le cœur étroit, égoïste, abaissé, qui ne sait pas partager avec ses semblables; c'est aussi cet amour désordonné des richesses prôné par certaines doctrines modernes troublantes et pleines d'illusions et qui rendent à tort le pauvre, l'ouvrier et le domestique jaloux et envieux à l'égard des favorisés de la fortune ; *ce qui est condamnable,* c'est aussi bien chez le pauvre que chez

Les étapes
de la
route mystérieuse
du bonheur.
La richesse.

le riche, cet amour inquiet et passionné de l'argent qui fait sacrifier, Dieu, la vertu, la conscience, l'âme même au désir de s'enrichir, d'acquérir ou de conserver une place lucrative, et d'augmenter outre mesure ses gains dans le commerce et l'industrie.

Paroissiens de Saint-Denis, propriétaires et locataires, patrons et ouvriers, soyez sincères, et reconnaissez qu'en toute vérité, la Religion augmente votre fortune en modérant vos désirs et vos passions, toujours prêtes à se laisser entraîner par le superflu et un luxe dispendieux, en vous inspirant l'esprit de travail et, en attirant, sur vos familles, les bénédictions divines.

La santé, elle aussi, est une source de bonheur, et l'ordre, la sobriété et le calme des passions que comporte la vie vraiment chrétienne, nous aident à la conserver. Si nous venons à perdre ce trésor précieux entre tous, Dieu veille avec une providence spéciale sur la sympathique légion des souffrants de ce monde, et dans les maisons religieuses hospitalières comme aux foyers chrétiens, l'action divine intervient, dans tous les dévouements dont ils sont l'objet.

La santé
source
de bonheur.

Mères, épouses, sœurs et filles chrétiennes, Religieuses de la Charité et Religieuses Augustines, Dames de la Maternité et des Pauvres Malades, comprenez-le, de plus en plus, vous êtes les mandataires de la bonté de Dieu auprès des malades et des infirmes de votre grande famille paroissiale de Saint-Denis. *Ce mandat,* remplissez-le, de mieux en mieux, en devenant de ferventes chrétiennes et de vraies saintes et, en touchant les cœurs par vos admirables dévouements, vous les donnerez à Jésus-Christ, votre premier inspirateur. *Quant à vous, chers malades,* privés des joies si légitimes de la société, oubliés même peut-être de tous, à cause de votre grand

Rôle admirable
de la
charité paroissiale
auprès de la
sympathique légion
des souffrants
de ce monde.

âge, rappelez-vous que vous êtes toujours membres de la famille paroissiale. Unissez-vous donc de cœur à ses prières et à ses cérémonies et, avec la *visite du médecin chrétien*, sollicitez aussi avec confiance la *visite de vos prêtres*. Bien plus, sollicitez *la visite de Jésus-Christ Lui-même* à Pâques et aux grandes fêtes et, si Dieu vous y appelle, réclamez la grâce par excellence de la Sainte Communion que les règles liturgiques vous accordent tous les quinze jours si vous le désirez.

Les sources de la véritable joie.

Après la richesse et la santé, la joie est pour l'homme sur la terre, une *troisième source de bonheur*. Elle consiste dans une sorte d'épanouissement plus complet, de satisfaction plus vive, plus profonde des facultés de l'homme à la rencontre et dans la possession du vrai, du bon et du beau.

Or la joie du chrétien, c'est *Jésus-Christ lui-même* qui disait à ses Apôtres « Si je vous parle de ces choses, c'est afin que ma joie soit en vous et que vous soyez remplis de cette joie ». De son côté, *l'Église notre Mère* dans son enseignement, dans ses cérémonies et par la joie des Sacrements, met, à notre disposition, les sources de la véritable joie, que tous les fervents chrétiens éprouvent dans la mesure de leur innocence et la vigueur de leur vertu. *La joie en un mot* est l'atmosphère de nos familles, de nos écoles et de nos pensionnats chrétiens. Nous la trouverons, toujours, quand nous saurons sacrifier les plaisirs dangereux tels que les bals mal fréquentés, les théâtres licencieux et les autres réunions mondaines du même genre, dont un philosophe autorisé a dit, que leur prospérité était comme le thermomètre infaillible de la dégradation des peuples.

Adolescents sans expérience à l'entrée de la vie, n'attendez pas pour réfléchir, les tristes lendemains des

L'ancien Collège des Jésuites anglais
Hôpital militaire au XIXme siècle.

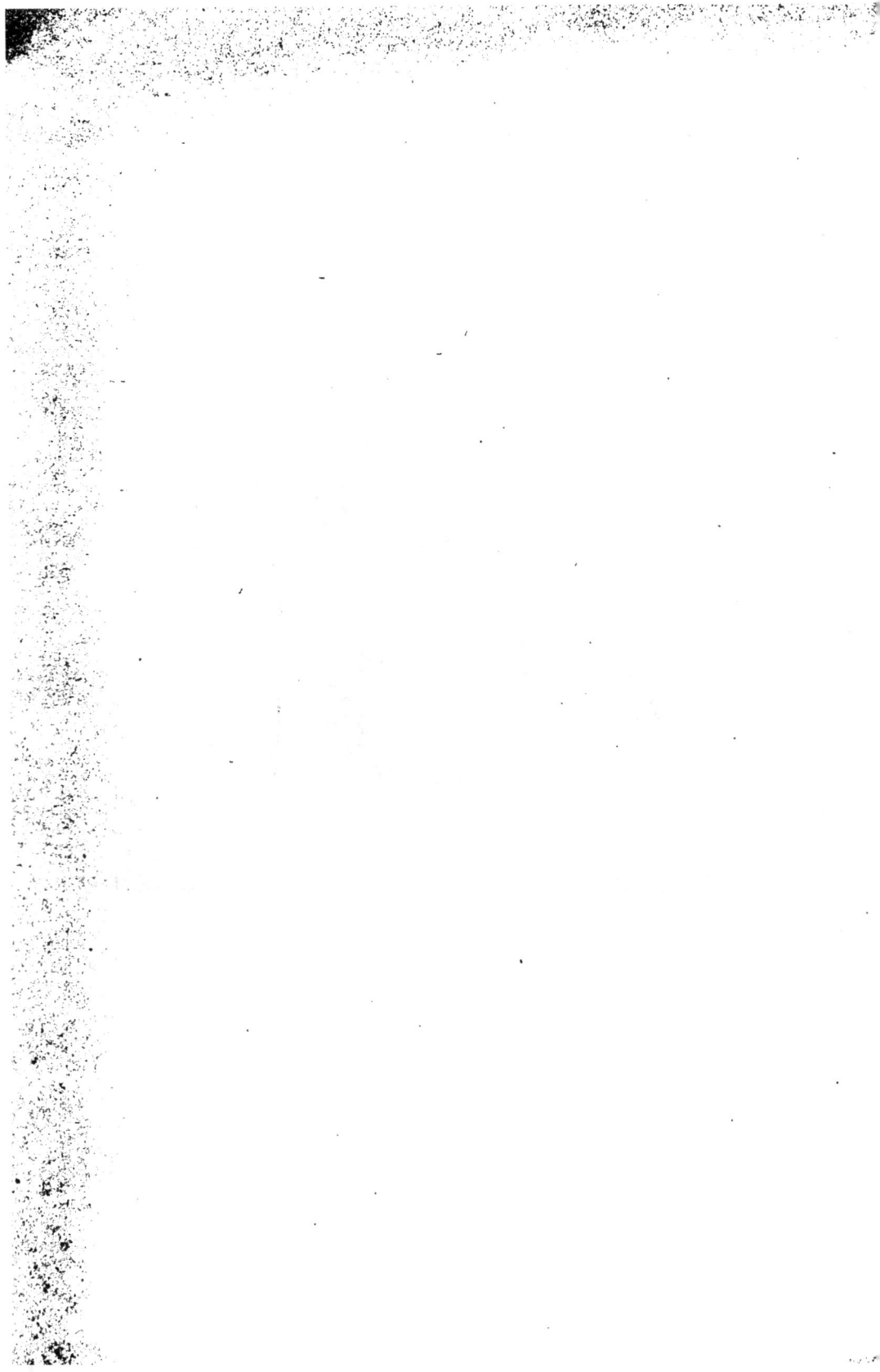

journées où vous avez recherché les faux plaisirs, et ne désirez jamais que les *joies saines et honnêtes* que Dieu lui-même multiplie autour de vous. Mettez-vous surtout en garde contre les *lectures malsaines des romans* qui attaquent directement les mœurs ou la Foi, *des journaux* qui, par leurs articles de fond prétendus scientifiques, leurs faits-divers ou leurs feuilletons, ne cessent de saper, dans les âmes, l'œuvre du Christ et de son Église et d'empoisonner les mœurs chrétiennes. Il est question de balayer comme dans les autres Pays toutes les revues pornographiques qui encombrent les bibliothèques des Compagnies de chemin de fer, ce n'est pas trop tôt ; puissent toutes les vitrines de notre ville avoir aussi le respect des âmes !

Les lectures malsaines chancre rongeur des âmes.

Jeunes gens qui voulez conserver *la véritable joie*, souvenez-vous que *les romans*, même passables et pris à petites doses, sont toujours nuisibles. En effet, ces romans dégoûtent toujours plus ou moins de la vie pratique et positive pour faire vivre leurs lecteurs dans un monde purement imaginaire et mettent, je ne sais quel vide et quelle inclination à *la mélancolie dans les âmes*. Enfin, ils refroidissent la piété et, font perdre le goût des lectures sérieuses et un temps précieux.

La Religion catholique qui exalte avant tout *l'humilité, source de la véritable grandeur*, à la suite de son Divin Maître, ne condamne pas pour cela la vraie grandeur des saints et des hommes éminents, mais elle nous met en garde contre la *vaine gloire* qui consiste à se substituer à Dieu, comme si on était l'auteur de ce que l'on a, ou encore, à agir non par conscience et devoir, mais par le pur motif de plaire aux hommes. *La véritable gloire* que Dieu approuve, consiste, de son côté, dans la connaissance que nous avons nous-mêmes et qu'ont les autres

Vaine gloire et vraie grandeur.

des biens que Dieu a mis en nous et, dont nous reconnaissons et acclamons Dieu comme l'auteur, voulant que toute louange lui soit donnée avant tout.

L'importante loi sociale - de l'amour chrétien.

Une quatrième et dernière source de bonheur, c'est l'affection chrétienne. La première faculté de l'homme, créé à l'image de Dieu, *c'est son cœur* ; son premier besoin c'est d'aimer et d'être aimé. Or la Religion catholique non seulement fait, de *l'amour chrétien, la grande loi sociale,* mais elle le met encore dans les cœurs, en les guérissant de la sensualité et de l'égoïsme et en leur infusant quelque chose des bontés, des dévouements et des tendresses du Cœur de Jésus-Christ. *Les premiers chrétiens,* que les perturbateurs modernes pourraient imiter au lieu de semer la haine inféconde, réalisèrent cette union des âmes, des vies et des intérêts de tous dans le Christ. L'intelligence pratique de l' « *Oraison dominicale* » renferme toute la science de la fraternité universelle et, nos Gouvernants devraient comprendre que les progrès des peuples dans la science de la divine charité, leur sont plus nécessaires que les progrès dans la littérature, dans les arts, dans le commerce et l'industrie, progrès eux-mêmes d'ailleurs très respectables et à encourager. Quand le précepte de Jésus-Christ « *Aimez-vous les uns les autres* » aura été compris et mis en pratique, *la question sociale sera pleinement résolue.*

Idéal à réaliser au foyer de la Famille.

C'est surtout au foyer de la famille, quand elle est chrétienne, que la sainte affection opère ses merveilles. *Pères et Mères, soyez de vrais chrétiens,* donnez à vos enfants la crainte de Dieu et l'amour de Jésus-Christ, et la Religion fera, de votre foyer domestique, un parfait cénacle de félicités. *Maîtres et Maîtresses de maison* qui vous plaignez tant de ne plus pouvoir retrouver, dans vos employés ou vos domestiques, la fidélité des anciennes générations, songez, avant tout, à la formation et à la sauvegarde de leurs âmes et, Dieu aidant, vous parviendrez à refaire cette race bénie de serviteurs d'autrefois qui s'attachaient et se dévouaient si généreusement à leurs maîtres et, contribuaient grandement au bien-être et au bonheur de leur famille adoptive. Quant à l'amitié chrétienne, nous n'en dirons qu'un mot en en donnant la définition. « *L'amitié est un attachement réciproque, basé sur l'estime et se traduisant, surtout, par la confiance. Il a pour but de procurer ici-bas plus de bonheur par plus de vertu* ». Le secret de la parfaite amitié consiste à aimer en Dieu, c'est-à-dire à placer en Dieu son principe, son motif et son but.

Si, comme nous venons de le voir, la pratique des vertus chrétiennes réserve aux âmes un véritable bonheur relatif, il faut avouer en même temps *que la douleur se mêle, toujours, à nos joies en ce monde.* Mais ici encore, le vrai chrétien instruit des fâcheuses conséquences de la faute originelle, sait que cette douleur l'aide à expier ses fautes personnelles et celles des autres, et il s'y résigne ; il ira même parfois, plus loin, et constatant avec bonheur que la croix éclaire et rend humble, qu'elle réveille la délicatesse de la conscience et dispose l'âme à s'élever aux vues les plus hautes de l'Évangile, il aimera, de toute son âme, comme les saints, cette croix qui n'est autre que celle de Jésus Crucifié. *Ces âmes d'élite, sont heureusement, encore plus nombreuses qu'on ne pense* et, on les rencontre dans toutes les classes de la société ; qu'elles sachent qu'avant tout, *la sainteté, c'est l'union de notre volonté à celle de Dieu* et, par suite la recherche en toute chose de la perfection. Pour savoir où nous en sommes sur cette voie, exami-

Mission réparatrice et sanctifiante de la douleur.

nons si vraiment nous cherchons Dieu. La souffrance
ennoblit et purifie les âmes et, elle les prémunit contre
les défaillances futures. Elle a aussi pour effet de nous
détacher des biens terrestres pour nous faire aspirer
après ceux de l'éternité. En un mot, elle mérite bien le
titre qu'un grand poète national, aimé, lui a donné :
« *La Bonne souffrance* ». Puisse la lecture de ces lignes
multiplier *les âmes saintes et ferventes dans la Paroisse
de Saint-Denis,* en raison même de la tiédeur et de l'in-
différence des temps présents.

Toutes les joies
d'ici-bas
préparent
celles
de l'éternité.

La joie de l'âme, nous la trouvons encore dans le
pécheur sincèrement contrit et repentant. Combien de
paroissiens de Saint-Denis, sachant les facilités du
retour à Dieu, en sont cependant privés, par leur faute,
hélas ! Cette joie est aussi réservée à la vertu qui ne procure pas, nécessairement, le plaisir et, demande même
parfois le sacrifice, mais donne toujours une part de
vrai bonheur. *Enfin la charité, corporelle et spirituelle,
la chasteté et surtout la prière, réservent d'ineffables
consolations aux âmes de bonne volonté.* Pour les vrais
serviteurs de Dieu la mort est une béatitude, car elle est
la fin du péché et de tous les périls de l'âme, la fin de
l'exil, de la douleur et de toutes les tristesses du cœur ;
en un mot, elle est l'entrée dans la joie éternelle du Seigneur et, la prise de possession définitive du foyer paternel. *Pensons plus souvent au Ciel* qui, seul, nous donnera le bonheur absolu, et n'oublions jamais, aussi
longtemps que la Divine Providence nous maintiendra,
pour notre bien, sur la terre d'exil, que *la joie de la
bonne conscience constitue le premier idéal du vrai bonheur
réalisable ici-bas.*

CHAPITRE XXXVIII

CONCLUSION

Un dernier appel rempli des meilleures espérances à la grande famille paroissiale de Saint-Denis.

L'amour du clocher et de la Paroisse. — L'esprit paroissial. — Devoir social et responsabilités des Paroissiens. — La Confiance des Familles ouvrières. — Arrière ! le lâche respect humain, le méprisable tyran des consciences. — Honneur ! au contraire, aux âmes vaillantes. — La « Paroisse de l'avenir », citadelle invincible.

Mieux instruits des intéressantes destinées de votre paroisse à travers les âges, dont nous avons ensemble parcouru la captivante histoire, nous avons la confiance, chers Paroissiens de Saint-Denis, que vous aimerez, désormais, davantage, votre antique église aux vastes nefs et au spacieux sanctuaire et, dont la superbe tour vous rappelle les droits de la justice et de la liberté, vaillamment défendus à son ombre.

Mais ce que vous aimerez surtout ce sera votre paroisse, c'est-à-dire « la société des fidèles placée par l'Évêque sous la conduite et la juridiction d'un Pasteur auquel ils doivent obéissance et respect, en retour des secours spirituels qu'il est tenu de leur donner ».

L'esprit qui vous animera, ce sera l'esprit paroissial, cette adhésion ferme, cette fidélité inébranlable et, cette

L'amour du clocher
et
de la Paroisse.

L'esprit paroissial.

*affection pratique que tout bon chrétien doit avoir pour
sa paroisse*. Pénétrés de la majesté de *la résidence divine*,
vous aurez, toujours, dans le temple sacré, l'attitude
recueillie réclamée par la présence de Notre-Seigneur
Jésus-Christ au saint tabernacle. *La prière par excellence*, la Messe dont nous avons expliqué le sens et les
cérémonies liturgiques, retiendra toute votre attention,
et vous vous en ferez un devoir rigoureux, chaque
dimanche.

Le souvenir des grâces reçues par les Sacrements dans
cette même église, ravivera, sans cesse, votre reconnaissance, et la réception au moins annuelle de la Sainte
Eucharistie vous fournira l'occasion de prouver à Dieu
et à la famille paroissiale que vous êtes des Catholiques
sincères. *Votre attachement* au Souverain-Pontife, à votre
Évêque, à votre Clergé se manifestera enfin par votre
entier dévoûment à toutes les œuvres paroissiales, que
vous saurez soutenir, par vos généreuses offrandes.

**Devoir social
et
responsabilités
des
Paroissiens.**

N'est-il pas merveilleusement puissant *le faisceau paci-
fique des forces paroissiales* de Saint-Denis ? Que nous
manque-t-il donc pour établir le règne de Jésus-Christ
dans toutes les âmes sans exception ? C'est à chacun des
paroissiens d'examiner sérieusement, devant Dieu, ses
responsabilités, et de répondre à cette question apostolique. *A l'œuvre donc ! propriétaires et patrons chrétiens*,
qui tenez dans vos mains les destinées matérielles de la
classe ouvrière, de grâce, songez davantage à ses destinées surnaturelles et, n'oubliez pas que le mot *patron* est
synonyme de celui de *Père, A l'œuvre ! représentants des
carrières libérales et fonctionnaires*, car c'est de vous surtout que l'on attend l'exemple du respect de l'autorité
divine et la pratique sérieuse d'une vie chrétienne exemplaire. Souvenez-vous qu'au jugement, Dieu sera en droit

d'exiger, davantage, de ceux qu'Il aura, comme vous, comblés ici-bas. *A l'œuvre!* plus que jamais, Religieuses enseignantes et hospitalières, vaillantes Catéchistes volontaires, Dames de la Maternité et des Pauvres malades, Dames du Trousseau et du Dispensaire, Zélatrices de la Bonne Presse et des Conférences populaires, heureuses « Femmes Françaises », vous avez le rôle consolant de mères et de sœurs dans la grande famille paroissiale, c'est à vous qu'il appartient de la donner à Jésus-Christ. *Pour cela, soyez vous-mêmes les ferventes de l'Eucharistie,* car pour donner Jésus aux âmes, il faut être soi-même tout à Lui.

Et vous, chères familles ouvrières, comprenez qu'avant tout, vos bienfaiteurs et vos bienfaitrices, sous la paternelle direction de votre dévoué Clergé, veulent atteindre vos âmes, pour leur rendre la liberté des enfants de Dieu, en brisant les liens du respect humain qui les enchaînent. Oh! saluez-les comme des anges libérateurs, car *ils vous rendront le vrai bonheur.*

La confiance des Familles ouvrières.

En nommant le respect humain, nous venons de dénoncer la maladie générale de notre époque qu'il s'agit de guérir, sans tarder. *Le respect humain* peut se définir l'incompréhensible faiblesse d'une âme convaincue en son fond, mais qui rougit extérieurement de sa foi ; c'est l'apparent mépris de ce qu'elle respecte et le respect apparent de ce qu'elle méprise. *Lâcheté et hypocrisie, voilà les deux mots qui résument le respect humain.* Audomarois honnêtes, pouvez-vous rester encore à semblable enseigne ? *Sus donc à l'ennemi et au tyran des consciences !* C'est parce que le plus souvent les paroissiens ne sont que *des demi-catholiques,* c'est parce qu'ils ne communient plus au Pain des forts, que l'impiété moderne en fait ses esclaves ; tout le monde le redit, ce

Arrière ! le lâche respect humain le méprisable tyran des consciences.

qui fait la force des sectaires persécuteurs, ce n'est pas leur nombre, ils sont et seront toujours une infime minorité ; ce ne sont pas leurs qualités ou leurs bienfaits, puisqu'ils multiplient autour d'eux les attentats contre la justice et la liberté et font si triste besogne ; la raison de leur tyrannie, qui n'a que trop duré, *c'est la pénurie des âmes vaillamment chrétiennes.*

Honneur ! au contraire aux âmes vaillantes.

Jeunesse Catholique, Catéchistes volontaires, jeunes gens et enfants des écoles libres ou neutres et des Patronages de la Paroisse de Saint-Denes, serrez les rangs, autour du drapeau paroissial qui n'est autre que celui de la France catholique, toujours fille aînée de l'Église. Agissez, et en priant même pour la conversion des bourreaux de la liberté française, que vos lèvres généreuses redisent surtout l'invocation, qu'on pouvait lire dans une rue de la ville, aux fêtes de la béatification de la sainte héroïne nationale : *Bienheureuse Jeanne d'Arc, multipliez les âmes vaillantes* ». Puisse la paroisse de Saint-Denis rester la fertile pépinière de ces âmes vaillantes, puissent les vocations sacerdotales et religieuses continuer à se multiplier au pied de ses autels, pour le plus grand bien des âmes et la régénération chrétienne de notre Société française.

La « Paroisse de l'avenir », citadelle invincible.

Daigne saint Denis, notre glorieux apôtre national, bénir, du haut du Ciel, le Clergé et les fidèles de la Paroisse dont il a été constitué le puissant protecteur, à travers les âges. Les « *Paroisses* » de France resteront, à jamais, *les citadelles invincibles du Catholicisme* qui a fait notre bien-aimée patrie si grande dans le passé. *Réveillons donc, avant tout, et partout, l'esprit paroissial,* car là réside le salut pour la Société contemporaine, au XXe siècle.

TABLE DES MATIÈRES

23

CHAPITRE XIX

CHAPITRE XX

CHAPITRE XXI

CHAPITRE XXXVIII

CONCLUSION

Un dernier appel rempli des meilleures espérances à la grande famille paroissiale de Saint-Denis.

FIN DE LA TABLE DES MATIÈRES.

PUBLICATIONS DU MÊME AUTEUR

1° **Notre-Dame des Miracles, saint Omer et saint Bertin,** connus, aimés, honorés à travers les siècles.

Beau volume in-8° de 250 pages. — Nombreuses gravures et couverture artistique. — 2° mille.

Cet ouvrage retrace, tour à tour, *les origines du Christianisme* dans l'antique *Sithiu*, et les destinées, au point de vue historique, liturgique et archéologique, de la *Collégiale* de Saint-Omer, devenue *Cathédrale* au XVIᵉ siècle, puis *Paroisse* et *Basilique* au XIXᵉ siècle. L'histoire du culte séculaire de la Vierge des miracles dans sa chapelle de la Grand'Place, avant la Révolution, et de la restauration de son pèlerinage s'y trouve également exposée.

2° **Histoire de la paroisse du Saint-Sépulcre** depuis ses origines jusqu'au XXᵐᵉ siècle.

Beau volume in-8° de 232 pages. — Nombreuses gravures et couverture artistique. — A 1.000 exemplaires.

L'étude archéologique de l'église paroissiale qui remonte au XIIIᵐᵉ siècle, ses fondations, ses confréries prospères, ses nombreuses communautés religieuses et ses établissements hospitaliers y sont successivement décrits. — La période révolutionnaire fut particulièrement mouvementée pour cette paroisse. — La restauration du culte, du mobilier de l'église et surtout de la vie paroissiale au XIXᵐᵉ siècle y sont traités en détail. La paroisse du Saint-Sépulcre est enfin présentée comme la *Maison de Dieu*, le *Temple sacré de la prière*, la *Source vivifiante de toutes les grâces surnaturelles*, la *Maison de famille* et le *merveilleux Centre d'expansion de nombreuses œuvres sociales*.

La conclusion prouve que le vrai bonheur ici-bas, se trouve dans la pleine vitalité de la paroisse et de l'esprit paroissial.

3° **Histoire de la paroisse Saint-Denis** depuis ses origines jusqu'au XXᵐᵉ siècle.

Beau volume in-8° raisin de 352 pages. — Nombreuses et artistiques gravures. — A 1.000 exemplaires.

Cet ouvrage décrit non seulement l'intéressante histoire de la

Paroisse Saint-Denis à travers les âges, mais il rappelle, également, le souvenir des anciennes paroisses de *Sainte-Marguerite*, de *Saint-Jean-Baptiste* et de *Saint-Martin*, autrefois sur son territoire, et disparues à la Révolution. Les Communautés religieuses et surtout l'illustre *Abbaye de Saint-Bertin* y sont aussi à l'honneur. Enfin, comme pour la paroisse du Saint-Sépulcre, l'église *Saint-Denis* est présentée comme la *Maison de Dieu*, le *Temple sacré de la prière*, la *Source vivifiante de toutes les grâces surnaturelles*, la *Maison de famille* et le *merveilleux Centre d'expansion de nombreuses œuvres sociales*.

Ici encore, il est prouvé que le vrai bonheur, tant cherché, se trouve dans la pleine vitalité de la paroisse et de l'esprit paroissial.

4° **La Tour Saint-Bertin, Glorieux souvenir d'un illustre passé, Trésor inestimable pour le présent, Superbe pierre d'attente pour l'avenir.**

Cette brochure illustrée de gravures très réussies (2° édition, à mille exemplaires, décrit non seulement les ruines majestueuses qui projettent encore, aujourd'hui, leur ombre protectrice et séculaire sur la ville de Saint-Omer, mais elle les replace dans leur remarquable cadre d'antan et redit les destinées à travers les âges de la célèbre Abbaye « *le Monastère des Monastères*, » dont elles évoquent l'immortel souvenir.

5° **Histoire populaire de Notre-Dame des Miracles et de son pèlerinage** depuis les origines jusqu'au xx° siècle. — Plusieurs gravures. — Couverture artistique. — A 1.000 exemplaires.

Cette brochure de vulgarisation est destinée à faire connaître et aimer la Très-Sainte Vierge par le peuple audomarois et les pèlerins de la région.

6° **Vestibule du Paradis et Persévérance finale.** 3° mille. Une gravure.

C'est la *Monographie* de l'Œuvre si admirable des Petites-Sœurs des Pauvres de Saint-Omer. Elle est présentée d'une façon très pittoresque et très attachante.

7° **Manuel pratique à l'usage des Catéchismes de Persévérance.** 5° mille.

8° **Aux jeunes gens. — Entretien apostolique** au sortir d'une retraite fermée, suivi de « Çà et là » à travers une Œuvre de jeunesse. **Souvenirs** des patronages d'Arras. — A 4.000 exemplaires.

9º **Saint Erkembode, Glorieux Patron et Bienfaiteur de la Ville de Saint-Omer.** — Une gravure. — 3e édition.

La vie et, l'histoire très curieuse de la destinée des reliques de ce saint Evêque, à travers les âges, y sont exposées en détail. *Le culte de saint Erkembode* est toujours très suivi au XXe siècle, et les pèlerins rhumatisants continuent à obtenir, auprès de son tombeau miraculeux qui remonte au VIIIe siècle, des faveurs remarquables dans l'ordre matériel comme dans l'ordre spirituel.

10º **Les Roses merveilleuses de l'ancienne Abbaye de Saint-Bertin** et « l'Arbre » des Saints Personnages Bertiniens.

11º **Souvenir du Triomphe Eucharistique** du 7 Juillet 1901, à Saint-Omer. Une gravure.

12º **Guide pratique du Visiteur dans la Basilique Notre-Dame,** ancienne Collégiale et Cathédrale, à Saint-Omer, Pas-de-Calais.

Cette brochure arrivée rapidement à sa *quatrième édition*, n'intéresse pas seulement les amateurs d'archéologie, car elle a été mise à la portée de tous les visiteurs sans exception. *Elle permettra aux Audomarois,* de mieux apprécier la valeur du splendide monument dont ils sont si légitimement fiers et, d'en faire, à l'occasion, dignement les honneurs à leurs parents et amis, ou aux étrangers qui visitent, en foule, notre ville hospitalière.

Se trouvent dans toutes les Librairies de la ville.

Saint-Omer, Imp. H. D'HOMONT.

Ville de Saint Omer

Deum solum sequor non seul guide

Abbaye de Saint-Berti

www.ingramcontent.com/pod-product-compliance
Lightning Source LLC
Chambersburg PA
CBHW061003220326
41599CB00023B/3817